Matemáticas 1

El libro MATEMÁTICAS 1 es una obra colectiva creada y diseñada en el Departamento de Investigaciones Educativas de **Editorial Santillana**, bajo la dirección de Fernando García Cortés.

En la creación de esta obra intervinieron:

AUTORES:

Ma. de la Paz Álvarez Scherer
Óscar Alfredo Palmas Velasco

Santillana
SECUNDARIA
SERIE 2000

El libro MATEMÁTICAS 1, para Educación Secundaria, fue elaborado en Editorial Santillana por el siguiente equipo:

Coordinación editorial: Antonio Moreno Paniagua y Gabriel Moreno Pineda.
Edición: Juan Daniel Castellanos Caro.
Diseño de interiores y portada: Álvaro Fernández Ros.
Coordinación gráfica: Francisco Rivera Rodríguez.
Coordinación de autoedición: José R. Arriaga Macedo.
Corrección de estilo: Javier Andrés Suárez Ruiz.
Composición: Marisela Pérez Peniche.
Fotografía: Édgar Arturo López Lira.
Dibujo: René Sedano Hernández.

D.R. © 1997 por EDITORIAL SANTILLANA, S.A. DE C.V.
Av. Universidad 767
03100 México, D.F.

ISBN: 970-642-209-9

Primera edición: abril de 1997
Primera reimpresión: julio de 1997
Segunda reimpresión: agosto de 1997
Tercera reimpresión: julio de 1998
Cuarta reimpresión: marzo de 1999
Quinta reimpresión: julio de 1999
Sexta reimpresión: agosto de 1999
Séptima reimpresión: septiembre de 1999
Octava reimpresión: octubre de 1999
Novena reimpresión: marzo de 2000
Décima reimpresión: julio de 2000
Undécima reimpresión: abril de 2001
Duodécima reimpresión: febrero de 2002

**Miembro de la Cámara Nacional de la
Industria Editorial Mexicana. Reg. Núm. 802**

Impreso en México

Este libro se terminó de imprimir en el mes de
febrero de 2002, en Gráficas La Prensa, S.A. de C.V.,
Prolongación de Pino Num. 577, Col. Arenal, 02980
México, D.F.

La obra **Matemáticas 1** es un libro de texto cuyo objetivo principal consiste en motivarte para que relaciones situaciones cotidianas con los procesos matemáticos necesarios con el propósito de que comprendas aquéllas y, además, descubras que los fenómenos de su entorno están directamente vinculados con esta ciencia.

En este texto se desarrolla completamente el programa de estudio oficial para primer curso, publicado por la Secretaría de Educación Pública.

Matemáticas 1 presenta la siguiente conformación: siete unidades, cada una dividida en temas, los cuales a su vez presentan una serie de lecciones relacionadas entre sí.

Las unidades se estructuran de la siguiente manera:

- Una **lámina** que muestra el planteamiento general del contenido de la unidad.
- Varios **temas**, desarrollados en **lecciones**. Cada lección consta de dos páginas enfrentadas; en la primera se presenta el **desarrollo teórico de manera clara y accesible**, a partir de situaciones cotidianas, reforzado por recursos gráficos, cuya finalidad es complementar el contenido; en la segunda se ofrece una serie de ejercicios, graduados de lo sencillo a lo complejo, con los que pondrás en práctica el conocimiento adquirido en la lección.
- Una sección de **ejercicios de unidad** al final de cada una de ellas, que comprende la totalidad de los conceptos involucrados, a través de actividades lúdicas que impliquen el razonamiento y aplicación de los mismos.
- Recopilación de las **ideas principales**, que se presentan a manera de **resumen**.
- Por último, aparece la sección de **recreación matemática** en la que se exponen aspectos interesantes y **actividades recreativas**, en los que se pretende mostrar la utilidad de esta ciencia y que su aplicación puede ser divertida.

Al final de la obra se presenta una relación de los temas que comprende el programa oficial y las lecciones correspondientes del texto; además de una lista de obras de consulta para el profesor y el alumno.

Para un mejor aprovechamiento del texto se sugiere:

- Analizar cuidadosamente cada concepto y relacionarlo con la información gráfica; además, discutirlo con los compañeros con la pretensión de ampliar y reforzar el conocimiento.
- Resolver los ejercicios planteados de manera individual y, después, comentar con el profesor y con el resto del grupo todo lo relacionado con el procedimiento empleado y el resultado obtenido para que así se detecten los errores y se corrijan.

Es conveniente que observes la idea fundamental de este libro: las Matemáticas no sólo sirven como herramienta para resolver problemas, sino que, además, son interesantes y hasta divertidas; esto lo comprobarás con los aspectos mostrados en la sección de recreación matemática, donde se manifiesta parte de la riqueza de esta disciplina.

En el recorrido del texto podrás inferir, reflexionar y discutir, pero nunca pasar por alto la labor de tu profesor como guía del conocimiento y como personaje fundamental en el proceso enseñanza-aprendizaje.

Índice

5

Simbología

$a = b$	a es igual que b	
$a > b$	a es mayor que b	
$a < b$	a es menor que b	
$a + b$	Adición	
$a - b$	Sustracción	
$(a)(b), a \times b, a \bullet b, ab$	Multiplicación	
$a : b, a \div b, \dfrac{a}{b}$	División	
$\cdots$	Y así sucesivamente	
$\sqrt{}$	Raíz cuadrada	
$\pm$	Más y menos (se consideran los valores positivo y negativo)	
$\doteq$	Aproximadamente igual que	
$\dfrac{a}{b}$	Fracción común	
$\mid x \mid$	Valor absoluto	
M.C.D.	Máximo común divisor	
m.c.m.	Mínimo común múltiplo	
°F	Grados Fahrenheit	
°C	Grados centígrados	
X	Eje de las abscisas	
Y	Eje de las ordenadas	

(a, b)	Par ordenado	
$P(x, y)$	Punto de coordenadas x, y	
A	Área	
V	Volumen	
$\angle$ ABC	Ángulo ABC	
π	Pi	
$\overline{AB}$	Segmento AB	
//	Rectas paralelas	
$\perp$	Rectas perpendiculares	
$\sim$	Semejantes	
$\cong$	Congruentes	
Sen	Seno	
Cos	Coseno	
Tan	Tangente	
$\overset{\frown}{AB}$	Arco AB	
%	Tanto por ciento	
$\overline{X}$	Media	
P (E)	Probabilidad del evento E	

Unidad 1

Los números naturales

El ser humano desarrolló los números naturales porque necesitaba contar objetos y pertenencias. Con el paso del tiempo creó formas de utilizarlos en operaciones como la adición, la sustracción, la multiplicación y la división. Actualmente, los usos de los números naturales son diversos; uno de ellos es la comparación de cantidades; por ejemplo, la distancia que recorrerá un escalador después de un tiempo determinado.

En esta Unidad se revisarán las propiedades de los números naturales, sus operaciones y algunos aspectos de su historia.

Tema 1
Números naturales

Números naturales

0, 1, 2, 3, 4, 5, 6, 7, 8, 9,...

325 → 325 + 1 → **326**
sucesor

325 → 325 – 1 → **324**
antecesor

..., 324, **325**, 326,...

Valor relativo

2	5	2	8	7
→	→	→	→	→
DM	UM	C	D	U

10 U = 1 D
10 D = 1 C
10 C = 1 UM
10 UM = 1 DM

Conceptos básicos. Lectura y escritura

¿Cómo aprendió el ser humano a contar?

Para el ser humano primitivo, contar no era una necesidad; su mayor preocupación era la supervivencia. Cuando las primeras tribus se establecieron y se relacionaron, contar se volvió indispensable. Es posible imaginar el tipo de preguntas que empezaron a plantearse: ¿Cuántos somos? ¿Cuántos niños hay? ¿Hay más animales que ayer? ¿Hay menos? ¿Cuántos somos? ¿Cuántos niños hay? ¿Hay más animales que ayer? ¿Hay menos? ¿Cuántas pieles me das por mis vasijas? Es decir, contar se volvió importante cuando los grupos humanos entraron en contacto y comenzaron a intercambiar los frutos de su trabajo.

Se cuenta diciendo uno, dos, tres, cuatro, cinco, seis, siete, ocho, nueve, diez, once, doce, trece, catorce, quince,...

El conteo se escribe así: 1, 2, 3, 4, 5, 6, 7, 8, 9, 10, 11, 12, 13, 14, 15,...

Cierto día asistieron a la escuela todos los alumnos de primero, y alguien preguntó: ¿Cuántos alumnos de primer grado faltan? Un maestro respondió: **ninguno**. Para representar la cantidad **ninguno** se utiliza el número **cero**.

Entre las civilizaciones que descubrieron la necesidad de tener un número que expresara ninguno (es decir, el cero) se encuentran los mayas.

Si a los números 1, 2, 3, 4, 5, 6, 7, 8, 9, 10,... se le agrega el número 0, se obtiene la colección 0, 1, 2, 3, 4, 5, 6, 7, 8, 9, 10,... A esta colección se le llama números **naturales**.

Las propiedades que comparten los **números naturales** son las siguientes:

a Cada número natural tiene un **sucesor**, es decir, inmediatamente después de un natural hay otro.

b Cada número natural, excepto el cero, tiene un número que le precede, llamado **antecesor**.

El número catorce mil trescientos treinta y nueve se escribe 14 339. ¿Qué información se puede obtener de la escritura de un número?

DM	UM	C	D	U
1	4	3	3	9

Este número tiene 9 **unidades**, 3 **decenas**, 3 **centenas**, 4 **unidades de millar** y 1 **decena de millar**.

El **valor relativo** de las cifras de una cantidad depende de la posición de éstas en el número.

La **notación desarrollada** de un número consiste en representar éste como la suma de los valores relativos de sus cifras. Por ejemplo, la notación desarrollada de 14 339 es 10 000 + 4 000 + 300 + 30 + 9.

¿Cómo se lee un número? Para leer un número se agrupan sus dígitos de tres en tres, de derecha a izquierda. El primer grupo corresponde a las **unidades**; el segundo, a los **millares**; el tercero, a los **millones**; el cuarto, a los **millares de millón**; el quinto, a los **billones...**

De acuerdo con lo anterior, el número 147628458200 9822 se agrupa de la siguiente manera:

Millares de billón	Billones	Millares de millón	Millones	Millares	Unidades
1	476	284	582	009	822

y se lee **mil** cuatrocientos setenta y seis **billones**, doscientos ochenta y cuatro **mil** quinientos ochenta y dos **millones**, nueve **mil** ochocientos veintidós.

EJERCICIOS

1

Contesta en tu cuaderno lo siguiente.

a) ¿Cuál es el menor número natural?
b) Alicia y Julio juegan a decir el número mayor. En determinado momento Alicia dice: "uno más que el que digas tú". ¿Qué quiso decir?
c) ¿Hay un natural que sea mayor que los demás?
d) ¿Se acaban los números naturales?

2

Escribe el antecesor y el sucesor de cada número.

a) 5   b) 68   c) 189
d) 1 999   e) 56 901   f) 189 999
g) 7 453 000 h) 98 431 111 i) 111 111 111

3

Copia las cantidades en tu cuaderno y escríbelas con notación desarrollada.

a) 12 739   b) 15 216   c) 875 307
d) 345 007   e) 2 006 009   f) 37 004 021
g) 3 465 990   h) 67 009 870 i) 213 164 162

4

Escribe en tu cuaderno cómo se leen los números resaltados de la siguiente nota periodística.

El montañista Carlos Carsolio tratará de conquistar el Manaslú, una montaña de **8 163** m. Con esto se convertirá en el cuarto hombre que conquiste los 14 picos más altos del mundo; entre los que se encuentran el Kanchenjunga (**8 586** m), el Éverest (**8 848** m), el Makalú (**8 463** m) y el Lhotse (**8 511** m).
(Fuente: *La Jornada*, 5 de marzo de 1996.)

5

Escribe en tu cuaderno sólo con cifras las cantidades resaltadas de la siguiente noticia.

El Dr. Guenther de la Universidad de Yale, en Estados Unidos de América, calcula la edad del Sol en **4 490** millones de años, cifra menor que **4 700** millones que regularmente se le atribuyen. Esta diferencia de casi **200** millones de años no modifica sustancialmente los modelos teóricos del Sol aceptados en nuestros días.
(Fuente: *Ciencia y Desarrollo*, octubre de 1989.)

6

Copia el cuadro en tu cuaderno y complétalo.

Se escribe	Se lee
3 121 416	3 million 121 thousand Four hundred Sixteen
90 016 421 016	
104 006 021 117	
	Cuatrocientos veinticinco mil trescientos uno.
	Ciento seis mil millones, cuatrocientos dos mil quince.
	Quince mil millones, veinticuatro mil doce.

Orden, comparación y recta numérica

Algunas de las cumbres más altas del mundo son el Manaslú, que mide 8 163 m, el Kanchenjunga, 8 568 m; el Éverest, 8 848 m; el Makalú, 8 463 m y el Lhotse, 8 511 m.

Para ordenar estos cinco picos, de mayor a menor, se deben comparar los números naturales con que están expresadas sus alturas. Cuando se comparan dos números naturales, sólo es posible una de las tres relaciones siguientes:

a Los dos son iguales. Por ejemplo: 2 = 2

b El primero es mayor que el segundo. Por ejemplo: 7 > 2

c El primero es menor que el segundo. Por ejemplo: 3 < 5

Para comparar dos números naturales, primero se revisa el número de dígitos. Si uno de ellos cuenta con más dígitos, que éstos no sean ceros colocados al inicio del número, ése es el mayor. Si ambos poseen la misma cantidad, se compararan los dígitos de **izquierda** a **derecha**. Si se encuentra una primera pareja de dígitos distintos, será mayor el número que tenga el dígito mayor. Esto se ilustra en los siguientes dos ejemplos:

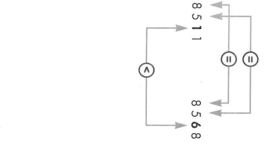

- El pico Kanchenjunga es más alto que el Lhotse.

	UM	C	D	
Lhotse	8	5	1	1
Kanchenjunga	8	5	6	8

Ambos números constan de 8 unidades de millar y 5 centenas, pero el primero incluye 1 decena y el segundo, 6; por ello, el segundo es mayor que el primero.

- La distancia media del Sol a Venus es 108 000 000 km, a Júpiter es 778 000 000 km, a la Tierra es 150 000 000 km.

La distancia de Júpiter al Sol es mayor que la de la Tierra al Sol:

778 000 000 > 150 000 000

Esto se debe a que el primer número tiene 7 centenas de millón y el segundo, 1.

La distancia de Venus al Sol es menor que la de la Tierra al Sol. Es decir:

108 000 000 < 150 000 000

Ambos números cuentan con 1 centena de millón, pero el segundo posee 5 decenas de millón y el primero no tiene decenas de millón.

Los números naturales se representan en la recta numérica como sigue: sobre una recta se pone un punto y se le asigna el 0 (cero); luego, un segundo punto, a la derecha del cero, denotado con 1. Con la misma distancia entre 0 y 1, se toma otro punto, a la derecha del 1 para representar el 2. A la derecha del 2, con la misma distancia, se toma un punto para el 3, y así sucesivamente.

CMi	DMi	UMi			
1	0	8	000000		
1	5	0	000000		

Comparación
1 = 1
0 < 5

1

Copia los números en tu cuaderno y compáralos con los signos >, < ó =.

a) 9 108 421 ☐ 9 108 412
b) 114 306 221 ☐ 141 306 221
c) 415 617 003 ☐ 4 156 171 003
d) 191 642 509 ☐ 191 000 000 + 64
e) 12 435 975 ☐ 124 357 952 + 509
f) 900 000 + 43 000 + 131 ☐ 1 943 311
g) 15 000 000 + 471 + 6 ☐ 15 471 060
h) 200 000 + 41 000 + 376 ☐ 214 396

2

Escribe cómo se leen los siguientes datos y ordénalos de menor a mayor.

a)

Circunferencias ecuatoriales de los planetas del Sistema Solar	
Júpiter: 448 400 km	Neptuno: 141 550 km
Tierra: 40 076 km	Venus: 38 930 km
Marte: 21 230 km	Plutón: 18 200 km
Urano: 146 550 km	Saturno: 379 660 km
Mercurio: 15 670 km	

b)

Distancias medias de los planetas del Sistema Solar al Sol
Mercurio: 57 910 000 km
Urano: 2 869 140 000 km
Júpiter: 778 360 000 km
Saturno: 1 427 000 000 km
Plutón: 5 900 000 000 km
Marte: 227 900 000 km
Venus: 108 200 000 km
Neptuno: 4 496 670 000 km
Tierra: 149 597 900 km

3

Dibuja una recta numérica en tu cuaderno y representa los números 5 y 13. Contesta las preguntas.

- ¿Cuál de los números es mayor, 5 ó 13?
- ¿El 13 está a la derecha o a la izquierda de 5?
- ¿Dónde están los números mayores que 5?
- ¿Dónde están los números menores que 13?
- ¿Cómo se comparan dos números si se conoce su posición en la recta numérica?

4

Ordena las montañas de la más alta a la más baja.

Montañas de más de 8 mil metros conquistados por Carlos Carsolio	
Nombre	Altitud (m)
Nanga Parbat	8 125
Shisha Pangma	8 046
Makalú	8 463
Éverest	8 848
Kanchenjunga	8 586
K2	8 611
Cho-Oyu	8 201
Lhotse	8 511
Broad Peak	8 047
Annapurna	8 091
Dhaulagiri	8 167
Gasherbrum-2	8 035
Hidden Peak	8 068
Manaslú	8 163

5

Copia los siguientes números en tu cuaderno y represéntalos en una recta numérica.

a) 20   b) 10
c) 25   d) 32
e) 64   f) 46
g) 17   h) 56

6

Escribe en tu cuaderno el número de páginas de tus libros de primero y ordénalos de menor a mayor.

7

Investiga las edades de los padres de diez de tus compañeros y ordénalas de mayor a menor.

▲ Representa las edades de los padres de diez compañeros en la recta numérica.

Suma y resta

En una escuela secundaria hay cuatro grupos de primer grado. ¿Cómo se puede contar a todos los alumnos de primero?

Una forma consiste en pedir que todos salgan al patio y contarlos uno por uno. Otra forma es contar a los alumnos de cada salón y luego realizar una **suma** o **adición**. Por ejemplo, si en 1° A hay 45 alumnos, en 1° B 38, en 1° C 47 y en 1° D 43, el total de alumnos se calcula con la siguiente operación:

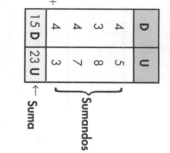

D	U
4	5
3	8
4	7
4	3
15 D	23 U	← Suma

Sumandos +

A los números 45, 38, 47 y 43 se les llama **sumandos** y al resultado, **suma**.

$$45 + 38 + 47 + 43 = 173$$

Los sumandos son los términos que se van a sumar, los cuales están separados mediante el signo **+**.

Para realizar esta operación, se suman unidades con unidades, decenas con decenas, centenas con centenas, etc. Si la suma de unidades da decenas, éstas se suman con las decenas; si la adición de decenas produce centenas, éstas se suman con las centenas, etc.

$$23\ U = 2\ D + 3\ U$$
$$15\ D = 1\ C + 5\ D$$
$$1\ C + 5\ D + 2\ D + 3\ U =$$
$$1\ C + 7\ D + 3\ U = 173\ U$$

Puedes revisar el resultado de una suma si repites la operación, pero procedes en orden diferente del anterior y comparar los resultados.

$$43 + 47 + 38 + 45 = 173$$

Otra forma de revisar el resultado es sumar los datos por parejas: $(45 + 38) = 83$ y $(47 + 43) = 90 \rightarrow 83 + 90 = 173$. Se compara con el primer resultado.

¿Por qué se pueden tomar los sumandos en distinto orden? En el ejemplo, el total no depende de si se empiezan a sumar el número de alumnos de 1° A o de 1° C. Lo importante es considerar todos los grupos y no repetir ninguno. Es decir, el resultado de una suma no depende del orden en que se consideren los sumandos participantes.

Si en el grupo de 1° A hay 45 alumnos inscritos, pero cierto día faltaron 13 por enfermedad, ¿cuántos alumnos fueron ese día a clase?

Para determinar el número de alumnos que asistieron se puede hacer una **resta** o **sustracción**:

$$45 - 13 = 32$$

A 45 se le llama **minuendo**, a 13 **sustraendo** y al resultado, **resta** o **diferencia**.

El **minuendo** es la cantidad a la cual se le va a quitar una parte.

El **sustraendo** es la cantidad que se quitará del minuendo.

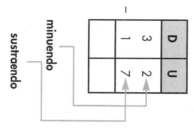

D	U
2	12
1	7
1	5

minuendo
sustraendo
resta o diferencia

La resta se efectúa alineando las cifras de cada orden como en la suma y se empieza a restar por las unidades. Si la cifra del minuendo es menor que la del sustraendo, el minuendo toma 1 unidad de la cifra que está a su izquierda.

El resultado de la operación se verifica sumando la diferencia y el sustraendo; el total debe ser igual que el minuendo. En el ejemplo, el número total de alumnos, 45, ha de ser igual que el número de alumnos que faltó más el número de alumnos que asistió a la escuela. En efecto, 13 + 32 = 45

$$3\ D + 2\ U = 2\ D + 12\ U$$
$$(2\ D + 12\ U) - (1\ D + 7\ U) =$$
$$1\ D + 5\ U = 15\ U$$

1

Realiza las siguientes operaciones y comprueba que tus resultados sean correctos.

a)
```
  23
+ 14
────
  37
```

b)
```
  123
+ 457
─────
  580
```

c)
```
  340
+ 897
──────
1,237
```

d)
```
 4 567
+3 760
──────
 8327
```

e)
```
 7 689
+5 099
──────
12788
```

f)
```
  134
   56
+  78
─────
  168
```

g)
```
  123
   40
+ 367
─────
  530
```

h)
```
  123
  468
+ 904
─────
 1495
```

i)
```
 5 780
   230
+   88
──────
  6098
```

i)
```
 8 640
 3 002
+7 666
──────
10308
```

k)
```
 8 717
−   48
──────
    39
```

l)
```
 6 657
−  565
──────
    92
```

m)
```
 1 896
−  698
──────
 1198
```

n)
```
 8 790
−  799
──────
 7991
```

ñ)
```
 8 9843
−  7967
───────
   1876
   9943
```

o)
```
 5 6789
−4 5678
───────
 11111
```

p)
```
 8 7009
−7 5434
───────
 11575
```

q)
```
 6 7809
−1 2008
───────
 55801
```

2

Comprueba que el cuadrado de abajo, formado con los naturales 1 a 9, es un cuadrado mágico. Escribe en tu cuaderno las sumas.

● En los cuadrados mágicos se obtiene el mismo resultado cuando se suman los números de cada columna, cada renglón y de cada diagonal.

8	1	6
3	5	7
4	9	2

3

Forma otro cuadrado mágico con los números 22 a 30. Coloca el 22 en el lugar del 1, el 23 en el del 2 y así sucesivamente. Después, forma otros cuadrados mágicos con las siguientes colecciones de números naturales. Comprueba que sean cuadrados mágicos.

a) De 2 a 10   b) De 5 a 13
c) De 45 a 53   d) De 63 a 71

4

En esta suma faltan dos sumandos de tres cifras. No obstante, se puede saber que la suma está mal hecha; explica por qué.

$$198 + 196 + 196 + \square + \square = 780$$

5

Resuelve los siguientes problemas en tu cuaderno.

a) La tarea de Español de Graciela consiste en leer un libro de 163 páginas. Si ya leyó hasta la página 96, ¿cuántas páginas le faltan?

b) Federico quiere comprar un despertador que cuesta $287.00. Si ahorró $136.00, ¿cuánto le falta?

c) La distancia de Villahermosa a Chetumal es 642 km. Escárcega y Xpujil están entre Villahermosa y Chetumal. Escárcega está a 183 km de Chetumal y Xpujil a 541 km de Villahermosa. ¿Cuántos kilómetros hay de Villahermosa a Escárcega y cuántos de Escárcega a Xpujil?

d) El resultado de un censo que se realizó el presente año, en una población del Estado de México, fue 125 670 habitantes. Si se sabe que este año hubo 1 350 nacimientos y 480 muertes, ¿cuántos habitantes había en el poblado el año pasado?

e) Javier quiere correr en la maratón. Para ello, entrena según este plan: las primeras cuatro semanas debe correr los lunes, miércoles y viernes 15 km y los sábados 30 km. Las siguientes cuatro semanas debe correr lunes, miércoles y viernes 18 km y los sábados 35 km. Las últimas cuatro semanas, debe correr lunes, miércoles y viernes 20 km y los sábados 30 km. ¿Cuántos kilómetros habrá corrido al final del entrenamiento?

Multiplicación y división

¿Qué significa **multiplicar** 89 por 15? Cómo 89 y 15 son números naturales, multiplicarlos quiere decir sumar 89 veces 15 o sumar 15 veces 89.

La multiplicación de 89 × 15 se hace así:

$$\begin{array}{r} 89 \\ \times\ 15 \\ \hline 445 \\ +\ 89 \\ \hline 1\ 335 \end{array}$$

Lo que consiste en sumar 5 × 89 y 10 × 89; y esto es lo mismo que sumar 5 veces 89 más 10 veces 89; es decir, 15 veces 89.

A los números 89 y 15 se les llama **factores** y al resultado, **producto**.

$$\left.\begin{array}{r} 47 \\ \times\ 12 \\ \hline 94 \\ +\ 47 \\ \hline 564 \end{array}\right\}\ \text{factores}$$

producto

Los **factores** son los términos separados mediante • o ×. Si no hay confusión, el signo no se escribe.

La multiplicación no depende del orden de los factores. Una manera de comprobar el resultado de una multiplicación es repetir la operación cambiando el orden de los factores. En el ejemplo, se procede multiplicando 15 × 89 y se comparan los resultados.

La **división** es una operación relacionada con la multiplicación. Si en la multiplicación se quiere saber cuánto es, por ejemplo, 15 veces 89, en la división

$$1\ 335 \div 89$$

se pretende establecer cuántas veces 89 es 1 335.

Así se tiene que 1 335 ÷ 89 = 15. Se ha encontrado un número, 15, que multiplicado por 89 da 1 335. El número que se dividirá (1 335 en el ejemplo) se llama **dividendo**; el que lo divide (el 89 del ejemplo), **divisor**; y el resultado (15 en el ejemplo), **cociente**.

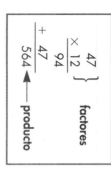

436 ◄─── cociente
15) 6 545 ◄─── dividendo
0 54
095
05 ◄─── residuo

divisor

Como 89 cabe un número exacto de veces en 1 335, la división es **exacta**. Una división exacta tiene **residuo** cero.

Muchas veces al resolver una división, se obtiene un residuo distinto de cero. Por ejemplo, si se divide 1 351 ÷ 89, el cociente es 15 y el residuo es 16.

Para comprobarlo basta observar que

$$1\ 351 = (15 \times 89) + 16 = 1\ 335 + 16$$

Cuando el **residuo** de una división es distinto de cero, entonces la división no es exacta.

También se puede comprobar si una división está bien hecha o no: si se desea comprobar que 623 ÷ 52 = 11 y el residuo es 49, basta observar que:

$$(52 \times 11) + 49 = 572 + 49 = 621 \text{ y no } 623$$

El resultado **es incorrecto**. Escribe el resultado correcto de esta división y comprueba que efectivamente lo sea.

1

Completa la siguiente tabla de multiplicar.

×	2	3	4	5	6	7	8	9	10
2	4								
3		9		15				27	
4			16						
5		15		25			40		
6					36				
7						49			
8				40			64		
9		27						81	
10									100

2

Resuelve las siguientes operaciones y comprueba que los resultados son correctos.

a) $97 \times 9 =$ b) $65 \times 71 =$

c) $354 \times 93 =$ d) $549 \times 568 =$

e) $576 \times 354 =$ f) $829 \times 534 =$

g) $649 \times 725 =$ h) $345 \div 7 =$

i) $961 \div 76 =$ j) $6\ 873 \div 86 =$

k) $766\ 803 \times 9 =$ l) $803\ 571 \div 84 =$

m) $974\ 630 \div 328 =$ n) $845\ 627 \div 235 =$

ñ) $387\ 962 \div 189 =$ o) $444\ 330 \div 45 =$

3

Escribe en tu cuaderno cinco ejemplos de la vida diaria en los que utilices la multiplicación y cinco en los cuales utilices la división.

4

Realiza una división; luego, divide o multiplica el dividendo por cualquier número natural y resuelve la operación con el nuevo dividendo. Observa qué sucede con el cociente y escribe tus conclusiones.

5

Contesta en tu cuaderno.

- En una división de números naturales, ¿qué alteración experimentan el cociente y el residuo si el dividendo y el divisor se multiplican por 10?

6

Calcula el promedio de las alturas de los miembros de tu familia.

- Realiza los cálculos correspondientes con las alturas expresadas en centímetros.

7

Resuelve los siguientes problemas.

a) Si le ayudaras a un niño de 4° de primaria a preparar su examen de divisiones (considerando que en ese grado las divisiones que se estudian son exactas, tienen residuo cero), ¿cómo inventarías ejemplos de divisiones con la seguridad de que éstas son exactas?

b) Eduardo cumplirá años y 20 de sus compañeros quieren comprar un regalo para él y celebrar una reunión para entregárselo. Si el regalo cuesta $ 70.00 y se necesitan $ 25.00 para comprar refrescos y botanas, ¿cuántos pesos (sin centavos) dará cada compañero para reunir la cantidad requerida? Si la división no es exacta, la mamá de Eduardo pondrá lo que falta. ¿Cuánto pondrá ella?

c) Como a cada uno de los 173 alumnos de 1° de secundaria de una escuela le pidieron 17 esferas de unicel para un trabajo, ellos decidieron comprarlas por mayoreo. Las bolsas de esferas de unicel contienen 36 unidades, ¿cuántas bolsas deben comprar? Después de repartirlas, ¿cuántas esferas sobran?

d) Si todas las latas de las bebidas que consumen los estadounidenses en un año se colocaran una sobre otra, alcanzarían una altura 17 veces mayor que la distancia de la Tierra a la Luna. Si la distancia de la Tierra a la Luna es de 353 000 km (aproximadamente), calcula la altura de la torre de latas. ¿Cómo se leen estos números?

Cálculo mental y estimación

¿No es asombrosa la facilidad con que algunos vendedores hacen sus cuentas sin escribirlas? Lo que hacen se llama **cálculo mental**. El comprador, para quedar satisfecho con el cobro, puede calcular mentalmente o tener una **estimación** de cuánto pagará.

En seguida, se muestra una situación en la cual se presenta un cálculo mental y una estimación.

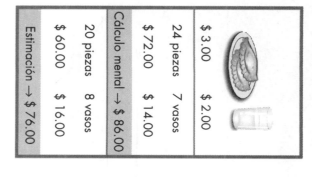

	24 piezas	7 vasos
$ 3.00		$ 2.00
$ 72.00		$ 14.00
Cálculo mental →		$ 86.00
20 piezas	8 vasos	
$ 60.00	$ 16.00	
Estimación → $ 76.00		

Doña Rosa tiene un puesto de empanadas, las que vende a $ 3.00. También vende leche a $ 2.00 el vaso. Un día, la familia Sánchez realizó el siguiente consumo: el Sr. Sánchez se comió 6 empanadas y tomó 2 vasos de leche; la Sra. Sánchez 4 empanadas y 1 vaso de leche; Elena 5 empanadas y 1 vaso de leche; Pedro 7 empanadas y 2 vasos de leche; Federico 2 empanadas y 1 vaso de leche. Al final, doña Rosa les dijo que la cuenta ascendía a $ 86.00. El Sr. Sánchez dijo que estaba bien, pensando que habían ingerido alrededor de 20 empanadas y 8 vasos de leche. Doña Rosa hizo un cálculo mental, el Sr. Sánchez una estimación; es decir, doña Rosa realizó mentalmente las operaciones necesarias (multiplicaciones y sumas) y el Sr. Sánchez sólo calculó más o menos cuánto habían consumido.

Hay algunas formas para facilitar el cálculo mental:

a Si hay que multiplicar por 10, sólo se agrega un cero; por 100, se agregan dos ceros; por 1 000, se agregan 3 ceros. ¿Cuántos ceros habrá que agregar para multiplicar por 100 000 y por 1 000 000?

b Para multiplicar por 5, se divide entre 2 y se multiplica por 10 o, si el número no es par, se multiplica primero por 10 y luego se divide entre 2.

c Para multiplicar por 25, se divide entre 4 y se multiplica por 100 o, si la división entre 4 no es exacta, primero se multiplica por 100 y luego se divide entre 4.

d Para sumar o restar rápidamente, se puede agregar o quitar una cantidad para realizar una operación más sencilla y luego compensar en el resultado. Por ejemplo, si hay que sumar 99 + 78, se suma 100 + 78 = 178 y se resta uno al resultado: 178 − 1 = 177. Para 158 − 33, se calcula 150 − 33 = 127 y luego se suma 8. El resultado final es 135.

Muchas veces es útil contar con una estimación de cuánto debe ser el resultado de una operación. Así, para multiplicar

$$146\ 789 \times 7\ 699$$

Se aproximan los factores a números fáciles de operar. Por ejemplo, como

$$150\ 000 > 146\ 789\ y\ 8\ 000 > 7\ 699,\ se\ multiplica:$$

$$150\ 000 \times 8\ 000 = 1\ 200\ 000\ 000$$

También se puede encontrar una aproximación menor que el resultado.

Como 146 789 > 145 000 y 7 699 > 7 000 y 145 000 × 7 000 = 1 025 000 000, entonces 146 789 × 7 699 > 1 025 000 000.

Es decir, el resultado debe estar entre 1 025 000 000 y 1 200 000 000.

a 346 × 100 = 34 600

b 685 × 5 = **3 425**
685 × 10 = 6 850
6 850 ÷ 2 = **3 425**

c 867 × 25 = **21 675**
867 × 100 = 86 700
86 700 ÷ **4** = **21 675**

d 425 + 398 = **823**
425 + 400 = 825 − 2 = **823**

Si al realizar la operación se obtiene un resultado que no esté entre los números encontrados, es posible que el resultado sea incorrecto.

El mismo razonamiento sirve para dividir, sumar y restar: se aproximan los números de la operación a otros que sean más fáciles de calcular (si es posible, se realiza el cálculo mental) y luego se efectúa la operación pedida, con la idea de lo que más o menos se espera obtener.

EJERCICIOS

1

Realiza las siguientes operaciones mentalmente y después comprueba el resultado.

a) 445 × 10 =
b) 15 × 100 =
c) 23 × 100 000 =
d) 34 × 5 =
e) 37 × 5 =
f) 5 × 25 =
g) 15 × 25 =
h) 3 + 8 + 6 + 7 + 9 =
i) 14 + 25 + 9 =
j) 55 + 34 + 29 + 78 =
k) 15 − 7 =
l) 68 − 45 =
m) 145 − 82 =
n) 189 − 57 =
ñ) 98 + 54 + 179 =
o) 171 + 243 + 111 =

2

Haz una estimación del resultado de las siguientes operaciones. Resuélvelas y compara el resultado exacto con tu estimación.

a) 385 × 649 =
b) 539 × 899 =
c) 14 836 × 9 733 =
d) 5 822 + 45 =
e) 52 965 + 93 =
f) 43 977 + 459 =
g) 18 321 + 562 =
h) 69 675 × 342 =
i) 91 002 + 241 =
i) 30 102 + 405 =
k) 81 007 + 919 =
l) 42 112 × 512 =
m) 54 125 + 621 =
n) 72 203 × 641 =

3

Resuelve los siguientes problemas.

a) Realiza una estimación del total de las siguientes notas de consumo.

Sopa:	$ 8.00
Arroz:	$ 10.00
Filete de pescado:	$ 25.00
Pechugas:	$ 17.00
Albóndigas:	$ 20.00
Agua:	$ 2.00

3	sopas
2	porciones de arroz
3	pechugas
2	platos de albóndigas
6	vasos de agua

4	sopas
2	porciones de arroz
3	filetes de pescado
2	platos de albóndigas
3	pechugas
7	vasos de agua

b) Efectúa una estimación de las dimensiones de tu salón, del patio de la escuela y del terreno donde ésta se encuentra; compara tus resultados con los de tus compañeros y luego midan y escriban el resultado. Escribe en tu cuaderno qué tan cerca estuvo de las medidas reales.

c) En una tienda de deportes se venden los siguientes paquetes de artículos:

Paquete 1	**Paquete 2**	**Paquete 3**
Casco	Balón	Raquetas
Gorra	Tenis	Camisetas
Traje de baño	Raquetas	Guantes
	Gorra	Traje de baño

Precio de artículos

Balón:	$ 80.00	**Casco:**	$ 346.00
Raquetas:	$ 150.00	**Gorra:**	$ 37.00
Tenis:	$ 125.00	**Guantes:**	$ 75.00
Camiseta:	$ 48.00	**Traje de baño:**	$ 92.00

• Realiza una estimación de cuáles paquetes podrá comprar David con su ahorro de $1 000.00.

• Calcula exactamente el precio de cada paquete y compara con tu estimación.

Múltiplos

¿Cómo se resuelve el siguiente problema?

José visita a su abuela cada 10 días; María, hermana de José, la visita cada 4 días. Si los dos visitaron a su abuela hoy, ¿cuándo volverán a coincidir? Cada uno la visitará así:

José, dentro de 10, 20, 30, 40, 50, 60, 70, 80, 90,... días.
María, dentro de 4, 8, 12, 16, 20, 24, 28, 32, 36, 40,... días.

Los números 10, 20, 30, 40, 50, 60, 70, 80, 90,... son algunos **múltiplos** de 10.
Los números 4, 8, 12, 16, 20, 24, 28, 32, 36, 40,... son algunos **múltiplos** de 4.

Los **múltiplos** de un número cualquiera son los productos de ese número por cada número natural. Por ejemplo:

Los múltiplos de 3 son $3 \times 0, 3 \times 1, 3 \times 2, 3 \times 3, 3 \times 4,...$ Es decir, 0, 3, 6, 9, 12,...
Los múltiplos de 8 son $8 \times 0, 8 \times 1, 8 \times 2, 8 \times 3, 8 \times 4,...$ Es decir, 0, 8, 16, 24, 32,...

Si se multiplica cualquier número por cero, se obtiene como producto cero. De esto, se deriva lo siguiente:

- El cero es múltiplo de **todos** los números naturales.
- El único múltiplo de 0 es 0. Éste es el único caso en que un número tiene un solo múltiplo; cualquier otro número natural cuenta con una infinidad de múltiplos.

Si se multiplica un número por 1, se obtiene el mismo número. De esto, se deriva lo siguiente:

- Los múltiplos de 1 son 0, 1, 2, 3, 4, 5, 6,... es decir, los números naturales; éste es el único caso en que los múltiplos de un número son **todos** los números naturales.
- Todo número es múltiplo de sí mismo.

En el problema de José y María, hay dos series 10, 20, 30, 40, 50, 60, 70, 80, 90,... y 4, 8, 12, 16, 20, 24, 28, 32, 36, 40,...; los días 20, 40, 60,... aparecen en las dos series; éstos son los días en que ambos visitarán simultáneamente a su abuela.

Los **múltiplos comunes** de 4 y 10 son 0, 20, 40, 60, etc.

¿Cuál será el día más próximo en que José y María visitarán a su abuela? Éste ocurrirá dentro de 20 días. 20 es el **mínimo común múltiplo (m.c.m.)** de 4 y 10.

El **mínimo común múltiplo** de una colección de números naturales es el menor múltiplo común, distinto de cero. Por ejemplo:

¿Cuál es el mínimo común múltiplo de 5 y 6?

Los múltiplos de 5 son 0, 5, 10, 15, 20, 25, 30, 35, 40, 45, 50, 55, 60,...

Los múltiplos de 6 son 0, 6, 12, 18, 24, 30, 36, 42, 48, 54, 60, 66, 72,...

Los múltiplos comunes de 5 y 6 son 0, 30, 60,...

El mínimo común múltiplo de 5 y 6 es 30.

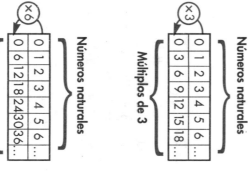

Múltiplos de 8	
8 × 0	0
8 × 1	8
8 × 2	16
8 × 3	24

Números naturales

0	1	2	3	4	5	6	...

(×3)

Múltiplos de 3

0	3	6	9	12	15	18	...

Números naturales

0	1	2	3	4	5	6	...

(×6)

Múltiplos de 6

0	6	12	18	24	30	36	...

Múltiplos comunes de 3 y 6

0, 6, 12,...

Menor múltiplo
diferente de cero

m.c.m. (3, 6) = **6**

EJERCICIOS

1

Escribe los primeros cinco múltiplos de 6, 250, 14, 27, 8 y 3.

2

Encuentra los primeros diez múltiplos de cada número y encierra después en un círculo los múltiplos comunes de cada pareja.

a) 2 y 5   b) 3 y 4
c) 5 y 25   d) 3 y 8
e) 2 y 7   f) 9 y 6

3

Anota en tu cuaderno si el primer número de cada pareja es múltiplo del segundo. Puedes usar la calculadora para encontrar la respuesta.

a) 24 y 48   b) 48 y 24
c) 1 300 y 13   d) 24 y 8
e) 96 y 3   f) 10 001 y 2
g) 456 y 3   h) 240 y 15
i) 365 y 7   j) 1 200 y 8
k) 8 435 y 25   l) 12 789 y 7

4

Escribe en tu cuaderno 10 múltiplos comunes de los siguientes números. Puedes usar la calculadora.

a) 15 y 20   b) 99 y 100
c) 13 y 14   d) 100 y 101
e) 2 000 y 1 492   f) 50 y 210
g) 1 970 y 8   h) 67 y 5 600
i) 5 000 y 2 000   j) 5 000 000 y 2 000 000

5

Busca los números que se indican y escríbelos en tu cuaderno. Justifica tu respuesta.

a) Un número que sea múltiplo de 2 y 5 al mismo tiempo. Hay varias respuestas.

b) Un número que sea múltiplo de 2 pero no de 6.

c) Un número que sea múltiplo de 3, 4 y 5 al mismo tiempo, pero que no sea múltiplo de 8.

d) Un número que sólo sea múltiplo de 17 y 1.

6

Realiza lo que se indica.

Una manera de recordar los múltiplos de 9 es como se muestra a continuación:

Coloca tus manos de manera que veas ambas palmas y numera los dedos de 1 a 10 como sigue:

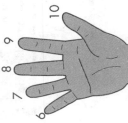

Ahora, para calcular 9 × 4, por ejemplo, dobla el cuarto dedo; los dedos a la izquierda de éste forman las decenas de 9 × 4, mientras que los dedos de la derecha forman las unidades; en este ejemplo, tus manos se verán sí:

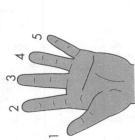

Verifica que este procedimiento sirve para obtener los diez primeros múltiplos de 9 mayores que cero.

7

Resuelve los siguientes problemas.

a) José y María han cambiado sus días de visita a la abuela; ahora, José va cada 12 días y María cada 5. Si hoy la visitaron juntos, ¿cada cuántos días coincidirán en su visita?

b) En cierto deportivo, se practican dos deportes: voleibol y basquetbol; el voleibol se juega cada 5 días y el basquetbol cada 7 días. Si el día de hoy se jugaron ambos, ¿dentro de cuántos días volverán a jugarse simultáneamente?

c) Escribe los primeros diez múltiplos de 125, 2, 200 y 5 000. Puedes utilizar la calculadora.

Divisores

Realiza las siguientes operaciones:

$$4\overline{)20} \qquad 7\overline{)365} \qquad 3\overline{)234} \qquad 11\overline{)1\,088}$$

En algunas de estas divisiones, el residuo es igual que cero. Este caso de la división recibe un nombre especial.

Si al dividir un número entre otro, el residuo es 0, se dice que:

- La división es **exacta**.

- El segundo número es **divisor** del primero (por ejemplo, 4 es divisor de 20).

- El primero es **divisible** entre el segundo (20 es divisible entre 4).

- El segundo **divide** al primero (4 divide a 20).

La divisibilidad se puede enunciar en términos de múltiplos, por ejemplo, decir "4 es divisor de 20" es lo mismo que "20 es **múltiplo de 4**".

Los divisores de un número no pueden ser mayores que él. Por ejemplo, si se divide 12 entre 13, el cociente es 0 y el residuo es 12, que es diferente de cero. Siempre que se divida 12 entre un número mayor que él, el cociente será 0 y el residuo 12, que es distinto de cero.

¿Cómo se calculan todos los divisores de un número cualquiera?

Los divisores de un número se buscan entre los que son **menores** o **iguales** que éste. Por ejemplo, para encontrar los divisores de 12, se divide este número entre todos los naturales menores o iguales que 12 para determinar en qué casos la división es exacta. Se puede ver que para 1, 2, 3, 4, 6 y 12 se tiene una división exacta. Es decir, los divisores de 12 son 1, 2, 3, 4, 6 y 12.

De la misma forma, los divisores de 15 son 1, 3, 5 y 15, mientras que los divisores de 13 son sólo 1 y 13.

Todo número se puede dividir de manera exacta entre 1 y entre sí mismo, por lo que todo número tiene como divisores (al menos) a 1 y a sí mismo. En algunos casos (como el 15), el número contará con más divisores, y en otros (como el 13), sólo tendrá esos dos divisores. A este tipo de números se les llama **primos**.

Así como dos números poseen múltiplos comunes, también comparten divisores. Por ejemplo:

Como los divisores de 12 son 1, 2, 3, 4, 6 y 12 y los de 15 son 1, 3, 5 y 15, entonces los divisores comunes de 12 y 15 son 1 y 3.

Como los divisores de 25 son 1, 5 y 25 y los de 21 son 1, 3, 7 y 21, entonces el único divisor común de 21 y 25 es 1. En general, el 1 es divisor común de cualquier pareja de números, aunque también es posible que haya más divisores para cada pareja.

Cuando dos números tienen al número 1 como único divisor común, se llaman **primos relativos**.

$$5\overline{)285} \left.\begin{array}{l} 5\ \text{es divisor de }285 \\ 285\ \text{es divisible entre }5 \\ 5\ \text{divide a }285 \\ 285\ \text{es múltiplo de }5 \end{array}\right.$$

57 / 35 / 0 — División exacta

Divisores	
Divisores de 24	1, 2, 3, 4, 6, 8, 12 y 24
Divisores de 21	1, 3, 7 y 21
Divisores comunes de 24 y 21	1 y 3
Divisores de 11	1 y 11
Divisores de 18	1, 2, 3, 6, 9 y 18
Divisores comunes de 11 y 18	1
11 y 18 → **primos relativos**	

1

Escribe en tu cuaderno todos los divisores de los siguientes números.

a) 24 b) 26 c) 14
d) 11 e) 16 f) 34
g) 88 h) 90 i) 154

2

Escribe en tu cuaderno si el primer número de cada pareja es divisor del segundo.

a) 13 y 439 b) 9 y 126
c) 150 y 765 d) 8 y 200
e) 4 y 25 f) 125 y 1 000
g) 15 y 105 h) 80 y 200
i) 14 y 1 996 j) 3 y 909
k) 6 y 906 l) 3 y 67
m) 7 y 2 401 n) 17 y 221
ñ) 5 y 3 431 o) 21 y 4 631

3

Escribe en tu cuaderno los divisores de los siguientes números y encierra en un círculo los que sólo tengan dos divisores.

a) 2 b) 3
c) 4 d) 5
e) 6 f) 7
g) 8 h) 9
i) 10 j) 11
k) 12 l) 13
m) 14 n) 15
ñ) 16 o) 17
p) 18 q) 23
r) 45 s) 101
t) 632 u) 207

4

Encuentra los divisores propios de los siguientes números. (Los divisores propios de un número son todos sus divisores excepto él mismo. Por ejemplo, los divisores propios de 15 son 1, 3 y 5.)

a) 10 b) 24 c) 43
d) 50 e) 27 f) 90
g) 55 h) 89 i) 77
j) 84 k) 91 l) 111

5

Resuelve en tu cuaderno los siguientes problemas.

a) Con los divisores de un número es posible escribir éste como un producto. Por ejemplo, el número 24 se puede escribir como producto de dos divisores, $24 = 1 \times 24 = 2 \times 12 = 3 \times 8$, etc.; pero también se puede escribir como el producto de tres divisores, $24 = 1 \times 2 \times 12 = 3 \times 4 \times 2$.

• Escribe el número 24 como producto de 4 divisores distintos.

• Escribe el número 36 como producto de 4 divisores distintos.

• Escribe el número 17 como producto de 2 divisores distintos.

• ¿Podrías escribir el número 17 como producto de 3 divisores distintos? ¿Por qué?

b) ¿Has observado que el día de tu cumpleaños se recorre un día de la semana por cada año y que en algunos casos se recorre dos? Por ejemplo, si en 1992 cumpliste años en jueves, en 1993 los cumpliste en viernes. ¿Por qué crees que esto pase? ¿Cuándo se recorre dos días tu cumpleaños? (Sugerencia: utiliza la división $365 \div 7$.)

c) Dos matemáticos que habían dejado de verse se encuentran después de mucho tiempo y comienzan a platicar:

— ¡Juan, hace mucho que no nos veíamos!
— ¡Sí! ¿Cómo has estado? ¿Te casaste? ¿Tienes hijos?
— Sí, tengo tres hijas.
— ¿Qué edades tienen?
— Bueno, para que lo sepas, sólo te diré que el producto de sus edades es 36.

Juan escribe en un cuaderno algunos números y dice:

— Pero hay varios números cuyo producto es 36. Me faltan datos.
— Otro dato: la suma de sus edades es el número de la casa de enfrente.

Juan observa el número de la casa de enfrente y dice:

— Aún me faltan datos.
— Sí, es cierto; además, te diré que las edades de mis hijas son diferentes entre sí y que todas son mayores de un año.

▲ Determina con estos datos las edades de las hijas y el número de la casa de enfrente.

Divisibilidad

Existen formas para detectar rápidamente si un número es divisible entre otro sin realizar la división. Estas formas se llaman **criterios de divisibilidad**. La siguiente tabla resume algunos de estos criterios.

Divisibilidad entre	Criterio
2	Si la última cifra es par, o sea, 0, 2, 4, 6 y 8.
3	Si la suma de sus cifras es múltiplo de 3.
4	Si sus dos últimas cifras forman un múltiplo de 4.
5	Si la cifra de las unidades es 0 ó 5.
6	Si cumple los criterios de divisibilidad entre 2 y 3.
8	Si el número formado por las tres últimas cifras es múltiplo de 8.
9	Si la suma de sus cifras forman un múltiplo de 9.

A continuación se verán ejemplos de cómo aplicar estos criterios.

División	Cociente	Residuo
2 456 ÷ 2	1 228	0
2 456 ÷ 3	818	2
2 456 ÷ 4	614	0
2 456 ÷ 5	491	1
2 456 ÷ 6	409	2
2 456 ÷ 8	307	0
2 456 ÷ 9	272	8

El número 2 456:

- Es divisible entre 2, pues la última cifra (6) es par.
- No es divisible entre 3, pues la suma de sus dígitos es 17 (2 + 4 + 5 + 6), que no es múltiplo de 3.
- Es divisible entre 4, porque sus dos últimas cifras (56) forman un múltiplo de 4.
- No es divisible entre 5, pues la cifra de las unidades (6) no es 0 ni 5.
- No es divisible entre 6, pues no cumple el criterio de divisibilidad entre 3.
- Es divisible entre 8, pues el número que forman las últimas tres cifras (456) es múltiplo de 8.
- No es divisible entre 9, pues la suma de sus dígitos (17) no es múltiplo de 9.

El número 24 000:

- Es divisible entre 2, pues la cifra de las unidades es 0.
- Es divisible entre 3, pues la suma de sus dígitos es 6, que es un múltiplo de 3.
- Es divisible entre 4, pues termina en 00.
- Es divisible entre 5, pues la cifra de las unidades es 0.
- Es divisible entre 6, pues satisface los criterios de divisibilidad entre 2 y 3.
- Es divisible entre 8, pues termina en 000.
- No es divisible entre 9 porque la suma de sus dígitos es 6 y 6 no es múltiplo de 9.

El número 123 456 789:

- No es divisible entre 2, pues la cifra de las unidades (9) es impar.
- Es divisible entre 3, porque sus cifras suman 45 (1 + 2 + 3 + 4 + 5 + 6 + 7 + 8 + 9) que es divisible entre 3. (Para saber si 45 es divisible entre 3, se puede volver a aplicar el criterio: como 4 + 5 = 9, 45 es divisible entre 3.)
- No es divisible entre 4, pues no termina en 00 ni las cifras de las decenas y las unidades (8 y 9) forman un múltiplo de 4.
- No es divisible entre 5, pues no termina en 0 ni en 5.
- No es divisible entre 6, pues no es divisible entre 2.
- No es divisible entre 8, pues no termina en 000 ni sus últimas tres cifras (789) forman un múltiplo de 8.
- Es divisible entre 9, pues la suma de sus cifras (45) es un múltiplo de 9.

EJERCICIOS

1 Utiliza los criterios de divisibilidad para decidir cuáles de estos números son divisibles entre 2, 3, 4, 5, 6, 8 y 9.

a) 447   b) 720   c) 1 098   d) 1 100
e) 1 440   f) 2 386   g) 3 478   h) 3 822
i) 4 095   j) 6 480   k) 7 895   l) 8 924

2 Elabora en tu cuaderno una tabla como la siguiente con los números 100 a 120.

Número	Divisible entre						
	2	3	4	5	6	8	9
100	sí	no	sí	sí	no	no	no
101	no	no	no	no	no	no	no
...							

3 Escribe las cifras de las unidades de los números para que sean divisibles entre el número que se indica. (En algunos casos hay más de una respuesta.)

a) 23 67 ___ (entre 2)   b) 23 48 ___ (entre 3)
c) 43 67 ___ (entre 5)   d) 10 12 ___ (entre 6)
e) 13 21 ___ (entre 9)   f) 56 78 ___ (entre 8)

4 Utiliza sólo los dígitos 1, 2, 6, 8 y 9 para escribir:

a) Un número de tres cifras que sea divisible entre 4.
b) Un número de cuatro cifras que sea divisible entre 3.
c) Un número de tres cifras que sea divisible entre 9.
d) Un número de cuatro cifras que sea divisible entre 8.

5 Encuentra el número más cercano a 1 492 que sea divisible entre 3.

6 Determina cuáles de estos años son bisiestos: 1810, 1848, 1968, 1970, 1986 y 1996. (Los años bisiestos, es decir, de 366 días, son divisibles entre 4.)

7 Contesta en tu cuaderno.

a) ¿El número 7 635 es divisible entre 3?
b) Si se cambia el orden de las cifras del número anterior para obtener el número 3 657, ¿es éste divisible entre 3?
c) ¿Siempre que se cambie el orden de las cifras del número 7 635 se obtendrá un número divisible entre 3? ¿Por qué?

8 Determina cuáles de estos números: 2, 3, 4, 5, 6, 8 y 9, son divisores comunes de las siguientes parejas.

a) 99 y 87   b) 398 y 732   c) 872 y 70
d) 48 y 75   e) 87 y 21   f) 780 y 718
g) 687 y 105   h) 192 y 810   i) 8 974 y 87

9 Encuentra los siguientes números usando los criterios de divisibilidad.

a) Un número mayor que 100, menor que 200 y que sea divisible entre 2, 3, 4 y 5.
b) Un número mayor que 200, menor que 300 y que sea divisible entre 6, 8 y 9.

10 Resuelve el siguiente problema aplicando los criterios de divisibilidad.

a) En una escuela hay 212 alumnos de primero. Se organizan varias conferencias, trabajos y competencias deportivas en los que participará el **mayor** número de estudiantes.

i) Si los 212 alumnos se organizan en equipos de 3 integrantes para participar en una exposición, ¿quedan todos los estudiantes en algún equipo? ¿Sobra alguno?

ii) Si todos los alumnos mencionados se organizan para formar equipos de basquetbol (5 estudiantes), ¿quedan todos los estudiantes en algún equipo?

iii) Si el total de alumnos se organiza en equipos de voleibol (6 estudiantes), ¿quedan todos los estudiantes en algún equipo?

Escritura de números terminados en ceros

En la lección anterior se establecieron algunos criterios de divisibilidad; aquí se estudiarán criterios para verificar si un número es divisible entre 10, 100, 1 000, etc. Los números formados por la unidad (1) seguida por cierta cantidad de ceros se llaman **potencias de 10**. Los criterios de divisibilidad para las potencias de 10 son los siguientes:

Divisibilidad entre	Criterio
10	Si el número termina en 0
100	Si el número termina en 00
1 000	Si el número termina en 000
10 000	Si el número termina en 0000

Estos criterios se utilizan para cualquier número terminado en ceros. Por ejemplo, el número 14 000 es divisible entre 10, 100 y 1 000. En general, sólo se menciona la mayor potencia de 10 entre la cual es divisible el número. Así, basta mencionar que 14 000 es divisible entre 1 000. Otros ejemplos son los que siguen:

38 000 000 es divisible entre 1 000 000

450 000 000 es divisible entre 10 000 000

50 000 000 000 es divisible entre 10 000 000 000

Un número terminado en ceros puede escribirse como un producto especial:

$$14\ 000 = 14 \times 1\ 000$$

$$38\ 000\ 000 = 38 \times 1\ 000\ 000$$

$$450\ 000\ 000 = 45 \times 10\ 000\ 000$$

$$50\ 000\ 000\ 000 = 5 \times 10\ 000\ 000\ 000$$

Es decir, ese número se puede escribir como el producto de un número natural (que no termina en ceros) por una potencia de 10. La potencia de 10 tendrá tantos ceros como el número original. Esta forma de escribir los números terminados en ceros será útil en la siguiente lección, donde se verá una forma de abreviar cantidades como 1 000 000 ó 10 000 000 000.

Si se comparan dos cantidades expresadas como la multiplicación de un número por una potencia de 10, es conveniente realizar el producto. Por ejemplo, consideremos las cantidades siguientes:

3 805 × 1 000 y 45 × 10 000

¿Cuál de estas cantidades es mayor? Es incorrecto afirmar "como el primer número termina en 3 ceros y el segundo en 4 ceros, el primer número es menor que el segundo". De hecho, si se hace el producto, se tiene lo siguiente:

$$3\ 805 \times 1\ 000 = 3\ 805\ 000 \quad y \quad 45 \times 10\ 000 = 450\ 000$$

El segundo número es menor que el primero.

---

40 →Divisible entre 10
300 →Divisible entre 100
5 000 →Divisible entre 1 000
70 000 →Divisible entre 10000

Natural   Potencia de 10

$$\underbrace{500\ 000\ 000}_{8\ ceros} = 5 \times \underbrace{100\ 000\ 000}_{8\ ceros}$$

1

Escribe en tu cuaderno los siguientes números como el producto de un número natural que no termine en cero por una potencia de 10.

a) 346 000 000 000   b) 6 304 500 00
c) 6 060   d) 54 009 000
e) 670 908 000   f) 9 100 002 700

2

Escribe los números de la tabla como el producto de un número natural por la mayor potencia posible de 10.

País	Población (habitantes)
Argentina	33 100 000
Brasil	156 280 000
China	1 188 000 000
España	39 085 000
Francia	57 372 000
India	879 550 000
Japón	124 336 000
México	89 540 000
Sudáfrica	39 820 000

3

Desarrolla en tu cuaderno los siguientes productos y encuentra el mayor.

a) 37 × 100 000   b) 840 × 1 000 000
c) 34 078 × 10 000 000   d) 87 230 × 1 000

4

Realiza los productos y compara las siguientes parejas de números.

a) 9 090 × 1 000 y 2 × 1 000 000
b) 4 × 1 000 000 000 y 345 × 10 000 000
c) 587 × 10 000 y 56 × 100 000
d) 12 340 × 1 000 000 y 1 234 × 10 000 000
e) 20 241 × 1 000 000 y 2 024 × 100 000 000

5

Calcula las siguientes cantidades y escríbelas como el producto de un número natural por una potencia de 10.

a) Los segundos de un año.
b) Los minutos que hay en una década.
c) Los centímetros que hay en 67 kilómetros.
d) Los milímetros que hay en 38 metros.
e) Los kilogramos de 45 toneladas.
f) Los gramos de 326 hectogramos.

6

Busca cantidades que terminen en ceros y escríbelas en tu cuaderno como el producto de un número natural que no termine en cero por una potencia de 10. (Por ejemplo: la velocidad de la luz, la temperatura del Sol, etc.)

7

Encuentra los productos de cada inciso; luego súmalos y escribe el resultado como el producto de un número natural por la mayor potencia posible de 10.

a) 3 821 × 10 000 y 189 × 1 000 y
b) 103 × 1 000 000 y 3 874 × 10 000
c) 783 × 100 000 y 493 × 100 000
d) 813 × 100 y 426 × 100
e) 813 × 100 y 427 × 100
f) 608 × 10 000 000 y 765 × 10
g) 56 × 10 000 y 67 × 1 000

8

Determina la diferencia entre los productos de cada inciso del ejercicio anterior. Escribe los resultados como el producto de un número natural por la mayor potencia posible de 10.

9

Multiplica los productos obtenidos en cada inciso del ejercicio 7. Escribe el resultado como el producto de un número natural por la mayor potencia posible de 10.

10

Investiga la extensión territorial en km² de los países de Norteamérica y escríbelas como producto de un número natural por la mayor potencia posible de 10.

25

Potencias. Cuadrados y cubos

Según cuenta una leyenda, el juego del ajedrez fue inventado por un anciano hindú para esparcimiento de un rey. El soberano quedó tan contento con el juego que prometió al anciano darle la recompensa que deseara.

—¡Oh, gran rey! —dijo el anciano—. Como ves, el tablero de ajedrez tiene 64 cuadros, negros y blancos. Te pediré un grano de trigo por el primer cuadro, dos por el segundo, cuatro por el tercero, ocho por el cuarto y así hasta el último cuadro, duplicando la cantidad de granos por cada cuadro.

También dice la leyenda que tal cantidad de trigo pareció tan poca para el rey, que se enfureció con el anciano, pensando que había despreciado su generosidad. Ordenó a los sabios de su corte calcular la cantidad de granos que deberían entregarse. Dicho cálculo comenzaría como sigue:

Por el primer cuadro: 1 grano
Por el segundo cuadro: 2 granos
Por el tercer cuadro: $2 \times 2 = 4$ granos
Por el cuarto cuadro: $2 \times 2 \times 2 = 8$ granos
Por el quinto cuadro: $2 \times 2 \times 2 \times 2 = 16$ granos

En estos productos, el número 2 aparece varias veces; para abreviar una expresión de este tipo, se utiliza la **notación exponencial** de la manera siguiente:

$2 \times 2 = 2^2$; el 2 pequeño es el **exponente** e indica el número de veces que aparece 2 como factor. Esta expresión se lee "dos al **cuadrado**".

$2 \times 2 \times 2 = 2^3$; el exponente 3 indica que 2 (la **base**) se debe multiplicar dos veces. Esta expresión se lee "dos al **cubo**".

$2 \times 2 \times 2 \times 2 = 2^4$. Esta expresión se lee "dos a la **cuarta potencia**".

Así, se pueden definir la quinta potencia, la sexta, séptima, etc.

La **notación exponencial** sirve para abreviar un producto y consta de dos elementos: la **base** y el **exponente**. La primera es el número que se multiplica varias veces por sí mismo; el segundo es un número pequeño colocado a la derecha, un poco arriba con respecto a la base, e indica las veces que ésta aparece como factor.

En la expresión 4^3, 4 es la base y 3 el exponente; es decir, esta notación nos indica la multiplicación de 4 por sí mismo dos veces:

$$4^3 = 4 \times 4 \times 4 = 64$$

Observa lo que sucede si se divide un número elevado a una potencia dada entre la base:

$$\frac{3^2}{3} = \frac{3 \times 3}{3} = 3^1$$

$$\frac{3^1}{3} = \frac{3}{3} = 1$$

Esto se observa de manera más clara con la siguiente generalización:

En las siguientes expresiones: $a^2 = a \times a$ y $a^3 = a \times a \times a$; el 2 de la primera indica que **a** aparece como factor dos veces y el 3, en la segunda, señala que **a** se incluye como factor tres veces; entonces la expresión a^1 denota que **a** aparece como factor una vez, es decir, $a^1 = a$.

$a^1 = a \rightarrow$ Del lado derecho de la igualdad se muestra un producto, igual que en los casos anteriores, en el que uno de los factores es la unidad, la cual por convención no se escribe.

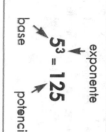

exponente

$5^3 = 125$

base   potencia

$c^3 = c \times c \times c$
$c^2 = c \times c$
$c^1 = c$
$c^0 = 1$

---

1 grano → 1er cuadro
2 granos → 2° cuadro
4 granos → 3er cuadro
$\cdots$

En las primeras tres expresiones, el resultado es la base inicial elevada a un exponente una unidad menor. Por tanto, conviene definir

$$\frac{3^1}{3} = 3^0 \text{ y como } \frac{3^1}{3} = \frac{3}{3} = 1, \text{ entonces } 3^0 = 1$$

En general, **cualquier número (distinto de cero) elevado a la potencia cero es igual que 1**. La expresión 0^0 no está definida.

La notación exponencial se utiliza para escribir de manera breve los números que terminan en ceros, pues $10^1 = 10$, $10^2 = 100$, $10^3 = 1\,000$, etc. Por ejemplo, se puede escribir lo siguiente:

$$23\,000\,000 = 23 \times 1\,000\,000 = 23 \times 10^6$$
$$140\,500 = 1\,405 \times 100 = 1\,405 \times 10^2$$

EJERCICIOS

5 Escribe en tu cuaderno el número mayor de cada pareja. Desarrolla la potencia y verifica tu respuesta.

a) 3^2 y 2^3
b) 8^2 y 2^8
c) 5^2 y 4^2
d) 5^3 y 3^5
e) 12^2 y 10^2
f) 4×10^3 y 38×10^2
g) 546×10^6 y 5×10^8
h) 484×10^4 y 24×10^2

6 Realiza las operaciones de cada inciso y escribe el resultado como el producto de un número natural y la mayor potencia posible de 10. Después, escribe la potencia con notación exponencial.

a) $(4 \times 10^5) \times (16 \times 10^2)$
b) $(82 \times 10^6) \times (4 \times 10^6)$
c) $(2 \times 10^4) \times (2 \times 10^7)$
d) $(6 \times 10^{10}) \times (3 \times 10^5)$
e) $(32 \times 10^3) \times (12 \times 10^5)$
f) $(45 \times 10^5) \times (11 \times 10^3)$

7 Resuelve el siguiente problema. Escribe tus respuestas en notación exponencial.

Una persona informa a otras tres de cierto rumor. Después de una hora, estas tres personas platican el rumor con tres más cada una, las cuales platican con tres personas más cada una después de una hora, etc.

• ¿Cuántas personas conocen el rumor después de 1 hora?
• ¿Después de 2 horas?
• ¿Después de 5 horas?

1 Calcula los granos que le dieron al anciano de la leyenda del ajedrez por el décimo cuadro del tablero.

(Por cierto, la cantidad total de granos que debería dar el rey al anciano es tan grande que los granos podrían ocupar ¡un cubo de un kilómetro por lado!)

2 Escribe por qué la segunda y tercera potencias se llaman "cuadrado" y "cubo".

3 Escribe en tu cuaderno las siguientes potencias de 10 con notación exponencial.

a) $10\,000\,000$
b) $1\,000\,000$
c) $100\,000$
d) $1\,000\,000\,000$
e) $10\,000\,000\,000\,000$
f) $100\,000\,000\,000$

4 Escribe los siguientes números como el producto de un natural y la mayor potencia posible de 10. Expresa la potencia de 10 con notación exponencial.

a) $138\,000\,000\,000$
b) $920\,000$
c) $12\,400\,000\,000$
d) $508\,009\,000\,000$
e) $786\,754\,010\,000$
f) $400\,007\,010\,000\,000$
g) $568\,000 + 797\,000$
h) $10\,000 + 5\,500$
i) $12\,000 \times 10\,000$
j) $23 \times 100\,000$
k) $30\,000 \times 40\,000$
l) $150 \times 200\,000$

Raíz cuadrada

Las operaciones de suma y resta son, en cierta manera, inversas una de la otra, es decir, si a un número se le suma y resta la misma cantidad, el resultado es el número original, por ejemplo:

$$(2 + 3) - 3 = 2$$

De la misma forma, la multiplicación y división son operaciones inversas, pues si a un número se multiplica y divide por la misma cantidad distinta de cero, se obtiene el número original; por ejemplo:

$$(2 \times 5) \div 5 = 2$$

Ahora, se verá la operación inversa a la elevación al cuadrado.

Como se sabe, el cuadrado de un número es igual que el número multiplicado por sí mismo: $2^2 = 2 \times 2 = 4$, $5^2 = 5 \times 5 = 25$, $100^2 = 100 \times 100 = 10\,000$, etc.

Obtener la **raíz cuadrada** de un número es la operación inversa de la elevación al cuadrado; es decir, dado un número, se busca otro que elevado al cuadrado sea igual que el número original.

Por ejemplo, la raíz cuadrada de 25 es 5, pues 5 elevado al cuadrado es 25. La raíz cuadrada de un número se indica con el signo **radical** ($\sqrt{\ }$); dentro de este símbolo se coloca el número cuya raíz se quiere obtener (el número se llama **radicando**); el símbolo se lee "raíz de". Por ejemplo, la expresión $\sqrt{4} = 2$ se lee "la raíz de 4 es igual que 2"; y efectivamente se cumple que el resultado es 2 porque al elevar 2 al cuadrado se obtiene 4. Dos ejemplos más de raíz cuadrada son éstos:

$$\sqrt{400} = \quad 20, \text{ pues } 20^2 = 400$$

$$\sqrt{10\,000} = 100, \text{ pues } 100^2 = 10\,000$$

No todos los números naturales tienen como raíz cuadrada a otro número natural. Por ejemplo, ¿cuál es la raíz cuadrada de 3? 1 no puede ser la raíz cuadrada de 3 porque $1^2 = 1$; tampoco puede ser 2, pues $2^2 = 4$. El cuadrado de cualquier otro número natural mayor que 1 ó 2 es mayor que 3 por lo que se puede concluir que la raíz de 3 debe ser un número entre 1 y 2:

$$\text{Es decir: } 1 < \sqrt{3} < 2$$

Los números cuya raíz cuadrada es un natural se llaman **cuadrados perfectos.** Algunos ejemplos de cuadrados perfectos son los que siguen:

$$\sqrt{4} \ = \ 2$$
$$\sqrt{81} \ = \ 9$$
$$\sqrt{121} = 11$$

4, pues
81, pues
121, pues

En general, si se eleva al cuadrado un número natural cualquiera, el resultado es un cuadrado perfecto. Por ejemplo, cuando elevamos al cuadrado el número 213, obtenemos el número 45 369. Es claro, entonces, que el número 45 369 es un cuadrado perfecto, pues existe un número (213) que elevado al cuadrado resulta 45 369.

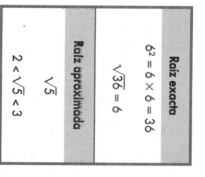

radical

$\sqrt{a^2} = a$

radicando   raíz

Se lee: raíz de **a** cuadrada es igual que **a**.

Raíz exacta
$6^2 = 6 \times 6 = 36$
$\sqrt{36} = 6$
Raíz aproximada
$\sqrt{5}$
$2 < \sqrt{5} < 3$

Cuadrados perfectos		
4	→	$\sqrt{4} \ = 2$
9	→	$\sqrt{9} \ = 3$
16	→	$\sqrt{16} = 4$
25	→	$\sqrt{25} = 5$
•	•	•

Cuadrados perfectos

2×2	=	4
6×6	=	36
7×7	=	49
11×11 =		121
•	•	•

1

Fíjate en el ejemplo y completa los incisos restantes en tu cuaderno.

a) $11^2 = \underline{121}$ $\sqrt{121} = \underline{11}$
b) $12^2 = \underline{\quad}$ $\sqrt{\quad} = \underline{\quad}$
c) $13^2 = \underline{\quad}$ $\sqrt{\quad} = \underline{\quad}$
d) $14^2 = \underline{\quad}$ $\sqrt{\quad} = \underline{\quad}$
e) $15^2 = \underline{\quad}$ $\sqrt{\quad} = \underline{\quad}$
f) $16^2 = \underline{\quad}$ $\sqrt{\quad} = \underline{\quad}$

2

Copia en tu cuaderno el siguiente cuadro y complétalo con la raíz cuadrada exacta o aproximada.

Número	Raíz exacta o aproximada
2	aproximada (entre 1 y 2)
3	
4	exacta (2)
5	
6	
7	
8	
9	
10	
11	
12	
13	
14	
15	
16	
17	
18	
19	
20	

3

Encuentra números cuadrados perfectos.

a) Todos los que hay entre 1 y 100.
b) Cinco entre 100 y 300.
c) Cinco mayores que 1 000.
d) Tres mayores que 1 500.
e) Cinco que estén entre 5 000 y 10 000.
f) Tres mayores que 11 000

4

Copia las frases en tu cuaderno y complétalas.

Si un cuadrado perfecto termina en:

a) 0, su raíz cuadrada termina en \underline{\quad}.
b) 1, su raíz cuadrada termina en \underline{\quad} o en \underline{\quad}.
c) 4, su raíz cuadrada termina en \underline{\quad} o en \underline{\quad}.
d) 5, su raíz cuadrada termina en \underline{\quad}.
e) 6, su raíz cuadrada termina en \underline{\quad} o en \underline{\quad}.
f) 9, su raíz cuadrada termina en \underline{\quad} o en \underline{\quad}.

5

Calcula la raíz cuadrada de las siguientes potencias de 10; escríbela en forma exponencial. (Todas las potencias son cuadrados perfectos.)

a) 10^2 b) 10^4 c) 10^8 d) 10^6
e) 10^{16} f) 10^{10} g) 10^{20} h) 10^{28}
i) 10^{40} j) 10^{30} k) 10^{24} l) 10^{90}

6

Encuentra la raíz cúbica de los siguientes números. Puedes utilizar la calculadora.

(Elevar un número **al cubo** es multiplicarlo dos veces por sí mismo. La **raíz cúbica** es el proceso inverso: dado un número, hay que determinar otro que elevado al cubo dé el número original; ejemplo $\sqrt[3]{27} = 3$.)

a) 1   b) 2^3 c) 27   d) 64
e) 5^3 f) 216   g) 343   h) 512
i) 1 331   j) 17^3 k) 6 859   l) 8 000

7

Resuelve las siguientes raíces cuadradas.

a) $\sqrt{(2 \times 3)^2}$ b) $\sqrt{(8 + 4)^2}$ c) $\sqrt{(6 + 2)^2}$

a Inicia el funcionamiento de la calculadora.

b Borra el número de la pantalla.

c Función división.

d Función multiplicación.

e Función resta.

f Función suma.

g Punto decimal.

h Signo igual.

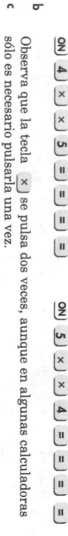

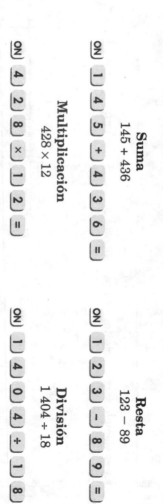

Teclas

Uso de la calculadora

La calculadora es un instrumento útil para resolver rápidamente cualquier operación. La manera como se emplea es la siguiente:

Suma
145 + 436
ON 1 4 5 + 4 3 6 =

Resta
123 − 89
ON 1 2 3 − 8 9 =

Multiplicación
428 × 12
ON 4 2 8 × 1 2 =

División
1 404 ÷ 18
ON 1 4 0 4 ÷ 1 8 =

La calculadora también puede usarse para elevar un número a una potencia determinada; esto se hace como sigue:

$4 \times (5)^4 \rightarrow$: ON 4 × 5 = = =

Hay dos maneras abreviadas, dependiendo del tipo de calculadora empleado:

ON 4 × 5 = = = =

ON 4 × 5 × 5 × 5 × 5 =

Observa que la tecla × se pulsa dos veces, aunque en algunas calculadoras sólo es necesario pulsarla una vez.

ON 5 × × 4 = = = =

Es posible calcular la **raíz cuadrada** fácilmente con la siguiente tabla:

Número	1	9	10	99	100	999
Cuadrado del número	1	81	100	9 801	10 000	998 001
Cantidad de cifras del cuadrado del número	1 ó 2		3 ó 4		5 ó 6	

Observa que si un número natural tiene 1 cifra, su cuadrado tiene 1 ó 2; si tiene 2, su cuadrado tiene 3 ó 4. Entonces la raíz cuadrada de un natural con 1 ó 2 cifras (o su aproximación) tiene 1 cifra entera (a la izquierda de punto decimal).

La raíz cuadrada de 15 423 se obtiene según este procedimiento:

a Como 15 423 tiene cinco cifras, la raíz cuadrada tendrá tres cifras. Por tanto, la raíz cuadrada está entre 100 y 999.

b Se busca la raíz cuadrada por tanteo:

$(120)^2 = 120 \times 120 = 14\ 400$ $(130)^2 = 130 \times 130 = 16\ 900$

$(124)^2 = 124 \times 124 = 15\ 376$ $(125)^2 = 125 \times 125 = 15\ 625$

De lo anterior se establece que $124 < \sqrt{15\ 423} < 125$

Algunas calculadoras tienen la tecla $\sqrt{\ }$ para obtener directamente la raíz cuadrada, pero se debe considerar que cuando el número no es cuadrado perfecto se obtienen aproximaciones. Por ejemplo, para $\sqrt{2}$ una calculadora arroja el resultado 1.4142135, pero:

$(1.4142135)^2 = 1.99999824$

Recomendaciones:

a Se debe cuidar el orden en que se oprime cada tecla, para que la calculadora no arroje un resultado equivocado.

b Es importante tener una idea aproximada del resultado antes de realizar la operación con la calculadora.

c Repetir la operación para no tener resultados erróneos.

EJERCICIOS

1

Realiza las siguientes operaciones con tu calculadora.

a) $37\ 037 \times 3 \times 2 =$ b) $37\ 037 \times 3 \times 3 =$
c) $37\ 037 \times 3 \times 4 =$ d) $37\ 037 \times 3 \times 5 =$

- ¿Qué observas? ¿Podrías decir, sin realizar el cálculo, cuál es el resultado de $37\ 037 \times 3 \times 6$?

2

Calcula las primeras 10 potencias de 2 (es decir, 2^0, 2^1, 2^2,..., 2^9) y súmalas.

3

Utiliza la calculadora para obtener el resultado de las siguientes sumas.

a) $1 + 3 =$
b) $1 + 3 + 5 =$
c) $1 + 3 + 5 + 7 =$
d) $1 + 3 + 5 + 7 + 9 =$

- ¿Puedes observar una propiedad común de los resultados? ¿Cuál?

4

Encuentra múltiplos de 11 con tu calculadora.

a) Teclea un número de dos cifras. Por ejemplo, 12.
b) Inmediatamente, teclea el mismo número pero invierte las cifras (1221).
c) Divide entre 11.
d) Prueba con otros números
e) ¿Por qué siempre obtienes múltiplos de 11?

5

Utiliza la calculadora para obtener la suma de los siguientes números.

a) $1^3 + 2^3 =$
b) $1^3 + 2^3 + 3^3 =$
c) $1^3 + 2^3 + 3^3 + 4^3 =$
d) $1^3 + 2^3 + 3^3 + 4^3 + 5^3 =$

- ¿Puedes observar una propiedad común de los resultados? ¿Cuál?

6

Realiza lo siguiente.

a) En este ejercicio se tratará de determinar el número más grande que se puede representar en tu calculadora. Escribe una potencia grande de 10, como 10 000 000 o 10 000. Multiplica este número por 10 varias veces, hasta que la calculadora marque un error. En algunos casos, las calculadoras transforman los resultados en notación exponencial, mostrando dos números (por lo general más pequeños que los normales), los cuales indican el exponente de la potencia de 10 asociada con el número. Por ejemplo, una pantalla con el número 1^{10} indica el número $1 \times 10^{10} = 10\ 000\ 000\ 000$. En tu salón, ¿cuál de las calculadoras representó el número más grande y cuál fue la máxima potencia de 10?

b) Determina si en tu calculadora puedes representar el número de segundos en un milenio. (un milenio = 1 000 años).

c) Determina si en tu calculadora puedes representar el número de habitantes de la República Mexicana (investígalo).

Diagramas de árbol y arreglos rectangulares

En un salón se organiza una rifa de la siguiente manera: en una urna se introducen cuatro bolas, cada una marcada con uno de los siguientes números: 1, 2, 3 y 4. El día de la rifa, el maestro de Matemáticas sacará una bola y dirá qué número tiene marcado; después, **sin regresar esa bola a la urna**, sacará otra y dirá el número que tiene; hará esto una tercera vez y el número formado con los números extraídos será el ganador. Por ejemplo, si el maestro saca primero la bola con el número 2, saca después la bola con el número 3, y por último saca la bola con el número 1, anunciará que el número ganador es el 231.

¿Cómo saber cuántos resultados posibles tiene la rifa? Se puede utilizar un **diagrama de árbol** para contar los resultados. La primera bola puede tener un número de 1 a 4. Esto se indica como sigue:

1°   2°   3°

Total de combinaciones

3 pantalones

2 camisas

Luego hay tres posibles resultados para la segunda cifra, pues la primera bola **no se regresó** a la urna, lo que se indica de la siguiente manera:

Por último, se tienen otros dos resultados posibles, pues en la última acción sólo se puede extraer una de dos bolas. Esto se indica como sigue:

Diagrama de árbol

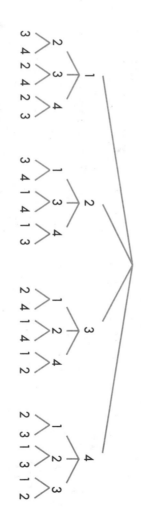

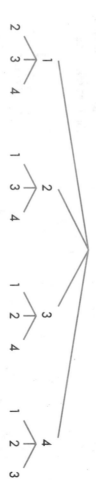

En cada etapa se escribe el total de resultados asociados con cada acción anterior. Un arreglo de este tipo es un **diagrama de árbol**; sólo se consideran dos extracciones de las bolas de la urna, pero después de la primera extracción **se regresa** la primera bola. Se puede formar el siguiente diagrama con **parejas** que muestren las acciones posibles:

Otra forma de realizar conteos son los **arreglos rectangulares**. Por ejemplo, se puede modificar un poco el caso de la rifa: sólo se consideran dos extracciones de las bolas de la urna, pero después de la primera extracción **se regresa** la primera bola. Se puede formar el siguiente diagrama con **parejas** que muestren las acciones posibles:

Total de parejas en un bailable

Hombres: Jorge, Víctor, Samuel
Mujeres: Beatriz, Alicia, Hilda

Resultados totales 6 combinaciones

Total de resultados de la rifa, que es 4 × 3 × 2 = 24.

Arreglo rectangular

	J	V	S
B	(B, J)	(B, V)	(B, S)
A	(A, J)	(A, V)	(A, S)
H	(H, J)	(H, V)	(H, S)

	1	2	3	4
1	(1, 1)	(2, 1)	(3, 1)	(4, 1)
2	(1, 2)	(2, 2)	(3, 2)	(4, 2)
3	(1, 3)	(2, 3)	(3, 3)	(4, 3)
4	(1, 4)	(2, 4)	(3, 4)	(4, 4)

En la fila superior aparecen los números 1 a 4 asociados con la primera extracción de las bolas de la urna. Cada uno de estos números representa un posible resultado de la extracción. En la primera columna aparecen también estos números, pero ahora están relacionados con la segunda extracción. Las parejas que aparecen en la tabla indican resultados de la rifa; por ejemplo, el cuadro sombreado muestra el resultado en que se extrae primero la bola con el número 3 y después la bola con el número 4. Aquí aparecen todos los resultados, por lo que el número total de éstos es 4 × 4 = 16.

Resuelve los siguientes problemas en tu cuaderno.

a) En un salón se vota por dos alumnos para que sirvan como representantes en la sociedad de alumnos; uno de ellos será el representante titular y el otro el suplente. Se puede votar por Claudia, Gonzalo o Adolfo para representante titular y por Inés y Laura como representante suplente. Dibuja un diagrama de árbol e indica cuáles son los resultados posibles de la votación.

b) En una escuela de teatro se realizan audiciones para formar la pareja central de una obra. Si los candidatos son Alfredo, Bernando, Carlos, Daniel y Enrique, por un lado, y Fernanda, Gloria, Hilda e Inés por el otro, ¿cuáles parejas se pueden formar? Representa la solución mediante un arreglo rectangular y un diagrama de árbol.

c) Un torneo de futbol se realiza en forma *round robin*, lo que significa que cada equipo juega contra todos los demás y el equipo que haya ganado más juegos es el campeón. Si en el torneo se inscriben 9 equipos, ¿cuántos partidos se realizarán? Utiliza un arreglo rectangular para obtener el resultado.

d) Las caras de dos dados están marcadas con puntos que representan los números 1 a 6. Utiliza un arreglo rectangular para contar todos los resultados que se pueden obtener al arrojar estos dos dados.

e) Cierto club deportivo quiere elaborar camisetas con cinco colores: dorado, azul, café, rojo y blanco. El diseño permite utilizar un color para las mangas de la camiseta y otro (sin repetir) para el cuerpo. ¿Cuántos tipos diferentes de camisetas se pueden elaborar? Representa la solución mediante un arreglo rectangular.

f) Los resultados de arrojar una moneda al aire son águila y sol. ¿Cuántos son los resultados posibles de arrojar tres monedas al aire? Cuéntalos mediante un diagrama de árbol.

g) En un torneo de tenis participan 16 jugadores. En cada partido debe haber un ganador, el cual pasa a la siguiente etapa. Representa el torneo como un diagrama de árbol e indica cuántos partidos se juegan en total.

h) El árbol genealógico de una persona representa a los ascendientes de ésta; cada persona tiene dos padres, los padres a su vez poseen dos padres, etc. Representa tu árbol genealógico mediante un diagrama de árbol e indica cuántos tatarabuelos (y tatarabuelas) tienes.

i) En una fiesta hay 12 hombres y 10 mujeres. ¿Cuántas parejas se pueden formar? Utiliza un arreglo rectangular para resolver este problema.

j) Juan está planeando su horario para el próximo año. La materia de Matemáticas es impartida por los profesores González, Suárez y Bonilla; mientras que los maestros de Español son Toledo, Martínez y Zárate. ¿Entre cuántas combinaciones de profesores puede elegir Juan? Si además piensa asistir a las clases de Inglés con los maestros Villagómez o Reséndiz, ¿entre cuántas combinaciones puede elegir? Representa las soluciones mediante diagramas de árbol.

k) En una reunión hay 3 tipos de bocadillos y 8 de bebidas. ¿Cuántas combinaciones de un bocadillo y una bebida se pueden elegir?

• Utiliza un arreglo rectangular y un diagrama de árbol para resolver el problema.

Tema 2
Sistemas de numeración

Sistema egipcio

¿Cómo aprendió el ser humano a contar? Con base en diversos hallazgos, se cree que los humanos primitivos no utilizaban **números**, sino **comparaciones**. Por ejemplo, sabían que cierta manada de animales era más o menos numerosa que otra, y podían elegir cierta manada para obtener más o menos alimento. Durante siglos, el ser humano sólo utilizó las palabras "uno, pocos, muchos" y pasó bastante tiempo antes de que contara "uno, dos, tres,..."

Es probable que los primeros números fueran marcas en piedras o en pieles de animales, de modo que cada marca representaba un único objeto; esto se parece a una forma actual de contar, como contar los votos en un salón para elegir representantes:

María | | | | | | | | | |

Susana | | | | | |

Como, con el paso del tiempo, se utilizaban números cada vez mayores, se necesitaron símbolos más breves. Una idea importante fue la **agrupación** de varios símbolos iguales en uno solo; en la actualidad se sigue utilizando esta idea: se habla de **docenas** (agrupación de 12 unidades) y **gruesas** (docena de docenas) o, en el sistema inglés, **pulgada, pie** (un pie es igual que doce pulgadas) y **yarda** (tres pies forman una **yarda**), etc.

Los egipcios utilizaron este principio de agrupación en su sistema de numeración. Representaban las unidades con líneas verticales |, las que repetían tantas veces como fuese necesario; por ejemplo, | | | | | | | representaba el número 7. En este sentido, el **sistema de numeración egipcio** es **aditivo**, pues para saber qué número representa una serie de símbolos, sólo hay que sumar los números representados por cada símbolo.

Después, agrupaban 10 unidades mediante el símbolo ∩. Es decir, cada vez que aparecieran diez símbolos |, los reemplazaban con ∩ y utilizaban de nuevo el principio aditivo. Por ejemplo, ∩∩∩∩ | | | representaba el número 43.

De nuevo, cada vez que aparecieran 10 ∩, los sustituían con el símbolo ⌒. En el margen se muestran los símbolos para los diversos grupos de 10 símbolos.

Algunos ejemplos de números escritos en el sistema egipcio son los siguientes:

Símbolos egipcios

| → 1
⌐ → 10 000
∩ → 10
𓆼 → 100 000
⌒ → 100
𓁨 → 1 000 000
𓋹 → 1 000

Principios usados

Aditivo

1 234 𓋹𓋹 ⌒⌒⌒∩∩∩ | | | |

943 ⌒⌒⌒⌒⌒⌒⌒⌒⌒ ∩∩∩∩ | | |

9 054 𓋹𓋹𓋹𓋹𓋹𓋹𓋹𓋹𓋹 ∩∩∩∩∩ | | | |

78 ∩∩∩∩∩∩∩ | | | |

978 ⌒⌒⌒⌒⌒⌒⌒⌒⌒ ∩∩∩∩∩∩∩ | | | |

38 ∩∩∩ | | | | | | | |

1 234 𓋹𓋹 ⌒⌒⌒∩∩∩ | | | |

11 231 ⌐ 𓋹𓋹 ⌒⌒∩∩∩ |

1 213 765 𓁨 ⌐⌐ 𓆼𓆼 𓋹𓋹𓋹 ⌒⌒⌒⌒⌒⌒⌒ ∩∩∩∩∩∩ | | | | |

EJERCICIOS

1

Escribe en tu cuaderno los siguientes números con el sistema de numeración egipcio.

a) 45	**b)** 17	**c)** 437	**d)** 789
e) 457	**f)** 2 023	**g)** 7 001	**h)** 8 790

2

Escribe en tu cuaderno los números que representan los siguientes símbolos egipcios.

a) 𓆼 𓍢𓍢𓍢𓍢𓍢𓍢𓍢𓍢𓍢 𓎆𓎆𓎆𓎆𓎆 𓏺𓏺𓏺

b) 𓆐𓆐 𓏺𓏺

c) 𓂭𓂭 𓍢𓍢𓍢𓍢𓍢 𓏺

d) 𓁨 𓍢𓍢 𓎆𓎆𓎆𓎆𓎆𓎆 𓏺𓏺𓏺𓏺

e) 𓍢𓍢𓍢 𓎆𓎆 𓏺𓏺𓏺𓏺𓏺

3

Representa los números egipcios con el menor número de símbolos agrupándolos de 10 en 10.

a) 𓍢𓍢𓍢𓍢𓍢𓍢
𓍢𓍢𓍢𓍢𓍢𓍢

b) 𓎆𓎆𓎆𓎆𓎆𓏺𓏺𓏺𓏺𓏺𓏺𓏺𓏺
𓎆𓎆𓎆𓎆𓎆𓏺𓏺𓏺𓏺𓏺𓏺𓏺𓏺

c) 𓂭𓂭𓂭𓂭𓂭𓂭𓂭
𓂭𓂭𓂭𓂭𓂭𓂭

d) 𓍢𓍢𓍢𓍢𓍢𓍢𓏺𓏺𓏺𓏺
𓍢𓍢𓍢𓍢𓍢𓍢𓏺𓏺𓏺𓏺

e) 𓆼𓆼𓆼𓆼𓆼𓆼𓆼𓆼
𓆼𓆼𓆼𓆼

4

Suma los siguientes números egipcios y redúcelos como en el ejercicio anterior.

a) 𓎆𓎆𓎆𓎆𓏺𓏺𓏺 / 𓎆𓎆𓎆𓏺𓏺 y 𓎆𓎆𓎆𓏺𓏺𓏺 / 𓎆𓎆𓎆𓏺𓏺𓏺

b) 𓍢𓍢 𓎆𓎆𓎆𓎆𓏺𓏺𓏺 / 𓍢 𓎆𓎆𓎆𓎆 y 𓎆𓎆𓎆 / 𓎆𓎆𓎆 / 𓎆𓎆𓎆

c) 𓆐𓆐𓆐 / 𓆐𓆐 y 𓆐𓆐𓆐 / 𓆐𓆐𓆐

d) 𓍢𓍢 𓎆𓎆𓎆𓎆 / 𓍢 𓎆𓎆𓎆 y 𓍢𓍢𓍢 / 𓍢𓍢𓍢 𓎆𓎆𓎆

e) 𓎆𓎆 𓏺𓏺𓏺𓏺 / 𓏺𓏺𓏺𓏺 y 𓎆𓏺𓏺

5

Copia en tu cuaderno la siguiente tabla de multiplicar y complétala.

×	𓏺	𓎆	𓍢
𓏺			
𓎆			
𓍢			
𓆼			

6

Completa las siguientes multiplicaciones de números egipcios con los símbolos correspondientes.

a) 𓎆 × ___ = 𓎆𓎆𓎆

b) ___ × 𓍢 = 𓍢𓍢

c) 𓍢𓍢 × 𓎆 = ___

d) ___ × ___ = 𓎆𓎆𓎆𓎆𓎆𓎆𓎆 𓏺𓏺𓏺𓏺𓏺𓏺

e) ___ × ___ = 𓍢𓎆𓏺

Sistema babilonio

A medida que las civilizaciones avanzaron, éstas necesitaron utilizar cantidades cada vez más grandes. Los sistemas aditivos (como el egipcio) resultaban imprácticos para representar esas cantidades, pues había que idear constantemente nuevos símbolos. Debido a esta exigencia, los babilonios crearon un sistema de numeración mejor que los sistemas aditivos anteriores.

El sistema de numeración babilonio representaba las unidades con el símbolo ▽ y agrupaba 10 ▽ mediante el símbolo ◁. Para representar un número como 54, los babilonios escribían ◁◁◁◁◁▽▽▽▽. En ese sentido, el sistema era aditivo. ¿Cuál fue entonces el aspecto novedoso del sistema babilonio?

Después del número 60, el sistema babilonio es **posicional**; es decir, el valor de un número depende de la posición en que se escribe. El sistema de numeración actual también es posicional, pues, por ejemplo, en el número 2 132, el 2 representa 2 000 ó 2 según su posición. La base del sistema babilonio es 60; es decir, una unidad de cada posición representa 60 unidades de la posición anterior. A continuación aparecen algunos ejemplos de uso del sistema babilonio:

1 ▽		9 ▽▽▽▽▽▽▽▽▽		30 ◁◁◁		61 ▽ ▽
2 ▽▽		11 ◁ ▽		40 ◁◁◁◁		74 = 60 + 14 ▽ ◁▽▽▽▽
3 ▽▽▽		14 ◁ ▽▽▽▽		59 ◁◁◁◁◁▽▽▽▽▽▽▽▽▽		3 672 = 3 600 + 60 + 12 ▽ ▽ ◁▽▽
7 ▽▽▽▽▽▽▽		20 ◁◁		60 ◁ ▽		3 764 = 3 600 + 120 + 44 ▽ ▽▽ ◁◁◁◁▽▽▽▽

El número 60 se representa así: ▽ ; es decir, como 60 + 0. Observa que el número ▽▽ podría representar 5 ó 5 × 60. Esta confusión se debe a la falta del número cero para indicar la ausencia de cantidades en una posición. En ese sentido, el sistema babilonio era imperfecto, pues sólo en ciertos lugares se utilizó de manera común el cero. En general, el valor estaba determinado por el contexto.

En otros lugares de Babilonia se utilizaron, junto con el sistema de base 60, ciertos símbolos especiales para las primeras potencias de 10.

Se cree que los babilonios eligieron al 60 como base de su sistema por cuestiones religiosas y astronómicas; por ejemplo, 6 × 60 = 360 es un número muy cercano a la cantidad de días de un año. Actualmente se continúa utilizando el sistema sexagesimal para medir el tiempo en horas, minutos y segundos, y para medir los ángulos en grados, minutos y segundos.

Otras civilizaciones eligieron otras bases; algunas eligieron como base el número 10, tal vez debido a que para contar es común utilizar los diez dedos de las manos.

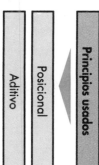

Símbolos babilonios

▽ → 1   ◁ → 10

Base: 60

11 × 60 + 33 = 693

◁ ▽
◁ ▽▽▽
◁▽▽▽
▽

Principios usados

Posicional

Aditivo

1

Escribe en tu cuaderno los siguientes números con el sistema de numeración babilonio.

a) 437 b) 2 023 c) 789 d) 7 001
e) 457 f) 128 g) 645 h) 1 234

2

Escribe los números representados con los siguientes símbolos babilonios.

a)

b)

c)

d)

e)

f)

g)

3

Representa los siguientes números con el sistema de numeración mencionado en el ejercicio anterior.

a) 4 + 20 b) 3 + 13 c) 18 + 11 d) 15 + 24
e) 46 − 32 f) 40 − 20 g) 59 − 40 h) 34 − 22

4

Representa las siguientes multiplicaciones en el sistema babilonio.

a) 23 × 10 = 230
b) 23 × 60 = 1 380

• ¿En cuál sistema, decimal o babilonio, se representa de manera más sencilla cada multiplicación?

5

Lee la siguiente variante del sistema de numeración babilonio.

En algunos lugares de la antigua Babilonia se utilizó una notación especial para las potencias de 10; ésta era parecida a la notación exponencial. El número 10 se representaba como ◁; 100 tenía el símbolo especial ◁▷, pero el 1 000 se representaba como ◁▷◁▷, lo que podemos interpretar como "diez veces cien". Después se escribía para el 10 000 ◁◁▷◁▷, es decir, "diez veces, diez veces 100" y así sucesivamente.

▲ Escribe los siguientes números babilonios con nuestro sistema de numeración.

a)

b)

c)

d)

e)

6

Representa los siguientes números con el sistema de numeración mencionado en el ejercicio anterior.

a) 102 b) 890 c) 1 293 d) 2 000
e) 987 f) 1 767 g) 12 985 h) 7 492

7

Resuelve el siguiente problema, encontrado en una tablilla de arcilla de la antigua Babilonia.

▲ Representa las operaciones realizadas y el resultado en forma babilonia.

a) Antes de morir, un hombre heredó un mina y 45 shekels de plata a sus 10 hijos (un mina equivale a 60 shekels), y ordenó que se repartiera la plata de modo que el primogénito recibiera la mayor parte, el segundo un poco menos, etc., y que la diferencia entre lo recibido por un hijo y el siguiente sea constante. ¿Cuántos shekels recibió cada uno de los hijos?

Sistema romano

Los **números romanos** se usan hoy para numerar los capítulos de un libro, para señalar la hora en algunos relojes (sobre todo los antiguos), para escribir el año en que se hizo una película, para numerar los siglos. Por ejemplo:

- Vivimos en el siglo XX.
- La referencia que busca está en el tomo XCIX de la enciclopedia.
- En los créditos, se indicó que la película fue filmada en MCMLXXXIX.

El **sistema romano de numeración es aditivo**; es decir, un número romano es el resultado de sumar los símbolos que lo forman. Para facilitar la lectura de la numeración romana, se escriben primero los símbolos de los números mayores.

Los primeros diez naturales en números romanos se escriben así:

I   II   III   IV   V   VI   VII   VIII   IX   X

Hay símbolos especiales para los números 50, 100, 500 y 1 000, que son éstos:

L   C   D   M

Además, se deben cumplir ciertas reglas:

a Los números I, X y C no pueden repetirse más de tres veces. Se observa que el 4 se escribe IV y no IIII.

b Si los símbolos I, X o C se encuentran antes de uno de los dos símbolos inmediatos superiores (como en CD, IV, IX o CM), entonces se restan; así CD es 500 − 100, IV es 5 − 1, IX es 10 − 1 y CM es 1 000 − 100.

c No pueden repetirse los símbolos V, L y D, ya que existen símbolos que representan el doble de cada uno de ellos.

Para escribir un número en el sistema de numeración romana se parte de su notación desarrollada. Por ejemplo:

1 944 = 1 000 + 900 + 40 + 4 = M + CM + XL + IV = MCMXLIV

2 089 = 2 000 + 80 + 9 = MM + LXXX + IX = MMLXXXIX

1 524 = 1 000 + 500 + 20 + 4 = M + D + XX + IV = MDXXIV

1 803 = 1 000 + 800 + 3 = M + DCCC + III = MDCCCIII

Hay otra regla. Antes de establecerla, considérese lo siguiente: ¿Cómo se escribe un millón en números romanos sólo con las reglas que hasta aquí se han establecido? Tendría que escribir mil veces M, solución que no es práctica.

La última regla consiste en que si a un número se le pone una raya horizontal encima, significa que se multiplica por mil. Con esta regla, un millón se escribe así:

$$\overline{M}$$

En resumen, en los números romanos se usan un principio **aditivo** (se suman símbolos), una regla **sustractiva** (se resta un símbolo de menor valor que esté a la izquierda de uno de mayor valor) y una regla **multiplicativa** (se multiplica por mil un número escribiendo una raya horizontal sobre él).

Símbolos romanos

I = 1	V = 5
X = 10	L = 50
C = 100	D = 500
M = 1 000	

Principios usados

Aditivo

Sustractivo

Multiplicativo

1

Escribe en tu cuaderno los números representados por los siguientes símbolos romanos.

a) XXXIX   b) XLIV
c) XCVIII   d) DCCLXIV
e) CDXCIX   f) CMLXXXIII
g) MCMXCIX   h) MMMCDLXXXIII
i) MMMCDXLIV j) MM
k) MMMCMLXXX l) MMLXXIV

2

Escribe en tu cuaderno los siguientes números con el sistema de numeración romano.

a) 49   b) 99   c) 94
d) 127   e) 119   f) 567
g) 788   h) 809   i) 407
j) 2 999   k) 1 996   l) 1 769
m) 1 509 n) 2 345 ñ) 3 502

3

Investiga y escribe en tu cuaderno cinco usos actuales de la numeración romana diferentes de los mencionados en la lección.

4

Realiza las siguientes operaciones sin convertir los símbolos romanos.

a) CXXXIX + LXXXVIII b) DCXLIV + CCCXXXIII
c) MCXV + LXXV   d) XCIX – XXX
e) CDLV – CXXII   f) M – XCIX
g) M – LXXIV   h) XCIV – LXI

▲ Comprueba tus resultados convirtiendo los símbolos romanos en símbolos de nuestro sistema de numeración y efectúa de nuevo las operaciones.

5

Discute con tus compañeros lo siguiente.

La última regla que se estableció, la de multiplicar por mil, se usa sólo para números grandes. Si fuera una regla general, mil se escribiría así I̅ en lugar de M.

¿Cómo se usa esta regla?, es decir, ¿a partir de qué número es adecuado usarla?

6

Resuelve los siguientes problemas en tu cuaderno.

a) Manuel y Pedro están discutiendo quién de los dos contestó bien la siguiente pregunta de un examen:

Escribe con números romanos el año en que Colón llegó a América por primera vez.

Pedro contestó que fue en el MCDXCVI, Manuel que en el MCDXCIV. María que los está oyendo, les dice que los dos están mal. ¿Quién tiene la razón? Si ninguno de los dos la tiene, ¿cuál es la respuesta correcta?

b) Elena ha decidido apuntar en su agenda los teléfonos con números romanos. Como quiere escribir con un solo número cada teléfono ha decidido usar la regla de multiplicar por mil (es decir, poner una raya arriba) por partes, donde sólo la parte que tiene la raya queda multiplicada así. También usa dos rayas si quiere multiplicar por un millón. Convierte en nuestro sistema de numeración los siguientes números telefónicos de la agenda de Elena.

i) V̅IDICIX

ii) I̅D̅CCCLXXXVIIICMLXVI

iii) V̅D̅CCIXDLXXI

iv) V̅D̅XXVIIICDXCI

c) 10 pedazos de papel tienen escritos los siguientes números romanos; si se utilizan todos, ¿cuál es el número más grande que puedes escribir? ¿Cuál es el menor? ¿Cuántos más puedes hacer?

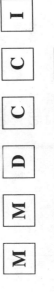

M	M	D	C	I
	V	X	C	L

7

Investiga y escribe en tu cuaderno, sobre la civilización romana, cuándo floreció, hasta dónde llegó su imperio y qué necesidades de numeración pudo haber enfrentado este pueblo.

Sistema maya

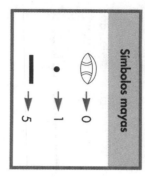

Símbolos mayas	
	0
•	1
▬	5

Principios usados

Aditivo

Posicional

El sistema de numeración maya es posicional; es decir, el valor de un símbolo depende de la posición que ocupa. Para una numeración posicional, es indispensable un símbolo que represente "ninguno"; es decir, es necesario el cero, el cual fue incluido por éste sistema de numeración.

En esta numeración, la posición de cada símbolo representa potencias de 20; por eso se llama numeración vigesimal. (Recuérdese que en nuestra numeración, llamada decimal, las posiciones de los números representan potencias de 10.) Por ello, en cada posición, sólo puede haber símbolos hasta el número 19.

Las posiciones que ocupan los símbolos mayas se consideran en forma vertical; cada una de éstas aparecerá separada por una línea horizontal y el orden que siguen es de abajo hacia arriba.

La numeración maya consta de símbolos especiales para el 0, el 1 y el 5, y además se rige por el principio aditivo.

Símbolos principales

0	1
•	▬
	5

A continuación se incluyen unos ejemplos de aplicación del principio aditivo:

• + • = •••
$1 + 1 = 2$

▬ + ••• = •••▬
$5 + 3 = 8$

La numeración maya es entonces posicional y vigesimal. Veamos algunos ejemplos. El procedimiento que se emplea para transformar los números 8 218 y 48 707 es el siguiente:

Cabe mencionar que para efectos prácticos se tomará la tercera posición como 400, es decir, 20^2. Sin embargo los mayas, para escribir sus números, hicieron que la tercera posición valiera 20×18. Esto era por la adecuación de la numeración a su calendario.

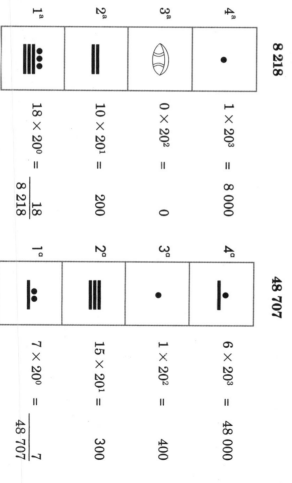

	Base: 20	
4ª posición	••	
3ª posición		
2ª posición	••▬	
1ª posición	••••▬	
$2 \times 8\,000$	=	16 000
7×400	=	2 800
0×20	=	0
14×1	=	14
		18 814

8 218

4ª	•
3ª	
2ª	▬▬
1ª	•••▬▬

1×20^3	=	8 000
0×20^2	=	0
10×20^1	=	200
18×20^0	=	18
		8 218

48 707

4ª	•▬
3ª	•
2ª	▬▬▬
1ª	••▬

6×20^3	=	48 000
1×20^2	=	400
15×20^1	=	300
7×20^0	=	7
		48 707

1 Escribe con números mayas ordinarios los siguientes números decimales.

a) 37   b) 89   c) 167   d) 299
e) 487   f) 677   g) 1 643 h) 3 760
i) 5 613 j) 7 487 k) 10 755 l) 16 345

2 Transforma en números decimales los siguientes números mayas.

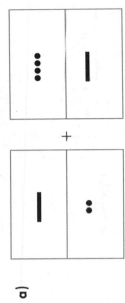

a)

b)

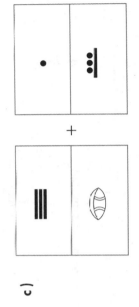

c)

d)

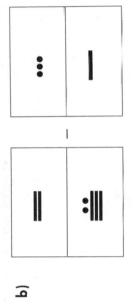

e)

f)

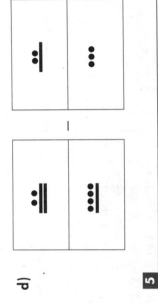

g)

h)

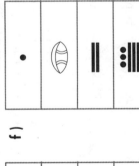

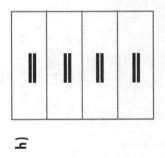

3 Escribe con números mayas el año en que naciste, el año en que empezó la Revolución Mexicana, el año en que saliste de primaria.

4 Copia en tu cuaderno y realiza las siguientes operaciones con números mayas ordinarios.

a)   +

b)   —

c)   +

d)   —

5 La cultura maya es una de las más importantes de Mesoamérica. Investiga en qué época floreció y cuáles fueron sus ciudades principales; localízalas en un mapa. Averigua también cuáles fueron sus logros en astronomía y otros campos de la ciencia.

Sistemas con base distinta de 10

En la vida cotidiana se usan diferentes bases numéricas. Por ejemplo, los segundos, minutos y horas están expresados en base sexagesimal: 60 segundos completan un minuto y 60 minutos, una hora. Los ángulos se miden en grados, minutos y segundos, que también están expresados en base sexagesimal.

Las docenas y las gruesas están expresadas en base 12: una docena consta de 12 unidades y doce docenas integran una gruesa.

En lo que precede se presentaron varios sistemas posicionales. En todos ellos hay dos elementos fundamentales: el valor de un símbolo está determinado por la posición que ocupa en el número y el valor de cada posición lo determina la potencia de un número; a este número se le llama **base**. En la numeración decimal la **base** es 10, en la vigesimal (como la maya) la base es 20.

Base	Símbolos
2	0,1
3	0,1,2
4	0,1,2,3
5	0,1,2,3,4
6	0,1,2,3,4,5
...	...
10	0,1,...8,9
11	0,1,...9,A
12	0,1,...9,A,B
...	...

Considera el siguiente sistema posicional: la base es 2, es decir, sólo hay dos símbolos: 0 y 1. Las potencias con las que se trabaja en este sistema son las que siguen:

$$2^0, 2^1, 2^2, 2^3, 2^4, 2^5, ...$$

A este sistema se le llama sistema **binario** o sistema de base 2.

El número 1011_2 (el subíndice dos significa que es un número de base 2) se escribe en números decimales según estas operaciones:

$$1(2^3) + 0(2^2) + 1(2^1) + 1(2^0) = 1 \times 8 + 0 \times 4 + 1 \times 2 + 1 \times 1 = 8 + 2 + 1 = 11$$

Cualquier número diferente de cero puede ser tomado como base. Si la base es 7, sólo se pueden utilizar los dígitos 0, 1, 2, 3, 4, 5, 6 en cada posición. La primera posición corresponde a la potencia 0 de 7 (o sea, $7^0 = 1$), la segunda a 7^1, la tercera a 7^2 y así sucesivamente. Para denotar que la base es 7, se coloca un subíndice 7 al final del número. Por ejemplo, la expresión decimal de $6\,042_7$ se encuentra así:

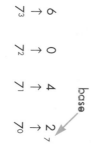

$$6042_7 = 6(7^3) + 0(7^2) + 4(7^1) + 2(7^0) = 6 \times 343 + 4 \times 7 + 2 \times 1 = 2\,088$$

Cualquier número decimal se puede expresar en otra base. Por ejemplo, para encontrar la representación de un número en base 3 se hacen divisiones sucesivas entre 3. Con los residuos se va formando, de derecha a izquierda, el número buscado. Los residuos sólo pueden ser 0, 1, 2 ya que son precisamente los símbolos que se usan en base tres. El proceso termina cuando se encuentra un cociente igual que 0.

El número 15 749 se escribe en base 3 como sigue:

- Primero se divide la cantidad entre 3. Como 15 749 ÷ 3 = 5 249 y sobran 2. El residuo (2) será la primera cifra de **derecha a izquierda** del número en base 3.
- Se divide el cociente de la división anterior entre 3. Como 5 249 ÷ 3 = 1 749 y sobran 2. La segunda cifra buscada de derecha a izquierda es 2.
- Como 1 749 ÷ 3 = 583 y sobra 0, 0 es la tercera cifra de derecha a izquierda.
- Puesto que 583 ÷ 3 = 194 y sobra 1. La cuarta cifra es 1.
- 194 ÷ 3 = 64 y sobran 2. La quinta cifra es 2.
- 64 ÷ 3 = 21 y sobra 1. La sexta cifra es 1.
- 21 ÷ 3 = 7 y sobra 0. La séptima cifra es 0.
- 7 ÷ 3 = 2 y sobra 1, que es la octava cifra.

División	Residuo
15 749 ÷ 3	2
5 249 ÷ 3	2
1 749 ÷ 3	0
583 ÷ 3	1
194 ÷ 3	2
64 ÷ 3	1
21 ÷ 3	0
7 ÷ 3	1
2 ÷ 3	2

15 749 = 210121022_3

- Por último, $2 \div 3 = 0$ y sobran 2. Entonces, el número 15 749 se representa en base tres así: 210121022_3.

Para expresar un número con base mayor que 10, se usan letras para representar a los números. Por ejemplo, los números en base 13 se escriben con las cifras 0, 1, 2, 3, 4, 5, 6, 7, 8, 9, A, B y C; las letras A, B y C representan a los números 10, 11 y 12 respectivamente.

EJERCICIOS

1 Expresa en tu cuaderno el número 354 en bases 2, 3, 4, 6, 7, 8 y 9.

2 Copia en tu cuaderno las expresiones y complétalas.

a) $321_5 = 3 \times 5^2 + 2 \times \underline{} + 1 \times 5^0$.

b) $145_7 = 1 \times \underline{} + 4 \times \underline{} + 5 \times \underline{}$.

c) $1234_8 = \underline{} \times 8^3 + \underline{} \times \underline{} + \underline{} \times \underline{} + \underline{} \times \underline{}$

3 Expresa en tu cuaderno los siguientes números decimales en la base que se pide.

a) 8 en base 2.
b) 17 en base 3.
c) 23 en base 4.
d) 59 en base 3.
e) 138 en base 7.
f) 3 896 en base 12.
g) 34 872 en base 14.
h) 49 633 en base 15.
i) 3 661 en base 17.
j) 654 347 en base 18.

4 Expresa los siguientes números en base 10.

a) 10_2
b) 34_5
c) 121_3
d) 1010_4
e) 2501_7
f) 127_8
g) $9A34_{13}$
h) 32002134_4
i) 5240021_6
j) 7865001_9
k) 64325_7
l) $E12AF_{16}$

5 Escribe los siguientes números en base 8.

a) 23_5
b) 134_5
c) 324_5
d) 4536_7
e) 653021_7
f) 5634021_7
g) 67512_9
h) 103265_7
i) 23146583_9
j) 43213_5
k) 34567_9
l) 12323101_4

▲ Transforma primero a base 10.

6 Resuelve los siguientes problemas en tu cuaderno.

a) Juan está muy contento. El 100 de abril cumple 24 años y como es sábado va a hacer una fiesta. Invitará a 133 compañeros de su salón. ¿En qué base están todos los números anteriores (la base es menor que 6)? ¿Cuáles son las expresiones decimales de la fecha, edad y número de invitados?

b) Escribe de 1 a 27 en la base que quieras, diferente de 10. Dale un mensaje en clave a un compañero. ¿Podrá descifrarlo sin saber la base que elegiste?

c) En el sistema binario, el número de cifras crece muy rápido, escribe 5 números en sistema binario con al menos 8 cifras y transfórmalos al sistema decimal.

d) Juan y Luis escriben dos números. Juan lo escribe en base 6 y Luis en base 4. Otro amigo elige uno de los dos números y, al ver que es 510, asegura que éste fue escrito por Juan. ¿Por qué?

e) Claudia tiene 2 gruesas, 5 docenas y 3 naranjas para su puesto de jugos.
- ¿Cuántas naranjas tiene Claudia?
- Expresa el número de naranjas que tiene Claudia en base 12.

f) El sistema métrico inglés no es decimal. Algunas de sus unidades son la pulgada, el pie, la yarda y la milla. Las pulgadas, pies y yardas se relacionan así: 12 pulgadas = 1 pie; 3 pies = 1 yarda.

Un equipo de futbol americano en su primera oportunidad avanza 2 yardas y 2 pies.
- ¿Qué distancia en pies avanzó el equipo?
- Expresa en base 3 el número de pies que obtuviste en el punto anterior.

1

Resuelve los problemas en tu cuaderno.

a) Cada día, un persona parpadea aproximadamente 15 000 veces. ¿Cuántas veces parpadea en una semana? ¿Cuántas en un mes?

b) Una persona que está en reposo respira aproximadamente 12 veces por minuto. ¿Cuántas veces respira en una hora? ¿Cuántas veces en un día? Averigua cuántas veces respiras tú en un minuto o en una hora.

2

Haz las operaciones y completa el siguiente cuadro para que sea mágica.

13×5		
$\sqrt{4\,900}$	$476 \div 7$	
	8^2	$1\,432 - 1\,361$

3

Completa las siguientes frases con las palabras divisor o múltiplo según sea el caso.

a) 6 es _____ de 12.
b) 957 es _____ de 3.
c) 118 es _____ de 0.
d) 4 743 es _____ de 9.

4

Indica, en la siguiente tabla, si el número de la izquierda es divisible entre el número superior de cada columna.

	2	3	4	5	8	9	10
54			no				
98							
457							
595							no
801		sí					no

5

Realiza una estimación de las siguientes operaciones; es decir, calcula entre qué números está el resultado.

a) $12\,789 \times 599$ b) $78\,995 \div 459$
c) $57\,101 \times 6\,892$ d) $35\,989 \div 7\,333$
e) $99\,999 \times 999$ f) $210\,231 \div 69$

6

Completa la siguiente tabla escribiendo los números decimales en los diferentes sistemas numéricos.

Decimal	232	49	722	1 315	2 024
Egipcio					
Babilonio					
Romano					
Maya					

7

Escribe los números 11 a 20 en las bases 2, 3, 7 y 9.

8

Resuelve los siguientes problemas. ¿Puedes descubrir la "magia"?

a) Escribe cualquier número natural mayor que cero, súmale 3. Multiplica la suma por 2 y resta 4 al producto anterior. Divide la cantidad obtenida entre 2 y resta el número original al cociente anterior. ¿El resultado final siempre será el mismo?

b) Piensa un número de dos cifras. Multiplícalo por 3. Súmale 1. Multiplica por 3. Súmale el número que pensaste. Al resultado quítale la última cifra. ¡Aparece el número que pensaste!

c) Multiplica 12 345 678 por 9, 18, 27, 36, 45, 54, 63, 72 y 81. Escribe qué observas.

d) Un tendero quiere pesar 70 kg pero dispone solamente de pesas de 1 kg, 3 kg, 9 kg y 27 kg. ¿Cuántas pesas y de qué clase debe usar?

Ideas principales

Los números naturales

Conceptos básicos

Los números naturales son 1, 2, 3, 4, 5, 6, 7, 8, 9, 10,... A éstos se agrega el número 0 para expresar "ninguno". Poseen las siguientes propiedades: todos tienen un **sucesor** y, con excepción del 0, un **antecesor**. Al compararlos se presenta una de estas tres posibilidades: que los dos sean iguales, que el primero sea mayor que el segundo o que el primero sea menor que el segundo.

Operaciones

Los números naturales se pueden sumar y multiplicar, y el resultado es siempre un número natural. Pueden restarse, si el minuendo es mayor o igual que el sustraendo, y dividirse si el divisor es menor que el dividendo. Si una división no es exacta, tiene **residuo**. Existen métodos rápidos para multiplicar mentalmente; por ejemplo, un natural por 5, se divide entre 2 y se multiplica por 10; si el número es impar, primero se multiplica por 10 y después se divide entre 2.

Múltiplos, divisores y divisibilidad

Los **múltiplos** de un número se encuentran multiplicándolo por 0, 1, 2, 3, 4, 5,... Si la división de un número natural entre otro es exacta, el segundo se considera **divisor** del primero. Existen varios criterios para decidir si un número es divisible entre otro; se denominan criterios **de divisibilidad.**

Escritura de números terminados en ceros

Un número terminado en ceros se puede escribir como el producto de un número natural y una potencia de 10 (un 1 seguido de varios ceros). Para multiplicar un natural por 10, se agrega un cero; por 100, se agregan dos ceros; por 1 000, se agregan tres ceros.

Potencias, radicación y conteo

El **cuadrado** de un número es el resultado de multiplicarlo por sí mismo; el **cubo** de ese número resulta de multiplicar el cuadrado por el número original. La **raíz cuadrada** de una cantidad es un número que, elevado al cuadrado da como resultado el número original. Los **diagramas de árbol** y los **arreglos rectangulares** son métodos que se emplean para contar posibles combinaciones de forma ordenada.

Sistemas de numeración

Los principales sistemas de numeración antigua son el egipcio, babilonio, romano y maya.

Sistemas con base diferente de 10

Existen varios sistemas con base diferente de 10; por ejemplo, el **binario**. Estos sistemas son **posicionales**, es decir, el valor de los símbolos está determinado por la posición que ocupan. En el sistema binario, la base es el número 2, y en la numeración decimal, el 10.

Recreación Matemática

Frases acerca de la Matemática y los científicos

En el desarrollo de la Unidad se incluyeron aspectos relacionados con la historia de los sistemas de numeración, pero ¿te has preguntado qué pensaba la gente acerca de las Matemáticas?

En la actualidad se escuchan algunas expresiones relacionadas con este tema, como las siguientes: "Las Matemáticas son horribles, deberían desaparecer", "no entiendo nada". En contraparte, existen personas que manifiestan interés y gusto por esta ciencia; hay quienes dedican su vida y su creatividad a ellas.

Las siguientes frases fueron exclamadas por diversos personajes en distintos momentos de la historia; algunas se refieren a las Matemáticas; otras se relacionan con la actitud de los científicos, en una se mencionan aspectos para alcanzar la verdad.

Léelas con cuidado, investiga sobre el personaje que las dijo, ordénalas cronológicamente, y coméntalas con tus compañeros. Argumenta en favor de ellas o refútalas.

"La esencia misma de las matemáticas reside en su libertad." Georg Cantor (1854-1918), matemático alemán, principal creador de la Teoría de Conjuntos.

"A fin de alcanzar la verdad es necesario, al menos una vez en la vida, ponerlo todo en duda." René Descartes (1596-1650), matemático y filósofo francés, principal creador de la Geometría Analítica.

"Había más imaginación en la cabeza de Arquímedes que en la de Homero." Voltaire (1694-1778), escritor y filósofo francés.

"Un científico digno de tal nombre, y sobre todo un matemático, experimenta en su trabajo un placer hecho de la misma sustancia y con la misma intensidad que el de un artista." Henri Poincaré (1854-1912), matemático y físico francés, uno de los creadores de la Topología y de la Geometría Compleja.

++++++++++ Suma y llega a 99 +++++++++++

En el siguiente juego pueden participar dos personas y las reglas son simples:

- Menciona un número entre 1 y 9.
- Indica al otro jugador que diga un número igual que lo hiciste tú y lo sume al que mencionaste.
- Nombra otro número con la característica indicada antes y adiciónalo al resultado anterior.
- El procedimiento continúa hasta que uno de los dos jugadores diga un número que, sumado a los anteriores, dé en total 99; quien lo haga, gana el juego.

¿Quieres ganar siempre?

Existe un método que asegura el triunfo: el número que menciones debe ser tal que, en el momento oportuno, la suma sea cualquiera de los siguientes números: 12, 23, 34, 45, 56, 67, 78 y 89. Al otro jugador le parecerá que tus números son arbitrarios pero, finalmente, cuando provoques que la suma sea 89, él sólo podrá hacer que la siguiente esté entre 90 y 98. En cualquier caso, tú sigues en turno y lograrás que la suma sea igual que 99. Fácil, ¿no?

++

Unidad 2

Los números decimales

$6.^{45}$

$4.^{50}$

Los números naturales se emplean para representar diversas cantidades; sin embargo, en muchas ocasiones es necesario utilizar otro tipo de números, como los decimales, para expresar fracciones que se representan mediante el punto decimal.

En esta Unidad se estudiarán algunas nociones básicas de los números decimales y su aplicación en problemas prácticos.

Tema 1

Números decimales

Concepto, uso, lectura y escritura

El desarrollo de la humanidad implicó el perfeccionamiento del sistema numérico, por ejemplo, el adelanto de los telescopios y el descubrimiento de galaxias más lejanas hicieron necesarios números mayores que los conocidos hasta entonces. Por otro lado, existía la necesidad de nuevas unidades, pues no es práctico medir la longitud de un insecto en metros, el peso de una hoja de papel en gramos o la capacidad de un vaso en litros. Para medir estas cantidades u otras mucho mayores, se requiere dividir las unidades mencionadas o emplear múltiplos de ellas.

En el caso del sistema métrico decimal, cada unidad se divide en 10 partes iguales, que a su vez se dividen en 10 partes iguales, y así sucesivamente hasta lograr unidades adecuadas para cada caso.

Para obtener unidades de longitud menores que el metro, por ejemplo, se divide un metro en 10 partes iguales, cada una de las cuales se llama decímetro.

Para expresar un decímetro en metros, se utilizan los **números decimales**: cada decímetro mide 0.1 metros. La expresión 0.1 es un número decimal e indica la décima parte de la unidad, o un **décimo**. El punto que aparece en la expresión es el **punto decimal** y sirve para separar la **parte entera** (que siempre se escribe a la izquierda del punto) y la **parte decimal** (que se anota a la derecha).

Si no es práctico medir algo en decímetros (como un insecto, por ejemplo) se divide un decímetro en 10 partes iguales, cada una de las cuales es un centímetro. Un centímetro es 0.01 metros.

En términos de números decimales, 0.01 representa la décima parte de la décima parte de la unidad, o sea un **centésimo**.

0.1 es un **décimo** (se divide la unidad en **diez** partes).
0.01 es un **centésimo** (se divide la unidad en **cien** partes).
0.001 es un **milésimo** (se divide la unidad en **mil** partes).
0.0001 es un **diezmilésimo** (se divide la unidad en **diez mil** partes).
0.00001 es un **cienmilésimo** (se divide la unidad en **cien mil** partes).
0.000001 es un **millonésimo** (se divide la unidad en **millón de** partes).

El número 0.635 indica, por ejemplo, que la unidad se dividió en mil partes y que se consideran 635 de ellas. Este número se lee seiscientos treinta y cinco milésimos.

Para leer un número decimal, primero se considera la parte entera y después la decimal, para lo cual se observa en cuántas partes fue dividida la unidad.

Tómese como ejemplo el número 12.345. En él, la parte entera es 12 y la decimal indica que la unidad fue dividida en mil partes, de las cuales se consideran 345; por tanto, 12.345 se lee doce enteros, trescientos cuarenta y cinco milésimos.

En el número 0.0013 la parte entera es cero; ésta es igual que cero y, por consiguiente, no se menciona; la parte decimal indica que la unidad se dividió en diez mil partes y se consideran sólo 13 de ellas. Por consiguiente, 0.0013 se lee trece diezmilésimos.

La parte entera de 2 456.7 es 2 456; y la parte decimal es .7, la cual indica por su posición, en relación con el punto, que en este caso la unidad fue dividida en diez partes y se consideran 7 de ellas. Entonces, 2 456.7 se lee dos mil cuatrocientos cincuenta y seis enteros, siete décimos.

Número decimal	Se lee
0.1	1 décimo
0.01	1 centésimo
0.001	1 milésimo
0.0001	1 diezmilésimo
0.00001	1 cienmilésimo
0.000001	1 millonésimo

D	U	•	d	c	m
1	2	•	3	4	5

Se lee:
Doce **enteros**, trescientos cuarenta y cinco **milésimos.**

O también:
Doce **punto** trescientos cuarenta y cinco.

La expuesta es la manera de leer los números decimales, pero también es usual leer la parte entera, decir la palabra **punto** y mencionar en seguida la parte decimal, sin indicar en cuántas partes se dividió la unidad; por ejemplo, 12.045 se puede leer doce **punto** cero cuarenta y cinco.

Un número puede tener varias expresiones decimales, pues es posible agregar ceros a la derecha de la parte decimal; por ejemplo, 0.34 es igual que 0.340, 0.3400, etc.

Los **números decimales** forman parte de un sistema de numeración de **base 10**, pues 10 unidades de un nivel equivalen a una del nivel inmediato superior. Por ejemplo:

10 decenas forman una centena.
10 **décimos** forman una unidad.
10 **milésimos** forman un centésimo.

10 unidades forman una decena.
10 **centésimos** forman un décimo.

EJERCICIOS

1

Escribe en tu cuaderno cinco usos cotidianos de los números decimales.

2

Indica si las siguientes medidas se basan en un sistema decimal. Para ello verifica si 10 unidades de un nivel forman una del nivel inmediato superior.

a) Litros, decilitros, centilitros.
b) Medidas de longitud del Sistema inglés (yardas, pies, pulgadas).
c) Pesos y centavos.
d) Kilogramos, hectogramos, decagramos, gramos, decigramos, etc.
e) Grados, minutos y segundos.

3

Escribe en tu cuaderno cómo se leen los siguientes números decimales; fíjate en el ejemplo.

78.213 se lee setenta y ocho enteros, doscientos trece milésimos.

a) 84.429
b) 984.98
c) 11 111.1
d) 0.00245
e) 0.000001
f) 7.0707
g) 10 000.00001
h) 101.101
i) 4.876
i) 0.24
k) 0.240
l) 0.2400
m) 12.06
n) 12.060
ñ) 12.06000

4

Escribe con cifras los siguientes números decimales.

a) Seiscientos enteros, noventa y cinco centésimos.
b) Mil enteros, un milésimo.
c) Mil enteros, un diezmilésimo.
d) Noventa y cinco mil punto noventa y cinco.
e) Noventa y cinco mil punto cero noventa y cinco.

5

Contesta en tu cuaderno.

a) ¿Cuántos centésimos hay en 6 décimos?

b) ¿A cuántos milésimos son equivalentes 4 enteros, 15 centésimos?

c) ¿Qué parte de la siguiente figura está sombreada? Escribe la respuesta con número decimal.

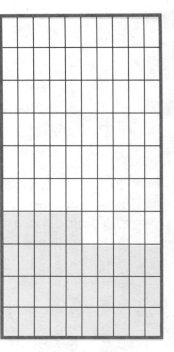

Orden, comparación y recta numérica

Los números decimales, así como los naturales, se pueden representar en la **recta numérica**.

Si se quiere representar, por ejemplo, 3.4 (3 enteros, 4 décimos), se debe localizar en la recta el número 3 y, luego, 4 décimos después de él. Como un décimo es la décima parte de una unidad, se divide en 10 partes iguales el **intervalo de 3 a 4**:

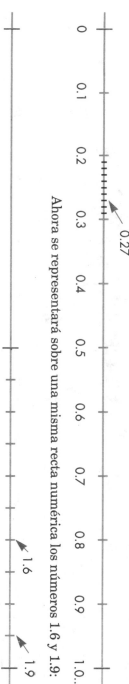

Cada segmento mide la décima parte de la unidad.

Cada marca, entre 3 y 4, representa los siguientes números decimales: 3.1, 3.2, 3.3, 3.4, 3.5, 3.6, 3.7, 3.8 y 3.9.

Si se quiere representar 0.27 en la recta numérica, se divide el intervalo de 0 a 1 en 10 partes iguales, que representan los números 0.1, 0.2, ..., 0.9, respectivamente. Para obtener los centésimos, se divide el intervalo de 0.2 a 0.3 en 10 partes iguales, que corresponden a los números 0.21, 0.22, ..., 0.29.

Ahora se representará sobre una misma recta numérica los números 1.6 y 1.9:

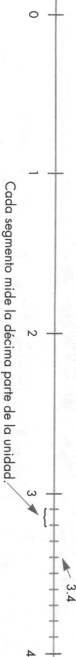

Esta representación permite comparar en forma gráfica dos números decimales. En el ejemplo anterior, el 1.6 indica que se considera una unidad y seis décimas partes de otra, y 1.9 que se toma una unidad y nueve décimas partes de otra, por lo cual 1.9 es mayor que 1.6. Como 1.6 está a la izquierda de 1.9 en la recta numérica, se puede decir lo siguiente:

- Un número decimal es **menor** que otro si está a la **izquierda** de éste en la recta numérica.

A continuación se comparan parejas de números decimales:

Para comparar números decimales, se inicia por las partes enteras. Si éstas son iguales, se observan las partes decimales, que se comparan cifra por cifra, empezando por los décimos.

Para comparar los números 3.4 y 12.4, primero se consideran las partes enteras. Como las partes enteras son diferentes y 3 es menor que 12, 3.4 es menor que 12.4. Por tanto: 3.4 < 12.4, o bien, 12.4 > 3.4.

En el caso de los números 8.58 y 8.6, como las partes enteras son iguales, se toma en cuenta la primera cifra decimal. Puesto que la cifra de los décimos son distintas y 5 < 6, entonces 8.58 < 8.6.

Si se comparan dos cantidades como 8.58 y 8.5, se observa que la parte entera y la primera cifra decimal son iguales en ambos números y sólo varía la segunda (centésimos), es decir, 8 en la primera cantidad y 0 en la segunda (0.5 = 0.50); 8 > 0, entonces 8.58 > 8.5.

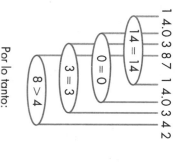

14.0 3 8 7 | 14.0 3 4 2

14 = 14
0 = 0
3 = 3
8 > 4

Por lo tanto:

14.0387 > 14.0342

Por lo que respecta a los números 14.0387 y 14.0342, las partes enteras son iguales y la primera cifra diferente ocupa el lugar de los milésimos. Puesto que 4 < 8, 14.0342 < 14.0387.

EJERCICIOS

1.

Sitúa los siguientes números decimales en la recta numérica.

a) 1.4   b) 2.7   c) 1.2   d) 5.67   e) 10.1
f) 4.12   g) 3.2   h) 5.44   i) 2.01   i) 0.34

2.

Representa en una recta numérica cada pareja de números decimales e indica cuál de ellos es el menor.

a) 2.01 y 2.1   b) 6 y 6.1   c) 6 y 5.9
d) 6 y 5.99   e) 0.1 y 0.01   f) 3.7 y 3.8
g) 4.01 y 4.1   h) 6.002 y 6.019   i) 0.02 y 0.002

3.

Compara las parejas de números decimales.

a) 2 000.002 y 2 000.001   b) 456.92 y 455
c) 9 584.0001 y 9 584.001   d) 0.0234 y 1.0234

4.

Ordena estos números decimales de menor a mayor.

34.46, 0.09, 0.23, 1.84, 0.48, 0.001

5.

Organiza de mayor a menor los números que aparecen en la tabla e indica qué lugar ocupa Haití.

País	Extensión*	País	Extensión*
Costa Rica	50.900	Jamaica	10.962
Cuba	114.524	México	1 972.547
El Salvador	21.393	Nicaragua	148.000
Guatemala	108.889	Panamá	75.650
Haití	27.750	Puerto Rico	8.897
Honduras	112.088	República Dominicana	48.442

* En miles de kilómetros cuadrados.

6.

Ordena de menor a mayor los números de la tabla.

Estado	Extensión*
Baja California	70.113
Baja California Sur	73.677
Nayarit	27.621
Sinaloa	58.092
Sonora	184.934
Chihuahua	247.087
Coahuila	151.571
Durango	119.648
Zacatecas	75.040
San Luis Potosí	62.848

* En miles de kilómetros cuadrados.

• ¿Cuál estado ocupa el décimo lugar?

7.

Representa las calificaciones en una recta numérica e indica cuál de los estudiantes obtuvo el noveno lugar.

Nombre	Calificación	Nombre	Calificación
Arturo	9.12	Federico	9.09
Begoña	9.64	Gustavo	9.65
Cristina	9.34	Héctor	9.70
David	9.03	Ignacio	9.37
Eugenia	9.33	José	9.63

8.

Copia la expresión en tu cuaderno y escribe izquierda o derecha.

• El número 0.0001 está a la _____ de 0.000010 en la recta numérica.

Fracciones decimales y números decimales

Los números decimales se pueden representar por medio de **fracciones**. Una fracción se compone de dos números: el **denominador**, que indica las partes en que se divide una unidad; y el **numerador**, que señala cuántas partes de la unidad se consideran. Obsérvese el siguiente ejemplo:

El número 0.3 indica que se dividió la unidad en 10 partes iguales y se consideraron 3 de ellas; este número se escribe así en forma de fracción:

$$\frac{3}{10}$$

Cada unidad está dividida en 10 partes iguales.

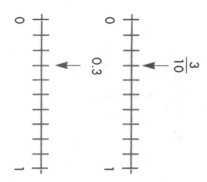

$$0.3 = \frac{3}{10} = \text{Tres décimos}$$

De manera análoga, el número 0.19 significa que la unidad se divide en 100 partes y se consideran 19 de éstas. Este número se escribe en forma de fracción como sigue:

$$\frac{19}{100}$$

Cualquier número decimal se puede representar en forma de fracción de modo que el denominador sea una potencia de 10.

Las fracciones cuyo denominador es una potencia de 10 se llaman **fracciones decimales**.

¿Cómo se determina una fracción decimal equivalente a un número decimal? El lugar que ocupa el último dígito situado a la derecha del punto decimal es igual que el número de ceros que tendrá el denominador de la fracción equivalente; por ejemplo:

$$0.0005 = \frac{5}{10\,000}$$

En efecto, como en 0.0005 el último dígito a la derecha del punto decimal (5) ocupa el cuarto lugar, la fracción tiene como denominador a 10 000, es decir, 1 seguido de cuatro ceros.

El numerador de esta fracción es el número formado por las cifras del decimal, sin el punto:

$$0.1234 = \frac{1\,234}{10\,000}$$

Esto se explica porque el último dígito que aparece a la derecha del punto decimal es 4 y este número ocupa el cuarto lugar; por consiguiente, la fracción equivalente tiene como denominador 1 seguido de cuatro ceros, y como numerador el número formado por las cifras de 0.1234, sin el punto decimal. Otros ejemplos son los siguientes:

$$0.50001 = \frac{50\,001}{100\,000}, \text{ es decir, 50 001 cienmilésimos.}$$

$$14.68 = \frac{1\,468}{100} = \frac{14\,68}{100}, \text{ 1 468 centésimos, o bien, 14 enteros, 68 centésimos.}$$

$$0.140 = \frac{140}{1\,000}. \text{ Como } 0.140 = 0.14 = \frac{14}{100}, \text{ las fracciones } \frac{140}{1\,000} \text{ y } \frac{14}{100} \text{ representan el mismo número.}$$

Como un número decimal puede expresarse mediante varias fracciones decimales, dos o más números decimales se expresarán como fracciones con el mismo denominador. Es decir, por medio de fracciones con denominador común.

Si se quiere expresar, por ejemplo, los números 0.3 y 0.78 como fracciones decimales con el mismo denominador, se escribe 0.3 como 0.30. Las fracciones serán éstas:

$$0.30 = \frac{30}{100} \qquad y \qquad 0.78 = \frac{78}{100}$$

EJERCICIOS

1

Escribe los siguientes números decimales como fracciones decimales.

a) 85.25 b) 8.002 c) 10.001 d) 0.0002
e) 0.5 f) 0.50 g) 0.500 h) 0.5000
i) 15.3 j) 1.53 k) 0.153 l) 0.0153

2

Representa cada número decimal con cinco fracciones decimales diferentes.

a) 0.4 b) 0.21 c) 0.01 d) 0.012 e) 0.0005
f) 0.207 g) 0.03 h) 0.2 i) 0.104 j) 0.05

3

Expresa los números mediante fracciones decimales con denominador 100.

a) 0.1 b) 0.6 c) 0.34 d) 0.96 e) 0.03
f) 2.7 g) 4.01 h) 8.03 i) 12.04 j) 48.48

4

Representa los números por medio de fracciones decimales con denominador 1 000.

a) 0.2 b) 0.24 c) 0.123 d) 0.003 e) 0.045
f) 1.05 g) 2.00 h) 3.007 i) 12.003 j) 42.04

5

Escribe los números con fracciones decimales.

a) 0.5 b) 0.05 c) 0.005
d) 0.0005 e) 0.00005 f) 0.000005

6

Copia en tu cuaderno los siguientes números decimales y conviértelos en fracciones decimales.

Observa que cada número es similar al anterior, pero con el punto decimal recorrido un espacio a la derecha.

a) 0.000345 b) 0.00345 c) 0.0345
d) 0.345 e) 3.45 f) 34.5

7

Copia en tu cuaderno la frase verdadera.

a) Si el punto de un número decimal se recorre a la izquierda, se obtiene un número mayor.

b) Si el punto de un número decimal se recorre a la derecha, se obtiene un número mayor.

8

Escribe las siguientes fracciones decimales como números decimales.

a) $\dfrac{23}{100}$ b) $\dfrac{15}{1\,000}$ c) $\dfrac{90}{10\,000}$ d) $\dfrac{89}{100\,000}$

e) $\dfrac{105}{10}$ f) $\dfrac{67}{100}$ g) $\dfrac{20}{1\,000\,000}$ h) $\dfrac{500}{100}$

9

Copia el cuadro en tu cuaderno y complétalo.

Número decimal	Fracción decimal	Se lee
0.67		
	0.0090	

Tema 2

Operaciones con decimales

Las operaciones aritméticas con números decimales (suma, resta, multiplicación y división) son muy similares a las que se efectúan con los números naturales; sin embargo, en el caso de los números decimales es importante la posición del punto.

Por ejemplo, si se quiere realizar la adición de los números 13.24, 23.81 y 285.1, deben sumarse por separado los dígitos de las unidades, los de los décimos, los de los centésimos, etc. Esto se realiza, colocando los sumandos uno debajo del otro.

```
  1 3 . 2 4
  2 3 . 8 1
+ 2 8 5 . 1
```

El punto decimal es la guía para alinear las cifras; es decir, una vez colocados los puntos decimales de los sumandos en una columna, es sencillo organizar por columnas las partes enteras y las partes decimales.

Si la ausencia de una cifra en los centésimos de 285.1 produce cierta confusión, se puede agregar un **0** a este último número y sumar (como siempre, de derecha a izquierda).

```
  1 3 . 2 4
  2 3 . 8 1
+ 2 8 5 . 1 0
  3 2 2 . 1 5
```

La resta de dos números decimales se realiza de manera similar: las cifras de los números se alinean tomando como referencia el punto decimal. Es posible agregar ceros para evitar confusiones. Por ejemplo, la resta de 27.14 y 44.3, se escribe 44.30 − 27.14.

```
  4 4 . 3
- 2 7 . 1 4
```

Se debe recordar que cuando se agregan ceros a la derecha del punto decimal, se obtiene el mismo número, por lo que se puede agregar la cantidad de ceros que sea necesario.

```
  4 4 . 3 0
- 2 7 . 1 4
  1 7 . 1 6
```

En el siguiente problema se presenta una aplicación de la suma y resta de números decimales.

Suma y resta

Se necesita bardear el terreno que aparece en la siguiente figura.

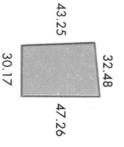

43.25

32.48

30.17

47.26

Este problema se resuelve obteniendo el perímetro de la figura; es decir, sumando las longitudes de todos los lados:

```
  4 3 . 2 5
  3 2 . 4 8
  3 0 . 1 7
+ 4 7 . 2 6
  1 5 3 . 1 6
```

¿Qué pasa si se decide no bardear el lado que mide 43.25 m? ¿Cuántos metros de barda es necesario construir? Una forma de resolver este problema es sumar las tres cantidades distintas de 43.25, y otra, restar del resultado recién obtenido este número.

```
  1 5 3 . 1 6
-   4 3 . 2 5
  1 0 9 . 9 1
```

Los tres lados por bardear miden 109.91 m en total.

1

Realiza en tu cuaderno las siguientes operaciones.

a) $34.1 + 19.702$
b) $798.672 - 98.241$
c) $87.249 - 24.8$
d) $349.7841 + 23.78 + 8.754$

2

Resuelve los problemas en tu cuaderno.

a) Durante marzo en una tienda se obtuvieron las siguientes ganancias:

Primera semana: $ 2 870.45
Segunda semana: $ 1 593.64
Tercera semana: $ 3 024.38
Cuarta semana: $ 1 893.27

¿Cuáles fueron las ganancias totales de la tienda en ese mes?

b) Un cajero principió el día con $ 10 000.00 y recibió las siguientes operaciones de 9 a 10 de la mañana, en orden consecutivo:

Depósito: $ 3 474.25
Retiro: $ 2 587.43
Retiro: $ 1 245.37
Depósito: $ 547.68
Retiro: $ 1 398.12

A las diez de la mañana, un cliente desea retirar $ 9 000.00. ¿El cajero puede entregar esa suma?

c) El tanque de agua de la casa de la familia Rodríguez contenía inicialmente 1 300 litros. Debido a problemas de la red de distribución, no se logró suministrar agua potable a la colonia. Los Rodríguez consumieron las siguientes cantidades de agua (en litros):

Lunes: 230.43
Martes: 228.83
Miércoles: 212.93
Jueves: 198.12
Viernes: 202.63

¿Cuánta agua quedó en el tanque el sábado por la mañana? Si el problema de suministro de agua continuara y los Rodríguez consumieran 100 litros diarios en promedio, ¿qué día se terminaría el agua del tanque?

d) Mónica siguió una dieta y logró bajar varios kilogramos en cinco semanas.

Semana	Disminución
1	1.430 kg
2	1.035 kg
3	0.980 kg
4	0.855 kg
5	0.645 kg

Si ella quería bajar al menos 5.500 kg en cinco semanas, ¿logró su objetivo?

e) Juan ha obtenido las siguientes calificaciones en Español: 7.6, 9.4, 7.8, 8.4 y 6.2. Él necesita obtener un total de 48 puntos para promediar una calificación de 8. ¿Cuál es la calificación mínima que debe conseguir Juan en el sexto examen para lograr ese total de 48 puntos?

f) Observa el cuadro y responde.

Estado	Extensión territorial en km²
Sonora	184.934
Chihuahua	247.087
Coahuila	151.571
Durango	119.648
Zacatecas	75.040

¿Qué es mayor, la suma de las extensiones de Sonora y Chihuahua, o la suma de las extensiones de Coahuila, Durango y Zacatecas?

g) En cierto estado se efectúa una competencia de atletismo. En ella, se realizan saltos de longitud y el segundo lugar de la competencia logra una marca de 8.25 m; sin embargo, el primer lugar lo supera por 0.27 m. ¿Cuánto saltó el primer lugar?

h) En una competencia de atletismo, el primer lugar de la prueba de salto de altura consigue un resultado de 1.85 m. El segundo lugar realiza un salto menor, con una diferencia de 0.29 m con respecto al primer lugar. ¿Qué altura saltó el segundo lugar?

Multiplicación

Cuando se multiplica con números decimales, es importante colocar adecuadamente el punto decimal en el resultado.

Por ejemplo, se desea multiplicar los números 0.42 y 5, pero como la multiplicación de cualquier número (entero o decimal) por un número natural es una suma abreviada, el producto se puede escribir como:

$$0.42 \times 5 = 0.42 + 0.42 + 0.42 + 0.42 + 0.42 = 2.10 = 2.1$$

Este producto se puede obtener multiplicando primero $42 \times 5 = 210$, y después recorriendo el punto decimal hacia la **izquierda** dos lugares (es decir el mismo número de cifras decimales de 0.42).

Por lo anterior se dice que: la multiplicación de dos números decimales se realiza operando sus cifras y recorriendo, en el resultado, el punto decimal a la izquierda tantos lugares como cifras decimales tengan **ambos** factores; en caso necesario, se completa con ceros a la izquierda. Por ejemplo:

Realizar la operación **0.0153 × 0.02**. Primero se calcula $153 \times 2 = 306$. Como 0.0153 tiene cuatro cifras decimales y 0.02 tiene dos, el resultado contendrá seis cifras decimales. Como 306 sólo posee tres cifras, se agregan tres ceros a la izquierda, de manera que el producto de la multiplicación queda así:

$$0.0153 \times 0.02 = 0.000306$$

Efectuar la operación **2.3 × 1.5**. Primero se obtiene el producto $23 \times 15 = 345$. En este caso, hay que recorrer el punto decimal dos lugares a la izquierda, de modo que:

$$2.3 \times 1.5 = 3.45$$

Resolver la operación **0.003 × 12.009**. Se multiplica $3 \times 12\ 009 = 36\ 027$. Como el producto tiene cinco cifras y el resultado incluye seis cifras decimales, se agrega un cero a la izquierda, con lo que se obtiene:

$$0.003 \times 12.009 = 0.036027$$

Un caso particular de la multiplicación es el producto por una potencia de 10. Este tipo de operaciones se realiza recorriendo el punto decimal hacia la **derecha** tantos lugares como ceros tenga la potencia de 10; si es necesario, se completa con ceros. Por ejemplo:

Realizar la operación **10.478 × 10 000**. Si se considera lo expuesto en los ejemplos anteriores, habría que multiplicar $10\ 478 \times 10\ 000 = 104\ 780\ 000$ y recorrer, en el resultado, el punto decimal tres lugares a la izquierda, para obtener $10.478 \times 10\ 000 = 104\ 780$; pero el resultado también se obtiene recorriendo el punto decimal de 10.478 cuatro lugares a la derecha.

Efectuar la operación **2.103 × 100**. Se recorre el punto decimal dos lugares hacia la derecha:

$$2.103 \times 100 = 210.3$$

Procedimiento

a Multiplicar como naturales.

b Correr el punto decimal hacia la izquierda tantas cifras como tengan los factores.

3 cifras decimales

3 cifras decimales

```
    12.009
 ×   0.013
    36027
   12009
  0.156117
```

6 cifras decimales

Resolver la operación **298.83 × 10**. En este caso se recorre el punto decimal de 298.83 un lugar a la derecha y se obtiene: 298.83 × 10 = 2 988.3.

Realizar la operación **1 492.12 × 10 000**. El punto decimal de 1 492.12 se recorre cuatro lugares hacia la derecha. Como 1 492.12 tiene dos cifras decimales, se agregarán ceros:

$$1\ 492.12 \times 10\ 000 = 14\ 921\ 200$$

EJERCICIOS

1

Realiza en tu cuaderno las multiplicaciones.

a) 12.5 × 13   b) 345.2 × 9.5
c) 329.02 × 74.6   d) 4.987 × 0.02

2

Resuelve en tu cuaderno estas multiplicaciones.

a) 34.84 × 10   b) 0.0001 × 100
c) 0.001 × 1 000   d) 84.832 × 10 000
e) 5.009 × 100 000   f) 0.0203 × 100 000

3

Eleva al cuadrado los siguientes números decimales.

a) 0.1   b) 0.2   c) 0.3   d) 0.4
e) 0.5   f) 0.6   g) 0.7   h) 0.8

4

Copia en tu cuaderno la siguiente tabla y complétala como en el ejemplo.

Número decimal	Fracción equivalente	Cuadrado	Fracción equivalente
0.1	$\frac{1}{10}$	0.01	$\frac{1}{100}$
0.01			
0.001			
0.0001			
0.00001			

5

Resuelve los problemas.

a) La velocidad promedio de un automóvil en una carretera es 95.5 km/h. ¿Cuántos kilómetros recorrerá el automóvil en tres horas y media? (media hora = 30 minutos = 0.5 horas).

b) Si una pulgada es equivalente a 2.54 cm, ¿cuántos centímetros hay en 12.5 pulgadas?

c) Si 1 pie es equivalente a 30.5 cm (dato redondeado a décimos), ¿cuántos centímetros hay en 40.3 pies?

d) Si una milla equivale a 1.609 km, ¿cuántos kilómetros hay en 4.5 millas?

e) Una libra equivale a 0.454 kilogramos. ¿Cuántos kilogramos equivalen a 7.89 libras?

f) Una yarda es igual que 91.4 cm (dato redondeado a décimos). ¿Cuántos centímetros hay en 19.67 yardas?

g) Una **hectárea** es equivalente a 10 000 metros cuadrados. ¿Cuántos metros cuadrados hay en las siguientes cantidades?

i) 2.5 hectáreas   ii) 12.8 hectáreas

iii) 13.65 hectáreas   iv) 9.08 hectáreas

h) El dólar estadounidense valía 7.50 pesos el 10 de junio de 1996.

i) ¿Cuántos pesos eran 200.45 dólares?

ii) ¿Cuántos pesos eran 13 333.33 dólares?

iii) ¿Cuántos pesos eran 23 030.03 dólares?

División

En la división de números decimales se distinguen tres casos:

a   División de un número decimal entre un entero: $10.255 \div 7$.

b   División de un número decimal entre otro que tiene menos cifras decimales que el primero: $10.255 \div 0.7$.

c   División de un número decimal entre otro que tiene más cifras decimales: $10.255 \div 0.0007$.

- En el primer caso, la división se lleva a cabo colocando el punto decimal en el cociente exactamente sobre la posición donde se encuentra el punto decimal del dividendo, por ejemplo:

$$\begin{array}{r} 1.465 \\ 7\overline{)10.255} \\ 3\,2 \\ 45 \\ 35 \\ 0 \end{array}$$

- En el segundo caso, se recorre el punto decimal hacia la **derecha** tanto en el dividendo como en el divisor, hasta que éste sea un entero. Por ejemplo:

$$0.7\overline{)10.255}$$

Se recorre el punto decimal un lugar a la derecha en el dividendo y en el divisor.

$$\begin{array}{r} 14.65 \\ 7\overline{)102.55} \\ 32 \\ 45 \\ 35 \\ 0 \end{array}$$

Se realiza la nueva división como en el primer caso.

- En el tercer caso, se agregan ceros a la derecha del dividendo y se recorre el punto decimal como en el caso anterior.

$$0.0007\overline{)10.2550}$$

Se agrega un cero.

$$0.0007\overline{)10.2550}$$

Se recorre el punto decimal.

$$\begin{array}{r} 14650 \\ 7\overline{)102550} \\ 32 \\ 45 \\ 35 \\ 0 \end{array}$$

Se realiza la división.

Existe un caso particular de división; éste consiste en dividir entre potencias de 10. Aquí la operación se realiza recorriendo simplemente el punto decimal **a la izquierda** tantos lugares como ceros tenga la potencia de 10. Por ejemplo:

En la operación $89 \div 10 = 8.9$, se recorrió el punto un lugar a la izquierda porque 10 sólo tiene un cero.

$$89 \div 10 = 8.9$$

Un cero   Un lugar
a la izquierda

$$0.003 \div 1\,000 = 0.000003$$

Tres ceros   Tres lugares
a la izquierda

En la división **0.003 ÷ 1 000 = 0.000003** se recorrió el punto tres lugares a la izquierda, pues 1 000 cuenta con tres ceros.

La división se aplica en el cálculo de **promedios**. El promedio de varios números decimales es igual que la suma de dichos números entre la cantidad de éstos.

El promedio de cinco números decimales: 14.32, 16.54, 9.65, 10.5 y 20.71, se calcula sumándolos y dividiendo el resultado entre 5. La suma es igual que 71.72 y al dividir entre 5 se obtiene el promedio: 14.344.

EJERCICIOS

1 Realiza las divisiones.

a) 458.04 ÷ 12
b) 893.12 ÷ 34.2
c) 0.345 ÷ 12.4
d) 21.3 ÷ 0.04
e) 28.5 ÷ 0.87
f) 3.45 ÷ 0.000345

2 Realiza las divisiones entre potencias de 10.

a) 5.678 ÷ 10
b) 984.567 ÷ 100
c) 467.83 ÷ 1 000
d) 0.001 ÷ 1 000
e) 10 000 ÷ 100 000
f) 0.0001 ÷ 10 000

3 Divide y escribe el número de lugares que se recorrió el punto decimal.

a) 5.678 ÷ 0.1
b) 984.567 ÷ 0.01
c) 467.83 ÷ 0.001
d) 0.001 ÷ 0.0001
e) 10 000 ÷ 0.001
f) 0.402 ÷ 0.0001

4 Señala los enunciados verdaderos.

a) Cuando se divide un número entre 10, el punto decimal se recorre un lugar a la izquierda.

b) Si se divide un número entre 1 000, el punto decimal se recorre tres lugares a la derecha.

c) Si se divide un número entre 1 000 000, el punto decimal se recorre siete lugares a la izquierda.

d) Si se divide un número entre 0.1, el punto decimal se recorre un lugar a la izquierda.

5 Resuelve los problemas en tu cuaderno.

a) Los padres de Héctor le prometieron un regalo si su promedio en Matemáticas de primer año de secundaria era mayor que 9. Si Héctor consiguió estas calificaciones parciales: 9.2, 8.2, 9.5, 7.5, 9.4 y 8.7, ¿obtuvo el regalo prometido?

b) Una pulgada es 2.54 cm. Calcula el resultado de 1 ÷ 2.54 y responde ¿cuántos centímetros hay en 1 ÷ 2.54 pulgadas?

c) Un galón equivale a 3.785 litros. Calcula el resultado de 1 ÷ 3.785 y responde ¿cuántos litros hay en 1 ÷ 3.785 galones?

d) Se encarga a cuatro personas que pinten una barda de 130.25 m de longitud. Si los pintores se dividen el trabajo en partes iguales, ¿cuántos metros debe pintar cada uno?

e) Una cooperativa adquiere un terreno de 24.8 hectáreas para cultivo. Si la tierra se reparte en 15 lotes del mismo tamaño, ¿cuántos metros cuadrados mide cada lote? (Recuerda que cada hectárea equivale a 10 000 metros cuadrados.)

f) Observa la tabla y realiza lo que se indica.

Alumno	Salto de longitud	Salto de altura
Javier	5.25 m	1.25 m
Rosa	4.90 m	1.50 m
Pedro	5.10 m	1.35 m

• Calcula el promedio de los saltos de longitud.
• Calcula el promedio de los saltos de altura.

Truncamiento y redondeo

Realiza lo siguiente: con una regla graduada en centímetros, mide la longitud de tu mano y la de otros compañeros. ¿Se pueden medir de manera exacta? En estas mediciones se obtiene sólo una aproximación.

Del lado izquierdo de esta página aparecen las primeras cifras del número π. Si hay que realizar algunos cálculos con este número, se pueden considerar unas cuantas cifras, utilizando el **truncamiento** o el **redondeo**. Éste es otro ejemplo de aproximación.

$$\pi = 3.14159\ldots$$

Un número decimal se **trunca** eliminando algunas cifras, empezando por la derecha, después del punto decimal. Por ejemplo:

- El truncamiento del número 0.7456 a una cifra decimal es 0.7.
- El truncamiento del número 0.7456 a tres cifras decimales es 0.745.

En el truncamiento no se toman en cuenta los números que se eliminan, por lo que el truncamiento de 1.8001 y 1.899999 a una cifra decimal es 1.8 para ambos, aunque 1.899999 sea casi igual que 1.9.

Otra forma de aproximar un número es el **redondeo**. Si se requiere redondear hasta una cifra decimal dada (por ejemplo, hasta la tercera cifra decimal, o milésimos), se considera la **siguiente** cifra (en este caso, la cuarta). Si esta cifra es 0, 1, 2, 3, 4 ó 5, el número se trunca; si es 6, 7, 8 ó 9, se suma 1 a la cifra del lugar considerado para redondear (en el ejemplo mencionado, se suma 1 a la tercera cifra).

Si los números 0.214, 3.456, 4.007 y 1.475 se quieren redondear a centésimos (dos cifras decimales), se considera la **tercera** cifra decimal.

La tercera cifra de 0.214 es 4 y la de 1.475 es 5; como ambas cifras están entre 0 y 5, el redondeo de estos números es el siguiente:

- El redondeo de 0.214 a centésimos es 0.21.
- El redondeo de 1.475 a centésimos es 1.47.

Por otro lado, la tercera cifra de 3.456 es 6 y la de 4.007 es 7; ambas cifras están entre 6 y 9. Por tanto:

- El redondeo de 3.456 a centésimos es 3.46.
- El redondeo de 4.007 a centésimos es 4.01.

Es importante aclarar que el truncamiento y el redondeo pueden ser iguales para ciertos números. Por ejemplo, el truncamiento a centésimos del número 0.214 es 0.21, que es igual que el redondeo a centésimos ya obtenido. De la misma forma, el truncamiento y el redondeo de 1.475 a centésimos son iguales que 1.47.

En otros números, el truncamiento y el redondeo son diferentes. El truncamiento a centésimos del número 3.456 es 3.45, mientras que el redondeo a centésimos es 3.46. Si se considera el número 4.007, el truncamiento a centésimos es igual que 4.00, mientras que el redondeo a centésimos es 4.01.

Con el truncamiento y el redondeo se obtiene un número aproximado al original sólo en la medida en que se realicen sobre la cifra adecuada. Por ejemplo, el redondeo de 0.0019 a milésimos es 0.002, lo cual es una buena aproximación al número; sin embargo, el redondeo de 0.0019 a décimos es 0.0, lo que probablemente ya no sirva de manera efectiva en los cálculos.

Para el cálculo de $\sqrt{3}$ se puede obtener dos resultados diferentes:

Caso 1

1.732050807

Se realizó un **truncamiento**.

Caso 2

1.732050808

Se realizó un **redondeo**.

EJERCICIOS

1

Trunca los siguientes números decimales a enteros, décimos y milésimos.

a) 1.34657　b) 14.18678　c) 100.9097
d) 18.76008　e) 4.001008　f) 29.034007
g) 36.04008　h) 60.01293　i) 101.023301

2

Copia los siguientes números y redondea a enteros, décimos y milésimos.

a) 1.34657　b) 14.18678　c) 100.9097
d) 18.76008　e) 4.001008　f) 29.034007
g) 36.04008　h) 60.01293　i) 101.023301

3

Trunca los números a centésimos y después realiza las operaciones indicadas.

a) 8.347 + 8.098　b) 1.9283 + 7.1038
c) 0.94 + 6.756　d) 8.7471 − 2.19192
e) 5.46 − 0.28　f) 0.023 + 10.0145

4

Resuelve las siguientes multiplicaciones. Primero trunca a décimos.

a) 1.384 × 8.601　b) 82.3 × 6.4019
c) 36.7 × 4.26　d) 7.191 × 0.5
e) 4.783 × 6.36　f) 86.943 × 1.103

5

Realiza las siguientes operaciones. Primero redondea a centésimos y trunca el resultado a décimos.

a) 8.347 + 8.098　b) 1.9283 + 7.1038
c) 0.94 + 6.756　d) 8.7471 − 2.19192
e) 5.46 − 0.28　f) 123.485 + 27.0091

6

Resuelve las siguientes operaciones. Primero redondea a décimos.

a) 1.384 × 8.601　b) 82.3 × 6.4019
c) 36.7 × 4.26　d) 7.191 × 0.5
e) 4.783 × 6.36　f) 65.064 × 1.07

7

Realiza las siguientes operaciones. Trunca a décimos y, después, efectúa las operaciones sin truncar.

a) 0.0587 + 0.0576　b) 0.09997 − 0.09856
c) 12 345.67 × 0.01987　d) 12 345.67 ÷ 0.0136

- ¿Es conveniente realizar un truncamiento como el propuesto para aproximar el resultado de las operaciones? ¿Por qué?

8

Resuelve las siguientes operaciones. Realiza un redondeo a décimos y, después, efectúa las operaciones sin redondear y compara tus resultados.

a) 0.0587 + 0.0576　b) 0.09997 − 0.09856
c) 12 345.67 × 0.01987　d) 12 345.67 ÷ 0.0136

- ¿Es conveniente realizar un redondeo como el propuesto para aproximar el resultado de las operaciones? ¿Por qué?

9

Realiza lo que se pide.

En los siguientes ejercicios se verificará la precisión de una calculadora. Como las calculadoras sólo pueden trabajar con un número máximo de cifras, por lo general utilizan el redondeo en sus cálculos, lo que puede conducir a ciertos errores.

a) Calcula la raíz cuadrada de 2 con una calculadora y anota en un papel el resultado con todas las cifras decimales que aparecen en la pantalla. A continuación, borra el número de la calculadora y multiplica el número que anotaste por sí mismo. ¿El resultado es 2?

b) Varias calculadoras cuentan con una tecla marcada 1/x, la cual sirve para obtener el inverso de un número. Utiliza esta tecla para calcular 1/3, o divide 1 entre 3. Obtendrás el número 0.3333, con tantas cifras 3 como quepan en la pantalla. Haz esta suma: 0.33333 + 0.33333 + 0.33333, en la calculadora. ¿El resultado es 1? Si no es así, ¿cuál crees que sea la razón?

c) Realiza lo mismo que en el ejercicio anterior, con 1/6 y suma el resultado 5 veces consigo.

61

Cálculo mental y estimación

La siguiente es una cuenta de un supermercado:

Si en el momento de pagar sólo se cuenta con billetes de 10 pesos, ¿se puede decir aproximadamente cuántos billetes se entregarán a la cajera?

El truncamiento y el redondeo ayudan a **estimar** rápidamente la suma. Por ejemplo, es posible redondear a pesos los precios anteriores y sumar:

19.05	Redondeo a pesos	19
9.35		9
6.20		6
7.66	→	8
10.24		10
+ 12.87		+ 13
		65

También se puede redondear a decenas de pesos; eso proporciona una aproximación menos precisa, pero ayuda a estimar el número de billetes necesarios de 10 pesos:

19.05	Redondeo a	20
9.35	decenas de pesos	10
6.20		10
7.66	→	10
10.24		10
+ 12.87		+ 10
		70

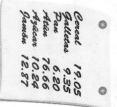

Se entregarán 7 billetes.

También se pueden utilizar el truncamiento y el redondeo en situaciones que impliquen restas, multiplicaciones y divisiones.

Un ejemplo del uso del redondeo en la multiplicación es el siguiente:

Si se agregan a la cuenta anterior 12 litros de leche, a $ 3.85 el litro, se estima el precio de la leche mediante un truncamiento:

$$12 \times 3.85 \doteq 12 \times 3 = 36$$

O se redondea a pesos; por ejemplo:

$$12 \times 3.85 \doteq 12 \times 4 = 48$$

De nuevo se debe cuidar el truncamiento o redondeo, pues si se redondea a decenas de pesos, el precio de la leche 3.85, sería **cero**. El redondeo debe efectuarse de modo que no se pierda información esencial para resolver el problema.

El siguiente es un ejemplo de aplicación del redondeo junto con la división.

Si dos personas comparten el pago de la cuenta anterior (con la leche incluida) por partes iguales, ¿cuánto pagará cada una?

Como la cuenta y el costo de la leche ya se han redondeado a pesos, una aproximación del resultado será la que sigue:

$$65 + 48 = 113$$

Dicha cifra se redondea a decenas de pesos como 110; así se estima que cada uno pagará aproximadamente 55 pesos.

También se puede redondear a decenas de pesos cada cuenta; la primera cuenta se redondea a 70 pesos, el resultado del costo de la leche a 50 pesos, y como $70 + 50 = 120$, cada uno pagaría aproximadamente 60 pesos.

EJERCICIOS

1

Realiza las operaciones mentalmente y escribe el resultado en tu cuaderno.

a) $9.01 + 7.60 + 0.03$ **b)** $0.023 + 2.091 + 8.9$
c) $15.25 - 13.19$ **d)** $9.85 - 6.49$
e) $1.76 - 0.84$ **f)** $10.87 + 12.07$

2

Realiza las siguientes operaciones truncando primero a décimos y después a centésimos.

a) $34.46 + 98.57$ **b)** $0.985 - 0.97$
c) 0.24×94 **d)** $8.57 \div 0.01$

3

Escribe números con cuatro cifras decimales que al ser truncados a milésimos den como resultado las siguientes cantidades.

Observa que la respuesta no es única, es decir, puedes incluir varios resultados.

a) 9.456 **b)** 56.708 **c)** 90.780
d) 56.907 **e)** 780.965 **f)** 0.001
g) 5.937 **h)** 80.654 **i)** 0.009

4

Contesta.

• Si al truncar un número **p** a centésimos resulta 56.78, ¿entre qué valores se encuentra el número **p**? ¿Por qué?

5

Resuelve los siguientes problemas en tu cuaderno. Redondea los datos a décimos.

a) Juan compra un cuarto de kilogramo de jamón a \$ 38.50 el kilogramo. ¿Cuántos billetes de 10 pesos debe utilizar Juan para pagar el jamón?

b) De una vara de hierro de 39.953 m de longitud, se cortarán 15 trozos iguales. ¿Cuánto medirá cada trozo?

c) Una fábrica de uniformes recibe un pedido de 43 overoles. Si cada overol se confecciona con 1.24 m de tela, ¿cuántos metros se necesitan aproximadamente para fabricar todos los overoles?

d) Si la extensión territorial de Francia es 551.603 miles de kilómetros cuadrados y la de México es 1 972.547 miles de kilómetros cuadrados, ¿cuántas veces cabe el territorio de Francia en el de México?

e) Si Suiza tiene una extensión de 41.288 miles de kilómetros cuadrados y el estado de Chihuahua, 247.087 miles de kilómetros cuadrados, ¿cuántas veces cabría Suiza en Chihuahua?

f) La cantidad disponible para el reparto de utilidades en una empresa asciende a 134.27 miles de pesos. Si dicha empresa emplea a 48 personas, ¿cuánto dinero le toca a cada trabajador aproximadamente si el reparto se realiza de manera equitativa? ¿Cuánto si la empresa empleara a 52?

6

Ahora resuelve los problemas truncando a centésimos.

1

Traza una recta numérica y localiza en ella los siguientes números decimales.

a) 0.5 b) 4.5 c) 0.51 d) 4.2
e) 9.6 f) 5.3 g) 3.9 h) 1.0

• Ordena de menor a mayor los incisos **a, c, f y h.**

2

Escribe en tu cuaderno como fracciones decimales los siguientes números decimales.

a) 0.4 b) 0.24 c) 0.854 d) 2.45
e) 2.0478 f) 13.453 g) 32.001 h) 45.031

3

Redondea las cantidades a décimos, resuelve y estima cuál es la suma mayor.

```
   45.92          36.24
   31.22          31.61
    6.59          22
  111.32          46.21
   42.38           8.19
+  15.64       + 100.52
```

4

Resuelve las siguientes operaciones.

a) $7.34 + 0.978 + 3.497$ b) $1.091 + 0.989 + 0.834$
c) $0.9 - 0.123$ d) $11.9 - 8.348$
e) 7.9×2.309 f) 0.7×0.74
g) $9.8 \div 0.421$ h) $38.94 \div 1.38$
i) $0.981 \div 0.3$ i) 0.056×7.807

5

Resuelve los problemas en tu cuaderno.

a) El radio de la Tierra (en el Ecuador) es 6 378.3 kilómetros; el radio de la Luna es la cuarta parte del de la Tierra. ¿Cuánto mide este último?

b) Verónica desea comprar varios libros, cuyos precios son 32.12, 45.54, 52.17 y 34.50 pesos. ¿Cuánto debe pagar por los libros? Si paga con dos billetes de 100 pesos, ¿cuánto recibe de cambio?

c) El salario de una persona es $ 69.25 diarios. ¿Cuánto gana al mes?

d) Martín obtuvo las siguientes calificaciones en los exámenes de Matemáticas: 8.4, 6.5, 7.6, 9.2, 8.6 y 7.8. En el siguiente examen, él debe obtener una calificación de modo que su promedio sea mayor o igual que 8. ¿Cuál es la mínima calificación que debe conseguir Martín para alcanzar este promedio?

e) Si al realizar la siguiente operación en la calculadora: $1\,234.67 \div 12.47$, aparece como resultado 99.011226, ¿la calculadora efectuó un redondeo o un truncamiento?

f) La extensión territorial de México es 5.5 veces la extensión de Alemania. Si México mide 1 972 547 kilómetros cuadrados, ¿cuál es aproximadamente la extensión territorial de Alemania? Usa el truncamiento a décimos para responder esta pregunta.

g) Juan entró a una tienda y pagó las siguientes cantidades por su despensa: $ 10.50 por unas barras de mantequilla, $ 34.26 por algunos botes de leche, $ 17.38 por unas piezas de pan, $ 29.65 por una charola de carne y $ 30.52 por productos para la cocina. Si sólo contaba con billetes de veinte pesos, ¿cuántos billetes entregó al cajero?

h) La milla inglesa mide exactamente 1 609.34 m. Redondea a kilómetros que aparecen en un mapa británico de carreteras: 15 millas, 24 millas, 82 millas, 120 millas.

i) Convierte en millas las siguientes distancias: 18 km, 45 km, 100 km. Redondea a millas enteras y medias millas.

i) En la fórmula de la composición de un medicamento se lee:

Compuesto A	2.8 g
Compuesto B	2.0 g
Compuesto C	2.5 g

Las cantidades están redondeadas hasta décimos:

i) ¿Entre qué valores puede oscilar el peso del compuesto A? (Existen varias respuestas.)

ii) ¿Y el peso de los compuestos B y C?

Ideas principales

Los números decimales

Conceptos básicos

Los números **decimales** se utilizan para expresar fracciones mediante el punto decimal. Al compararlos hay las mismas posibilidades que en el caso de los naturales. Estos números pueden ordenarse por medio de su representación en la recta numérica.

```
├──────┼──────┼──────┼──────┼──────┤
0     0.2    0.4    0.6    0.8    1.0

        0.2 < 0.6        0.8 > 0.4
```

Fracciones decimales y números decimales

Las partes de un todo también se pueden representar mediante las fracciones. Las fracciones decimales son aquellas cuyo **denominador es una potencia de 10**; por ejemplo, el número 0.2 se representa como la fracción $\frac{2}{10}$ y el número 0.15 es igual que $\frac{15}{100}$.

Operaciones

Las operaciones aritméticas con números decimales son semejantes a las operaciones con naturales, excepto porque **se debe cuidar la posición del punto decimal** en el resultado. En la adición y la sustracción, éste se alinea con el de los sumandos o con el del minuendo y el sustraendo, según el caso. En la multiplicación, se cuenta el número de decimales que aparecen en los factores; el total será la cantidad de decimales que posea el producto. En la división, el divisor debe transformarse en entero, multiplicando el dividendo y el divisor por la unidad, seguida de tantos ceros como cifras decimales tenga el divisor.

Truncamiento redondeo y estimación

Se pueden utilizar los conceptos de **truncamiento** y **redondeo** para obtener el resultado aproximado de las operaciones aritméticas. Truncado a seis cifras decimales el número 12.3545467289 es igual que 12.354546, y redondeado a la misma cantidad de decimales es 12.354547.

Recreación Matemática

Aspectos interesantes relacionados con números decimales

Los babilonios, hacia el año 1700 antes de nuestra era, obtuvieron como aproximación para $\sqrt{2}$ el valor de 1; 24, 51, 10, expresado en la base 60 que empleaban, y que en base decimal equivale a 1.41421212963, valor aproximado a 1.4142136...

Simon Stévin, en 1528, dio el paso decisivo hacia el sistema actual de notación para los números decimales; utilizó una notación como la siguiente: 43 (0) 2 (1) 8 (2) 5 (3) para escribir el número 43.285.

El uso de la notación actual para los números decimales, con el punto decimal, fue ideado en el siglo XVII por el holandés Wilbord Suellius.

Cuenta de décimos y centésimos con la calculadora

Pulsa en tu calculadora:

0 . 1 + + = = = ...

¿Que números obtienes?

- Di en voz alta cada número antes de que aparezca.
- ¿Qué número aparecerá a continuación de 0.9?
- ¿Cuáles debes pulsar en la calculadora para contar centésimos?
- ¿Cómo se llega primero al número 1, contando con décimos o con centésimos?

Divisiones curiosas

Investiga con el uso de tu calculadora:

- ¿Qué sucede cuando divides un número natural entre 0.1?
- ¿Cuando divides entre 0.01? ¿Y cuando divides entre 0.001?
- ¿Qué sucede cuando divides entre 0.5? ¿Cuando divides entre 0.05? ¿Y cuando divides entre 0.005?

El juego de los cuatro decimales en línea

Solicita a tu profesor que agrupe a los alumnos en dos equipos y les pida que observen la tabla de valores y los factores para llevar a cabo el siguiente juego:

- Cada equipo elegirá dos factores por turno, uno de A y otro de B.
- Si el producto de esos dos números aparece en la tabla, el recuadro con el resultado corresponderá a ese equipo.
- El equipo que consiga cuatro recuadros verticales, horizontales o diagonales, será el ganador.

Pueden realizar las operaciones necesarias con la calculadora.

7.6	228	102.6	43.2
27.54	193.8	112.2	3.2
4.4	59.4	96	81.6
52.02	132	2.04	61.2

Factor A	1.9	0.8	0.51	1.1
Factor B	4	120	102	54

Unidad 3

Fracciones y proporcionalidad

Las fracciones constituyen la manera más antigua de representar las partes de un todo; desde la época de los griegos se emplean para expresar razones. En épocas más recientes, las fracciones se han relacionado directamente con los porcentajes. Éstos son los temas que se abordarán en esta Unidad.

Noción, usos y significados

Existe otra manera de representar los números que presentan una parte menor que la unidad; esta forma se conoce como **fracción**. Al igual que los números decimales y sus operaciones, las fracciones se emplean en situaciones cotidianas donde es necesario operar con números que no son enteros completos.

Una fracción está compuesta por dos elementos: $\dfrac{\text{numerador}}{\text{denominador}}$

El denominador indica en cuántas partes iguales se divide la unidad o el todo que se analiza y el numerador posee la información de las partes que se consideran de éstos.

Si se dice, por ejemplo: "tres cuartas partes de la superficie de la Tierra están cubiertas por agua", la expresión "tres cuartas partes" queda representada con la fracción $\dfrac{3}{4}$, que se lee "tres cuartos".

Como ya se mencionó, en la vida diaria hay muchas situaciones en que se emplean las fracciones:

Aprobaron el examen $\dfrac{2}{3}$ partes del grupo 1° A, formado por 36 alumnos. Es decir, 24 alumnos acreditaron; esta información también se puede establecer así: $\dfrac{24}{36}$; es decir, 24 alumnos acreditaron de 36 que hay en el grupo.

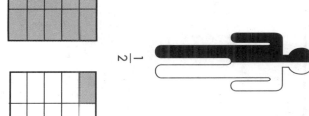

La parte sumergida de un iceberg es $\dfrac{7}{8}$. Es decir, la parte visible es una pequeña porción del iceberg.

En un poblado de 1 532 habitantes, 726 son varones, es decir, $\dfrac{726}{1\,532}$ significa que de una población dividida en 1 532 partes se consideran 726 de ellas.

La representación de fracciones en la recta se realiza de la siguiente manera:

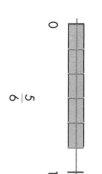

$\dfrac{1}{2}$

$\dfrac{11}{10}$

$\dfrac{5}{6}$

Las fracciones se pueden representar de manera gráfica. Para ello se considera una figura como la unidad; por ejemplo, un rectángulo se divide en tantas partes iguales como el denominador y se destacan de alguna manera (ya sea con otro color, sombreando, etc.) tantas partes como el numerador, como se observa en la figura de la izquierda.

Se desea localizar $\dfrac{5}{6}$. Primero se divide el intervalo de 0 a 1 en 6 partes iguales como lo indica el denominador y luego se destacan las cinco primeras partes como señala el numerador.

En las fracciones se presentan dos tipos de relación:

- El numerador es menor que el denominador; por ejemplo: $\dfrac{9}{11}$. El número es menor que la unidad, ya que no se toman todas las partes que forman ésta. Este tipo de fracciones se llaman **fracciones propias.**

- El numerador es mayor que el denominador; por ejemplo: $\dfrac{7}{6}$. El número es mayor que la unidad, pues tiene más partes que ésta. Este tipo de fracciones se denominan **fracciones impropias.**

Con las fracciones impropias se presentan igualdades como éstas:

$$\frac{7}{6} = 1\frac{1}{6} \qquad\qquad \frac{14}{5} = 2\frac{4}{5}$$

Estas fracciones se representan en la recta numérica de acuerdo con el siguiente criterio:

Representar la fracción $\frac{14}{5}$; primero se considera la igualdad $\frac{14}{5} = 2\frac{4}{5}$.

Se marcan en la recta tres segmentos iguales uno después de otro. Los dos primeros segmentos representan la parte entera que aparece del lado derecho de la igualdad. El tercer segmento se divide en 5 partes iguales, cada una es $\frac{1}{5}$; se localiza la cuarta división, la cual es igual que $\frac{4}{5}$ y así obtenemos la ubicación de $2\frac{4}{5} = \frac{14}{5}$.

Si dos fracciones se ubican en puntos diferentes de la recta numérica, se puede determinar cuál es mayor; esto se logra de la siguiente manera:

La fracción que aparezca a la izquierda será la menor y la que se ubique a la derecha será la mayor.

Es importante mencionar que todos los números naturales se pueden escribir como fracciones: $\frac{1}{1}$, $\frac{2}{1}$, $\frac{3}{1}$,...; también como $\frac{2}{2}$, $\frac{4}{2}$, $\frac{6}{2}$,..., y de muchas otras formas. Es decir, todos los números naturales son también fracciones.

EJERCICIOS

1

Localiza en la recta numérica los tres números que aparecen en cada inciso y determina, por su posición, cuál es el mayor.

a) $\frac{1}{2}$, 1, $\frac{5}{4}$ **b)** $\frac{17}{5}$, 2, $\frac{8}{6}$ **c)** $\frac{19}{4}$, 6, $\frac{23}{3}$

2

Menciona cinco ejemplos del uso de fracciones en la vida diaria, distintos de los mencionados en la lección.

3

Realiza lo que se indica y contesta.

a) Dibuja un cuadrado, divídelo en seis partes y colorea cuatro de ellas. ¿Qué parte del cuadrado coloreaste? ¿Cómo se escribe?

b) Dibuja otro cuadrado, divídelo en nueve partes iguales y colorea 7 de ellas. ¿Cómo se representa la parte del cuadrado que dejaste sin colorear?

c) Toma una hoja de papel, dóblala a la mitad, haz lo mismo dos veces más y extiéndela. De las partes en que quedó marcada la hoja, sombrea 7. ¿Qué parte se sombreará y qué parte quedó sin sombrear?

d) Recorta un cuadrado, divide cada lado en 12 partes iguales y cuadricúlalo. Con seis colores distintos, pinta, cuadro por cuadro, toda la figura. Escribe en forma de fracción las partes del cuadrado que quedaron pintadas de cada color.

4

Resuelve los siguientes problemas.

a) Leonor debe leer en 7 días un libro de 350 páginas, y ha decidido que cada día leerá el mismo número de páginas. ¿Cuántas páginas leerá diario? ¿Qué parte del libro habrá leído después del cuarto día?

b) David no sabe si elegir $\frac{5}{6}$ de $\$ 100.00$ ó $\frac{10}{12}$ de $\$ 200.00$. ¿Qué opción eligirías?

Fracciones y números decimales. Conversión y aproximación

Observa las siguientes divisiones:

$$
\begin{array}{r} 0.5 \\ 2\,\overline{\smash{)}\,1.0} \\ 0 \end{array}
\qquad
\begin{array}{r} 0.375 \\ 8\,\overline{\smash{)}\,3.00} \\ 60 \\ 40 \\ 0 \end{array}
\qquad
\begin{array}{r} 0.4 \\ 10\,\overline{\smash{)}\,4.0} \\ 0 \end{array}
$$

En la primera **división**, 1 entre 2, se obtiene como resultado el número decimal 0.5; ahora bien, 0.5 es la mitad de la unidad (0.5 + 0.5 = 1); o sea, 0.5 es igual que $\frac{1}{2}$.

Entonces, las fracciones se pueden transformar en divisiones, como éstas:

$$\frac{3}{8} \rightarrow 3 \div 8 = 0.375$$

El procedimiento para obtener un número decimal equivalente a una fracción consiste en dividir el numerador entre el denominador; por ejemplo:

$$\frac{3}{6} \text{ es igual que } 3 \div 6; \text{ por tanto, } \frac{3}{6} = 0.5$$

$$\frac{25}{5} \text{ es igual que } 25 \div 5; \text{ por tanto, } \frac{25}{5} = 5.0$$

$$\frac{4}{10} \rightarrow 4 \div 10 = 0.4$$

son divisiones exactas (residuo cero)

Todas las fracciones representan números decimales periódicos, las divisiones exactas tienen como periodo el cero.

El período de un número decimal se define como la cifra que se repite, después del punto decimal, un número infinito de veces.

Una fracción que representa una división no exacta es $\frac{1}{3}$:

$$
\begin{array}{r} 0.333... \\ 3\,\overline{\smash{)}\,1.0} \\ 10 \\ 10 \\ 1 \end{array}
$$

Los puntos suspensivos indican que esta división continúa de manera infinita; el dígito 3 se repite indefinidamente. Se dice que el 0.33333333... es un número decimal periódico y que su período es el número 3.

Otra forma de indicar un decimal periódico es colocar una raya horizontal encima del período en vez de utilizar los puntos suspensivos:

$$\frac{1}{3} = 0.\overline{3}$$

Otro ejemplo es cuando se calcula el decimal equivalente a $\frac{26}{99}$:

$$
\begin{array}{r} 0.2626 \\ 99\,\overline{\smash{)}\,26.0} \\ 6\,20 \\ 260 \\ 62 \end{array}
$$

En este caso, las cifras 2 y 6 se repiten siempre en ese orden, este decimal es periódico y se puede escribir así:

$$\frac{26}{99} = 0.\overline{26}$$

Períodos
$\dfrac{4}{5} = 4 \div 5$ $= 0.8$ Período = **0**
$\dfrac{1}{3} = 1 \div 3$ $= 0.333... \rightarrow 0.\overline{3}$ Período = **3**
$\dfrac{26}{99} = 26 \div 99$ $= 0.2626... \rightarrow 0.\overline{26}$ Período = **26**

Aproximación
$\dfrac{5}{6} = 5 \div 6$ $= 0.8333... \rightarrow 0.8\overline{3}$ $\dfrac{5}{6} \doteq 0.83 \rightarrow$ redondeado a centésimos

Un último ejemplo, $\dfrac{156}{495}$:

$$495\,\big|\,\overline{156.00}\quad 0.315151\ldots$$

$$\begin{array}{r}7\,50\\2\,550\\750\\255\end{array}$$

Entonces $\dfrac{156}{495} = 0.315151\ldots$, que se puede escribir como $0.3\overline{15}$. Nótese que

$0.3\overline{15} = 0.3151515\ldots$ y $0.\overline{315} = 0.315315315\ldots$; por tanto, no son iguales.

Es importante aclarar que cualquier fracción es equivalente a un número decimal periódico (si la división es exacta, el período es 0). Sin embargo, a veces no es conveniente trabajar con períodos muy grandes (por ejemplo, 0.141592); en esos casos se trunca o redondea el número decimal hasta cierta cifra.

Por ejemplo: $\dfrac{5}{6} = 0.83333\ldots = 0.8\overline{3}$ se redondea a centésimas $\dfrac{5}{6} \doteq 0.83$.

EJERCICIOS

1

Escribe el número decimal que representan las siguientes fracciones.

a) $\dfrac{1}{5}$ b) $\dfrac{1}{9}$ c) $\dfrac{3}{10}$

d) $\dfrac{11}{20}$ e) $\dfrac{5}{13}$ f) $\dfrac{48}{56}$

2

Escribe los decimales y encuentra la relación entre ellos.

a) $\dfrac{1}{7}$ b) $\dfrac{2}{7}$ c) $\dfrac{3}{7}$

d) $\dfrac{5}{7}$ e) $\dfrac{15}{7}$ f) $\dfrac{25}{7}$

3

Calcula la expresión decimal de la primera fracción; después determina las otras dos sin dividir.

a) $\dfrac{1}{4},\ \dfrac{3}{4},\ \dfrac{9}{4}$ b) $\dfrac{1}{5},\ \dfrac{4}{5},\ \dfrac{43}{5}$ c) $\dfrac{1}{10},\ \dfrac{7}{10},\ \dfrac{13}{10}$

4

Escribe los siguientes números decimales con la raya que denota el período:

a) $0.33333\ldots$ b) $0.3030303\ldots$

c) $0.003003003\ldots$ d) $1.345456456\ldots$

e) $0.3962626262\ldots$ f) $0.8700400400400\ldots$

5

Escribe los siguientes números decimales repitiendo tres veces el período.

a) $0.0\overline{33}$ b) $0.0\overline{3}$ c) $0.00\overline{33}$ d) $0.00\overline{03}$

e) $0.12\overline{3}$ f) $0.1\overline{23}$ g) $0.12\overline{32}$ h) $0.01\overline{23}$

6

Redondea a centésimos las expresiones decimales que representan las siguientes fracciones.

a) $\dfrac{13}{23}$ b) $\dfrac{31}{57}$ c) $\dfrac{17}{37}$

d) $\dfrac{47}{93}$ e) $\dfrac{107}{111}$ f) $\dfrac{237}{331}$

Fracciones equivalentes

Una fracción puede ser expresada y representada de un número infinito de formas. Por ejemplo, la fracción $\frac{1}{2}$ se obtiene al dividir una unidad en dos partes iguales y tomar una de ellas:

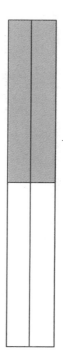

Si esa misma unidad se divide en cuatro partes iguales y se toman dos de ellas, resulta también una fracción igual que $\frac{1}{2}$.

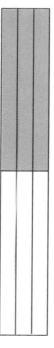

Si la unidad se divide posteriormente en seis partes iguales y se toman tres de ellas, ¿qué parte de la unidad se tiene?

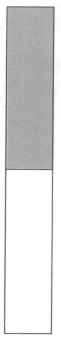

Si la unidad fuera dividida en 10 000 partes iguales y se tomaran 5 000 de ellas, ¿qué parte de la unidad resultaría?

Si la misma unidad se dividiera en 1 000 000 de partes y solamente se emplearan 500 000, ¿qué parte de la unidad se tomaría?

Las anteriores son sólo algunas de la infinidad de formas en que se expresa $\frac{1}{2}$.

Para encontrar otras maneras de expresar esta fracción, se realiza lo siguiente:

- Multiplica el denominador y el numerador por un mismo número (diferente de 0).

El resultado es otra expresión de $\frac{1}{2}$. Entonces:

$$\frac{1}{2} = \frac{2}{4} = \frac{3}{6} = \frac{5\,000}{10\,000} = \frac{500\,000}{1\,000\,000}$$

Para obtener $\frac{2}{4}$ se multiplica el denominador y el numerador por 2. Para encontrar $\frac{3}{6}$, se multiplican ambos por 3. Para tener $\frac{5\,000}{10\,000}$, se multiplican los dos términos por 5 000.

A las fracciones que representan un mismo número, como las de los ejemplos anteriores, se llaman **fracciones equivalentes**.

Las siguientes son fracciones equivalentes:

$$\frac{2}{3}, \frac{4}{6}, \frac{8}{12}, \frac{16}{24}, \frac{1\,600}{2\,400}, \frac{320\,000}{480\,000}$$

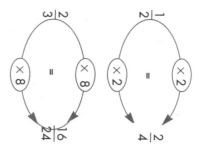

$\frac{1}{2} = \frac{2}{4}$

$\frac{2}{3} = \frac{16}{24}$

Productos cruzados
$\frac{9}{15}$ y $\frac{3}{5}$
$9 \times 5 = 15 \times 3$
$45 = 45$
Son fracciones equivalentes.

Las fracciones equivalentes guardan entre sí algunas relaciones. Considérense las siguientes fracciones:

$$\frac{2}{3} = \frac{8}{12}$$

Si se multiplica tanto el numerador como el denominador de cada una de ellas por el mismo número, se obtienen dos nuevas formas de expresar esta colección de fracciones equivalentes:

$$\frac{24}{36} = \frac{12 \times 2}{12 \times 3} = \frac{2}{3} = \frac{8}{12} = \frac{3 \times 8}{3 \times 12} = \frac{24}{36}$$

En los extremos aparece 12×3 como denominador. Como las fracciones son equivalentes, los numeradores deben ser iguales. Entonces la condición para que dos fracciones sean equivalentes es la siguiente:

El producto del denominador de una por el numerador de la otra debe ser **igual** que el producto del denominador de la segunda por el numerador de la primera.

En efecto, $12 \times 2 = 24 = 3 \times 8$.

Este procedimiento para saber si dos fracciones son equivalentes se denomina **criterio del producto cruzado.**

EJERCICIOS

1

Escribe en tu cuaderno cinco fracciones equivalentes a cada una de las siguientes.

a) $\frac{1}{4}$
b) $\frac{3}{8}$
c) $\frac{7}{11}$
d) $\frac{13}{15}$
e) $\frac{99}{101}$
f) $\frac{123}{357}$

2

Indica si las siguientes parejas de fracciones son equivalentes. Justifica tu respuesta.

a) $\frac{3}{4}$ y $\frac{9}{12}$
b) $\frac{4}{5}$ y $\frac{20}{25}$
c) $\frac{1}{3}$ y $\frac{6}{19}$
d) $\frac{15}{23}$ y $\frac{60}{92}$
e) $\frac{49}{99}$ y $\frac{50}{100}$
f) $\frac{100}{101}$ y $\frac{888}{889}$

3

Completa las siguientes igualdades.

a) $\frac{3}{7} = \frac{9}{\Box} = \frac{\Box}{42} = \frac{36}{84} = \frac{72}{\Box} = \frac{\Box}{700} = \frac{1\,800}{\Box}$

4

Anota los números que completan las igualdades.

a) $\frac{\Box}{5} = \frac{6}{15} = \frac{8}{45} = \frac{8}{\Box} = \frac{\Box}{100}$

5

Resuelve los siguientes problemas.

a) Enrique partió un panqué para que él y sus 5 amigos comieran partes iguales, pero en lugar de partirlo en 6, lo partió en 12 pedazos iguales. ¿Cuántos pedazos debe comerse cada uno para que todos coman la misma cantidad y se acaben el panqué?

b) Elena elaborará un pastel. En la receta dice que debe usar $\frac{3}{4}$ de litro de leche. Si sólo tiene un vaso graduado de $\frac{1}{8}$ de litro, ¿cuántos vasos de $\frac{1}{8}$ ℓ de leche debe usar para obtener el volumen que indica la receta?

c) Para colocar 1 m² de losa se emplean 6 botes de grava, 6 botes de arena y un bulto de cemento. ¿Cuánto material se necesita para 5 m² de losa?

Fracciones reducibles e irreducibles

Del siguiente grupo de fracciones equivalentes, una es la expresión más simple que las demás, es decir, no se obtiene al multiplicar una anterior o su divisor común es la unidad. A ella se le llama **fracción irreducible**.

$$\frac{5}{6} = \frac{30}{36} = \frac{180}{216} = \frac{15}{18}$$

En el ejemplo, $\frac{5}{6}$ es la fracción irreducible.

En cada colección de fracciones equivalentes, siempre hay una, y sólo una, que es irreducible; todas las demás pueden obtenerse a partir de ella, multiplicando el denominador y el numerador por el mismo número.

A estas últimas se les llama fracciones **reducibles**.

En el ejemplo, $\frac{30}{36}$, $\frac{180}{216}$ y $\frac{15}{18}$ son fracciones reducibles.

En seguida se presenta otra colección de fracciones equivalentes:

$$\frac{9}{11} = \frac{36}{44} = \frac{72}{88} = \frac{90}{110}$$

De esta colección, $\frac{9}{11}$ es la fracción irreducible y las demás son reducibles.

Para determinar si una fracción es reducible o irreducible se realiza lo siguiente:

Si el numerador y el denominador poseen divisor común, la fracción es reducible.

En el ejemplo anterior, $\frac{36}{44}$ es reducible, ya que 36 y 44 tienen como divisor a 4.

La fracción $\frac{15}{18}$ es reducible, porque 3 es divisor común de 15 y 18.

Si el denominador y el numerador tienen divisores comunes, ambos son múltiplos de ese divisor común; es decir, tanto el denominador como el numerador pueden expresarse como cierta cantidad de veces ese divisor común.

La fracción $\frac{36}{44}$ se puede expresar como sigue:

$$\frac{36}{44} = \frac{9 \times 4}{11 \times 4} = \frac{9}{11} \qquad ó \qquad \frac{36}{44} = \frac{36 \div 4}{44 \div 4} = \frac{9}{11}$$

De igual forma, $\frac{15}{18}$ se puede representar como se muestra en seguida:

$$\frac{15}{18} = \frac{5 \times 3}{6 \times 3} = \frac{5}{6} \qquad ó \qquad \frac{15}{18} = \frac{15 \div 3}{18 \div 3} = \frac{5}{6}$$

En cambio, en el caso de la fracción $\frac{9}{11}$, no hay ningún divisor común de 9 y 11.

$\frac{15}{18}$ → Fracción **reducible**

15 y 18 → 3 divisor común

$\frac{5}{6}$ → Fracción **irreducible**

5 y 6 → No tienen divisor común diferente de 1.

Fracciones equivalentes

$$\frac{5}{6} = \frac{15}{18} = \frac{30}{36} = \frac{180}{216}$$

Fracción irreducible

Fracciones reducibles

Es decir, la fracción $\dfrac{9}{11}$ es una fracción irreducible, ya que no es posible escribirla en forma más simple.

Lo mismo ocurre con $\dfrac{5}{6}$, pues 5 y 6 no tienen divisores comunes, no son múltiplos de un mismo número; por tanto, $\dfrac{5}{6}$ es una fracción irreducible.

EJERCICIOS

1

Escribe si las fracciones son reducibles o irreducibles. Explica tus respuestas.

a) $\dfrac{2}{6}$ b) $\dfrac{1}{4}$ c) $\dfrac{3}{12}$

d) $\dfrac{1}{33}$ e) $\dfrac{21}{23}$ f) $\dfrac{25}{50}$

g) $\dfrac{99}{123}$ h) $\dfrac{150}{450}$ i) $\dfrac{625}{750}$

2

Completa las fracciones para que sean reducibles y comprueba que efectivamente lo sean. (Puede haber varias respuestas correctas.)

a) $\dfrac{\square}{5}$ b) $\dfrac{6}{\square}$ c) $\dfrac{\square}{12}$

d) $\dfrac{7}{\square}$ e) $\dfrac{\square}{13}$ f) $\dfrac{13}{\square}$

g) $\dfrac{\square}{10}$ h) $\dfrac{9}{\square}$ i) $\dfrac{\square}{17}$

3

Completa las siguientes fracciones de manera que resulten irreducibles y comprueba que lo sean. (Puede haber varias respuestas.)

a) $\dfrac{\square}{5}$ b) $\dfrac{6}{\square}$ c) $\dfrac{\square}{12}$

d) $\dfrac{7}{\square}$ e) $\dfrac{\square}{13}$ f) $\dfrac{13}{\square}$

4

Clasifica las fracciones con denominador 12 y numeradores de 1 a 12 en fracciones reducibles e irreducibles.

5

Clasifica en reducibles o irreducibles las fracciones con denominador 11 y numeradores de 1 a 11.

• Compara los resultados de este ejercicio y el anterior. ¿En cuál hubo más reducibles? ¿A qué crees que se deba esto?

6

Escribe cinco ejemplos de fracciones reducibles y cinco de irreducibles y contesta.

• ¿Cómo puedes garantizar que las fracciones realmente sean reducibles o irreducibles?

• ¿Puedes proponer un método que permita garantizar que una fracción sea reducible?

• ¿Hay algún método para garantizar que una fracción es irreducible?

7

Responde las siguientes preguntas.

¿Hay fracciones reducibles con numerador 1? ¿Por qué?

8

Indica si las fracciones que tienen cualquier denominador y numerador igual que la unidad son reducibles o irreducibles.

• Explica tu respuesta.

Simplificación de fracciones

Si en un examen se presenta una colección de fracciones que deben transformarse en irreducibles, el primer problema es determinar cuáles son reducibles y cuáles no; posteriormente, se realiza la conversión de las fracciones reducibles en fracciones irreducibles. Si la fracción es reducible, el proceso de conversión en fracción irreducible se llama **simplificación**.

¿Cómo se determina si una fracción es irreducible o no?

- Para encontrar fracciones equivalentes a una fracción, se multiplica el numerador y el denominador por el mismo número.
- Para encontrar la expresión más simple de esta fracción, se puede dividir el numerador y el denominador entre el menor de sus divisores comunes (mayores que 1).

Para simplificar la fracción $\dfrac{2\,520}{4\,200}$ se realiza lo siguiente:

a Si el denominador y el numerador son pares, se dividen entre 2.

- Si el denominador y el numerador obtenidos son pares, se divide otra vez entre 2. Se repite este proceso hasta que el denominador o el numerador (o ambos) no sean pares.

$$\frac{2\,520}{4\,200} = \frac{1\,260}{2\,100} = \frac{630}{1\,050} = \frac{315}{525}$$

b Si ahora el numerador y el denominador son divisibles entre 3, ambos se dividen entre 3.

- Se repite este proceso hasta que uno de esos términos (o ambos) no sea divisible entre este número.

$$\frac{315}{525} = \frac{105}{175}$$

c Si el divisor y el numerador tienen como divisor el número 5, se dividen entre 5.

- El proceso se repite hasta que alguno de ellos (o ambos) no sea divisible entre 5.

$$\frac{105}{175} = \frac{21}{35}$$

d Es posible que con los pasos anteriores no se concluya la simplificación de la fracción. En el ejemplo, tanto 21 como 35 son divisibles entre 7. Luego de realizar las divisiones correspondientes, se obtiene lo siguiente:

$$\frac{21}{35} = \frac{3}{5}$$

En esta fracción, el denominador (5) y el numerador (3) **no tienen ya divisores comunes.**

En este momento se llega a la expresión irreducible de la fracción original, la cual ha sido simplificada.

Otra forma de realizar la simplificación de fracciones, es dividir el numerador y el denominador, desde el inicio, entre el mayor de sus divisores comunes, en el ejemplo 840.

En suma, las **fracciones irreducibles** son todas aquellas que **no se pueden simplificar.**

Simplificación

$\dfrac{120}{114} \rightarrow$ Fracción reducible

numerador → 120
denominador → 114

menor divisor común mayor que 1 → 2

$120 \div 2 = 60$
$114 \div 2 = 57$

Fracción obtenida

$\dfrac{60}{57} \rightarrow$ Fracción reducible

numerador → 60
denominador → 57

menor divisor común mayor que 1 → 3

$60 \div 3 = 20$
$57 \div 3 = 19$

Fracción obtenida

$\dfrac{20}{19} \rightarrow$ Fracción irreducible

20 y 19 no tienen divisores comunes mayores que 1

$\dfrac{20}{19} \rightarrow$ **Fracción simplificada**

1

Simplifica las siguientes fracciones.

a) $\dfrac{3}{6}$ b) $\dfrac{6}{9}$ c) $\dfrac{4}{12}$ d) $\dfrac{12}{18}$

e) $\dfrac{24}{32}$ f) $\dfrac{64}{88}$ g) $\dfrac{105}{630}$ h) $\dfrac{5\,325}{8\,875}$

2

Analiza el siguiente método y contesta.

a) Santiago decidió resolver los problemas de fracciones reducibles de la siguiente forma: escribió el denominador y el numerador como productos de sus factores primos, tachó los que aparecen en el numerador y en el denominador y posteriormente multiplicó los números que quedaron sin tachar. Él dice que así se obtiene el resultado. ¿Es correcto su método?

3

Simplifica las fracciones con el método descrito en el ejercicio anterior.

a) $\dfrac{27}{45}$ b) $\dfrac{112}{168}$ c) $\dfrac{315}{441}$ d) $\dfrac{440}{495}$

e) $\dfrac{5\,040}{6\,048}$ f) $\dfrac{1\,323}{1\,617}$ g) $\dfrac{4\,752}{5\,346}$ h) $\dfrac{8\,462}{12\,658}$

4

Copia las siguientes fracciones en tu cuaderno y encuentra la fracción de cada grupo que no es equivalente a las demás.

a) $\dfrac{5}{12}$ $\dfrac{5}{6}$ $\dfrac{10}{12}$ $\dfrac{15}{18}$

b) $\dfrac{2}{5}$ $\dfrac{4}{10}$ $\dfrac{6}{15}$ $\dfrac{8}{30}$

c) $\dfrac{3}{2}$ $\dfrac{4}{3}$ $\dfrac{20}{15}$ $\dfrac{8}{6}$

d) $\dfrac{16}{4}$ $\dfrac{12}{3}$ $\dfrac{25}{5}$ $\dfrac{24}{6}$

5

Resuelve los siguientes problemas.

a) Manuel fue a la tienda de su tío y le pidió, en broma, $\dfrac{13}{52}$ de kg de queso. El tío, siguiendo la broma, le dijo que sólo le quedaban $\dfrac{117}{468}$ de kg y le preguntó que si los quería. Manuel respondió que no le alcanzaba el dinero. ¿Cuánto queso quería Manuel? ¿Cuánto queso le ofreció su tío?

• Escribe una fracción equivalente a la mencionada por Manuel y otra equivalente a la dicha por su tío.

b) Para simplificar $\dfrac{18\,480}{10\,920}$ Javier realizó los siguientes pasos:

$$\dfrac{18\,480}{10\,920} = \dfrac{11 \times 7 \times 2 \times 2 \times 5 \times 3 \times 2 \times 2}{13 \times 7 \times 5 \times 3 \times 2 \times 2 \times 2} = \dfrac{33}{13}$$

¿Es correcto su resultado? Si no lo es, encuentra el resultado correcto.

c) Felipe no está convencido de que resulta de simplificar $\dfrac{8}{12}$ sea la fracción $\dfrac{2}{3}$. ¿Cómo podrías explicárselo gráficamente?

d) Miguel insiste en que $\dfrac{6}{9}$ es el resultado de simplificar $\dfrac{392}{504}$, Sergio dice que eso es falso y que la fracción simplificada es $\dfrac{8}{9}$ y Julian manifestó que tampoco era cierto.

• ¿Quién tiene razón?
• ¿Cuál es el resultado correcto?

e) Inés quiere comprobar que los resultados de su examen de simplificación de fracciones sean correctos. ¿Qué debe hacer para verificar si las fracciones del examen realmente quedaron simplificadas en relación con los resultados que ella encontró y supuso que eran correctos?

Común denominador

Si se tienen dos fracciones distintas, por ejemplo, $\dfrac{6}{7}$ y $\dfrac{9}{11}$, cada una de ellas se puede transformar en una equivalente que tenga el **mismo denominador** que la otra. Por ejemplo:

$$\frac{6}{7} = \frac{66}{77} \qquad \frac{9}{11} = \frac{63}{77}$$

Es decir, se ha encontrado una forma de dividir la unidad (en 77 partes iguales) de manera tal que cada fracción original es equivalente a una fracción cuyo denominador es el número 77.

¿Cómo se encuentra un **común denominador** de dos fracciones?

El método más sencillo es multiplicar el numerador y el denominador de la primera fracción por el denominador de la segunda, y luego, multiplicar el numerador y el denominador de la segunda por el denominador de la primera. En el ejemplo se tiene:

$$\frac{6 \times 11}{7 \times 11} \qquad y \qquad \frac{9 \times 7}{11 \times 7}$$

Este mismo método sirve para encontrar un común denominador de tres fracciones; por ejemplo:

$$\frac{2}{5},\ \frac{4}{7}\ y\ \frac{5}{9}$$

- Para encontrar un común denominador se multiplica el numerador y el denominador de cada fracción por los denominadores de las otras dos fracciones; es decir:

$$\frac{2 \times 7 \times 9}{5 \times 7 \times 9} = \frac{126}{315} \qquad \frac{4 \times 5 \times 9}{7 \times 5 \times 9} = \frac{180}{315} \qquad \frac{5 \times 5 \times 7}{9 \times 5 \times 7} = \frac{175}{315}$$

Cada una de las tres fracciones es equivalente a una fracción que tiene 315 como denominador.

Una forma de encontrar este denominador común es multiplicar los denominadores de las fracciones originales.

Ahora se analiza el caso en que dos denominadores se repiten o uno es múltiplo del otro.

- Si las fracciones originales son $\dfrac{1}{3}$, $\dfrac{2}{9}$ y $\dfrac{7}{9}$, basta escribir $\dfrac{1}{3}$ como $\dfrac{3}{9}$ para que el 9 sea el común denominador de las tres fracciones.

- Si las fracciones fuesen $\dfrac{1}{3}$, $\dfrac{2}{3}$ y $\dfrac{4}{5}$, un común denominador sería 15. No es necesario multiplicar dos veces por 3.

En conclusión, para obtener un común denominador de dos o más fracciones, se buscan fracciones equivalentes a ellas que tengan un mismo denominador.

Denominadores

$\dfrac{4}{8}$ y $\dfrac{3}{7}$

$8 \times 7 = 56$

$\dfrac{28}{56}$ y $\dfrac{24}{56}$

Fracciones equivalentes con **denominador común**

1

Encuentra un común denominador de las siguientes parejas de fracciones.

a) $\dfrac{1}{2}, \dfrac{1}{5}$ b) $\dfrac{1}{3}, \dfrac{1}{7}$ c) $\dfrac{1}{5}, \dfrac{1}{6}$ d) $\dfrac{1}{8}, \dfrac{1}{9}$

e) $\dfrac{1}{11}, \dfrac{1}{3}$ f) $\dfrac{1}{15}, \dfrac{1}{2}$ g) $\dfrac{1}{17}, \dfrac{1}{8}$ h) $\dfrac{1}{24}, \dfrac{1}{5}$

2

Encuentra el mínimo común denominador.

Muchas veces es conveniente trabajar con el mínimo **común denominador** de dos fracciones. Por ejemplo:

un común denominador de $\dfrac{1}{2}$ y $\dfrac{1}{6}$ es 12; sin embargo 6 es el mínimo. Es decir, el mínimo común denominador de dos o más fracciones es el mínimo común múltiplo de los denominadores de éstas.

a) $\dfrac{1}{2}, \dfrac{1}{8}$ b) $\dfrac{1}{3}, \dfrac{1}{12}$ c) $\dfrac{1}{5}, \dfrac{1}{7}$ d) $\dfrac{1}{8}, \dfrac{1}{24}$

e) $\dfrac{1}{9}, \dfrac{1}{36}$ f) $\dfrac{1}{20}, \dfrac{1}{100}$ g) $\dfrac{1}{25}, \dfrac{1}{97}$ h) $\dfrac{1}{3}, \dfrac{1}{93}$

3

Encuentra el común denominador de las siguientes parejas de fracciones y escribe éstas como fracciones equivalentes que lo contengan.

a) $\dfrac{1}{5}, \dfrac{2}{3}$ b) $\dfrac{2}{7}, \dfrac{3}{9}$ c) $\dfrac{12}{13}, \dfrac{17}{19}$

d) $\dfrac{23}{37}, \dfrac{15}{23}$ e) $\dfrac{12}{52}, \dfrac{14}{64}$ f) $\dfrac{123}{124}, \dfrac{23}{248}$

4

Encuentra el común denominador de las siguientes ternas de fracciones.

a) $\dfrac{1}{2}, \dfrac{1}{3}, \dfrac{1}{6}$ b) $\dfrac{1}{2}, \dfrac{1}{3}, \dfrac{1}{5}$ c) $\dfrac{1}{2}, \dfrac{1}{3}, \dfrac{1}{9}$

d) $\dfrac{1}{2}, \dfrac{1}{3}, \dfrac{1}{11}$ e) $\dfrac{1}{2}, \dfrac{1}{3}, \dfrac{1}{15}$ f) $\dfrac{1}{2}, \dfrac{1}{3}, \dfrac{1}{20}$

5

Resuelve los siguientes problemas.

a) Felipe aprendió a obtener el común denominador y quiere explicarle a su hermano de 4° mediante un dibujo, dividido en 12 partes, ya que este número es el común denominador de $\dfrac{1}{3}$ y $\dfrac{1}{4}$.

- ¿Cómo puede realizar su explicación de manera clara y fácil?

b) Adriana vende semillas. Mucha gente compra una mezcla para pájaros que consta de $\dfrac{1}{3}$ de un tipo de alpiste, $\dfrac{5}{12}$ de otro tipo y $\dfrac{1}{4}$ de "bolita". Adriana sólo tiene recipientes con las siguientes medidas: uno de $\dfrac{1}{8}$, otro de $\dfrac{1}{12}$ y uno más de $\dfrac{1}{2}$.

- ¿Con cuál de ellos puede despachar las cantidades mencionadas? ¿Por qué?

c) Pedro está tratando de pasar en limpio sus apuntes, a los cuales les cayó agua; pero en la parte de común denominador se habían borrado muchos números. Lo que puede leerse dice así:

El mínimo común denominador de $\dfrac{1}{5}$ y $\dfrac{1}{\square}$ es 35;

con este denominador, $\dfrac{1}{5} = \dfrac{\square}{35}$ y $\dfrac{1}{\square} = \dfrac{\square}{\square}$.

El mínimo común denominador de $\dfrac{1}{8}$ y $\dfrac{1}{\square}$ es 8;

con este denominador, $\dfrac{1}{\square} = \dfrac{4}{8}$.

El mínimo común denominador de $\dfrac{2}{\square}$ y $\dfrac{\square}{4}$ es 20;

con este denominador, $\dfrac{2}{\square} = \dfrac{8}{\square}$ y $\dfrac{\square}{4} = \dfrac{\square}{\square}$.

- ¿Puedes ayudar a Pedro a completar las fracciones que aparecían en su cuaderno?

Comparación de fracciones

Se tienen dos piezas de queso del mismo tamaño, de una de ellas se venden $\frac{4}{9}$ y de la otra $\frac{3}{7}$. ¿De qué pieza se vendió más queso?, ¿o se vendió la misma cantidad de ambas?

La pregunta se responde comparando las dos fracciones vendidas. La comparación de fracciones sirve para determinar si una de ellas es mayor, menor o igual que la otra.

Esta comparación sería muy sencilla si los denominadores de ambas fueran iguales, ya que sólo se compararían los numeradores y el problema se resolvería.

Por ejemplo, qué fracción es menor, $\frac{23}{59}$ o $\frac{45}{59}$; por comparación de numeradores observamos que $23 < 45$ y, por tanto, $\frac{23}{59} < \frac{45}{59}$.

La comparación de las fracciones planteadas en el problema no es tan fácil. Para comparar éstas, uno de los procedimientos es el siguiente: lo primero que se debe hacer es expresarlas como fracciones equivalentes con el mismo denominador, lo cual se realiza de la siguiente manera:

El numerador de la primera fracción se multiplica por el denominador de la segunda (en el ejemplo 28) y el segundo numerador por el denominador de la primera (27, en este caso).

Por último se comparan los numeradores y se determina la fracción mayor.

$$\frac{4}{9} = \frac{4 \times 7}{9 \times 7} = \frac{28}{63} \qquad \frac{3}{7} = \frac{3 \times 9}{7 \times 9} = \frac{27}{63}$$

$$\frac{28}{63} = \frac{4}{9} > \frac{3}{7} = \frac{27}{63}$$

Por tanto, se vendió más queso de la primera pieza, es decir, de la que se vendieron $\frac{4}{9}$.

De acuerdo con el procedimiento anterior se sabe que los denominadores son iguales y que lo único por comparar serán los numeradores, lo cual significa que se ahorra un paso en el procedimiento de comparación.

Ahora se compararán $\frac{23}{27}$ y $\frac{17}{19}$:

$$19 \times 23 = 437 \qquad 17 \times 27 = 459$$

$$437 < 459$$

y entonces: $\frac{23}{27} < \frac{17}{19}$

No fue necesario determinar el denominador común que es 19×27.

Cuando los productos cruzados de las partes que conforman las fracciones son iguales, las fracciones también lo son.

Otra forma de comparar las fracciones es realizar, en la calculadora, la división del numerador entre el denominador, y los decimales resultantes se comparan; el número mayor representa la fracción mayor.

Procedimiento

$$\frac{5}{6} \quad y \quad \frac{6}{7}$$

Común denominador

$$6 \times 7 = 42$$

Productos cruzados

$$5 \times 7 = 35$$
$$6 \times 6 = 36$$

Comparación

$$35 < 36$$

$$\frac{5}{6} = \frac{35}{42} \quad < \quad \frac{36}{42} = \frac{6}{7}$$

En resumen, para comparar dos fracciones, se determina a cada una de ellas con común denominador, obtenido de multiplicar ambos denominadores, y se comparan los nuevos numeradores. No es necesario calcular el común denominador.

EJERCICIOS

1

Determina cuál fracción de cada pareja es mayor.

a) $\dfrac{1}{3}$, $\dfrac{1}{4}$ b) $\dfrac{1}{4}$, $\dfrac{1}{5}$ c) $\dfrac{1}{5}$, $\dfrac{1}{7}$ d) $\dfrac{1}{7}$, $\dfrac{1}{11}$

¿Encontraste alguna regla o patrón que explique tus respuestas?

- Indica ahora, sin efectuar cálculo alguno, cuál es la fracción menor de las siguientes parejas.

e) $\dfrac{1}{10}$, $\dfrac{1}{11}$ f) $\dfrac{1}{12}$, $\dfrac{1}{15}$ g) $\dfrac{1}{17}$, $\dfrac{1}{25}$ h) $\dfrac{1}{50}$, $\dfrac{1}{99}$

¿Cómo le explicarías a un alumno de 6° cuál fue tu razonamiento?

2

Copia las fracciones en tu cuaderno e indica cuál es la mayor de cada pareja.

a) $\dfrac{6}{7}$, $\dfrac{7}{8}$ b) $\dfrac{8}{9}$, $\dfrac{10}{11}$ c) $\dfrac{14}{17}$, $\dfrac{16}{19}$

d) $\dfrac{23}{26}$, $\dfrac{21}{23}$ e) $\dfrac{39}{51}$, $\dfrac{47}{65}$ f) $\dfrac{49}{61}$, $\dfrac{57}{67}$

g) $\dfrac{99}{100}$, $\dfrac{999}{1\,000}$ h) $\dfrac{19}{10}$, $\dfrac{29}{20}$ i) $\dfrac{49}{31}$, $\dfrac{37}{21}$

j) $\dfrac{63}{31}$, $\dfrac{54}{21}$ k) $\dfrac{89}{41}$, $\dfrac{67}{45}$ l) $\dfrac{98}{45}$, $\dfrac{980}{400}$

3

Lee el texto, contesta las preguntas y compruébalas.

Teresa cree que descubrió una manera de encontrar rápidamente una fracción que sea mayor que otra: al numerador de la fracción indicada se le suma una unidad y al denominador se le resta. ¿Es correcto su método? ¿Por qué?

- Realiza algunos ejemplos según este método.

4

Resuelve los siguientes problemas.

a) Lucero le dijo a Teresa que su método era correcto pero que podía simplificarlo: sólo debía realizar uno de los pasos que proponía para obtener una fracción mayor que la original. Además, con este método, no hay problema si el denominador es 1. ¿Tiene razón Lucero? ¿Puede ser 1 el denominador? ¿Cómo opera el método de Lucero en este caso?

b) Aplica a las siguientes fracciones el método de Teresa y, luego, el de Lucero. Compara las respuestas que obtuviste mediante cada método y di con cuál se obtiene una fracción mayor.

i) $\dfrac{2}{5}$ ii) $\dfrac{3}{7}$ iii) $\dfrac{3}{11}$

iv) $\dfrac{21}{23}$ v) $\dfrac{27}{31}$ vi) $\dfrac{53}{57}$

vii) $\dfrac{71}{79}$ viii) $\dfrac{83}{91}$ ix) $\dfrac{99}{101}$

x) $\dfrac{105}{107}$ xi) $\dfrac{113}{111}$ xii) $\dfrac{127}{123}$

xiii) $\dfrac{151}{117}$ xiv) $\dfrac{123}{131}$ xv) $\dfrac{142}{153}$

c) La mamá de Federico preparó dos pasteles del mismo tamaño pero de sabores diferentes, chocolate y café, para celebrar el cumpleaños de su hijo. Del pastel de chocolate se sirvieron 16 porciones y quedaron 3; del pastel de café se repartieron 17 y sobró 1. Si Federico desea comer lo que queda de alguno de los dos pasteles (quiere comer la mayor cantidad posible), ¿de cuál pastel debe pedir?

d) El tío de Emilia, que es muy bromista, dice a ésta que le dará su "domingo", pero debe escoger si quiere $\dfrac{3}{5}$ de $ 100.00 ó $\dfrac{3}{6}$ de $ 116.00 ¿Qué le aconsejarías a Emilia? Realiza las operaciones y revisa si tu consejo fue el adecuado.

Suma y resta

Se desea sumar $\dfrac{3}{5}$ y $\dfrac{4}{5}$. Como ambas fracciones tienen el mismo denominador,

la respuesta es sencilla: $\dfrac{7}{5}$, pues:

$$\frac{3}{5} + \frac{4}{5} = \frac{7}{5}$$

Igual denominador

$$\frac{3}{4} + \frac{6}{4} = \frac{9}{4}$$

$$\frac{9}{4} - \frac{6}{4} = \frac{3}{4}$$

Si se quiere sumar $\dfrac{3}{5}$ y $\dfrac{4}{7}$, ¿se puede emplear el método del ejemplo anterior?

Primero, ambas fracciones se convierten en fracciones equivalentes con común denominador; después se aplica el procedimiento del ejemplo anterior. Como el mínimo común denominador se puede encontrar multiplicando ambos denominadores, el número 35 es un denominador común. Entonces:

$$\frac{3}{5} = \frac{3 \times 7}{5 \times 7} = \frac{21}{35} \qquad \frac{4}{7} = \frac{4 \times 5}{7 \times 5} = \frac{20}{35}$$

$$\frac{21}{35} + \frac{20}{35} = \frac{41}{35}$$

Diferente denominador

Primera notación

$$\frac{10}{4} + \frac{11}{3} = \frac{30}{12} + \frac{44}{12} = \frac{74}{12}$$

$$\frac{10}{4} = \frac{30}{12}$$

$$\frac{11}{3} = \frac{44}{12}$$

Para sumar $\dfrac{3}{5}$, $\dfrac{7}{8}$ y $\dfrac{6}{11}$ simplemente se calcula el mínimo común denominador de las tres fracciones multiplicando los denominadores ($5 \times 8 \times 11$). Con ello se obtienen las fracciones equivalentes con el mismo denominador, que se suman como en el ejemplo inicial:

$$\frac{3}{5} = \frac{3 \times 8 \times 11}{5 \times 8 \times 11} = \frac{264}{440} \qquad \frac{7}{8} = \frac{7 \times 5 \times 11}{8 \times 5 \times 11} = \frac{385}{440} \qquad \frac{6}{11} = \frac{6 \times 5 \times 8}{11 \times 5 \times 8} = \frac{240}{440}$$

Para sumar fracciones con común denominador, normalmente se anota el denominador una sola vez, y se suman los numeradores sobre ese denominador:

$$\frac{264}{440} + \frac{385}{440} + \frac{240}{440} = \frac{889}{440}$$

$$\frac{3}{5} + \frac{7}{8} + \frac{6}{11} = \frac{264 + 385 + 240}{440} = \frac{889}{440}$$

¿Cómo se restan fracciones? Si éstas tiene denominador común, sólo se restan numeradores. Por ejemplo:

$$\frac{8}{11} - \frac{5}{11} = \frac{3}{11}$$

Segunda notación

$$\frac{13}{9} - \frac{9}{7} = \frac{91 - 81}{63} = \frac{10}{63}$$

También se puede aplicar el método de encontrar fracciones equivalentes con el mismo denominador.

Así, para calcular $\dfrac{8}{15}$ menos $\dfrac{7}{17}$, se realiza primero la multiplicación de denominadores $15 \times 17 = 255$.

El resultado anterior será el común denominador y, de acuerdo con el método expuesto en relación con la suma, se procede como sigue:

$$\frac{8}{15} = \frac{8 \times 17}{15 \times 17} = \frac{136}{255} \qquad \frac{7}{17} = \frac{7 \times 15}{17 \times 15} = \frac{105}{255}$$

$$\frac{8}{15} - \frac{7}{17} = \frac{136}{255} - \frac{105}{255} = \frac{31}{255}$$

$$\frac{8}{15} - \frac{7}{17} = \frac{136-105}{255} = \frac{31}{255}$$

En resumen, para sumar o restar fracciones, éstas se expresan como fracciones equivalentes con un denominador común y, a continuación, se suman o restan las fracciones resultantes.

EJERCICIOS

1

Resuelve las siguientes sumas.

a) $\frac{1}{3} + \frac{1}{5}$ b) $\frac{1}{3} + \frac{1}{7}$ c) $\frac{1}{3} + \frac{1}{8}$ d) $\frac{1}{3} + \frac{1}{10}$

e) $\frac{2}{5} + \frac{3}{4}$ f) $\frac{3}{7} + \frac{5}{11}$ g) $\frac{2}{13} + \frac{7}{23}$ h) $\frac{37}{43} + \frac{78}{83}$

2

Realiza las siguientes restas.

a) $\frac{1}{3} - \frac{1}{4}$ b) $\frac{1}{3} - \frac{1}{7}$ c) $\frac{1}{3} - \frac{1}{8}$ d) $\frac{1}{3} - \frac{1}{10}$

e) $\frac{3}{7} - \frac{1}{5}$ f) $\frac{13}{15} - \frac{11}{19}$ g) $\frac{19}{20} - \frac{14}{19}$ h) $\frac{27}{29} - \frac{16}{27}$

3

Resuelve los problemas.

a) La maestra de Español le preguntó a los 36 alumnos de 1° A, 33 de 1° B y 36 de 1° C si tenían o habían tenido hermanos mayores en esa escuela.

En el grupo A, $\frac{1}{2}$ de los alumnos dijeron que sí; en el B, $\frac{2}{3}$ respondieron afirmativamente y en el C, $\frac{3}{4}$ contestaron en el mismo sentido. ¿Cuántos alumnos dieron una respuesta afirmativa?

b) En el mercado, Ramón compró $1\frac{1}{2}$ kg de manzana, $\frac{3}{4}$ kg de pepinos y una sandía que pesó $3\frac{1}{8}$ kg. ¿Cuánto pesó en total la bolsa del mandado?

c) Rafael vendió un pedazo de queso, de $\frac{3}{4}$ kg. Si la pieza de queso era nueva y pesaba $2\frac{1}{2}$ kg, ¿cuánto quedó?

d) Leticia está leyendo una novela; el primer día leyó $\frac{1}{3}$ de las páginas, el segundo $\frac{1}{4}$ del total de las páginas iniciales y el tercero $\frac{1}{5}$ de todas las páginas. ¿Qué parte de la novela le falta leer?

e) En Matemáticas, una forma de mostrar que un razonamiento es incorrecto consiste en encontrar un ejemplo donde no se cumpla lo que se supone (un contraejemplo). Alguien propone que en la adición de fracciones sumes los numeradores para obtener el numerador del resultado, y luego sumes los denominadores para determinar el denominador del resultado; es decir, para sumar $\frac{2}{7} + \frac{3}{5}$, se realizaría lo siguiente: $\frac{2+3}{7+5} = \frac{5}{12}$.

• ¿Podrías proponer un contraejemplo que demuestre claramente lo incorrecto del razonamiento?

Tema 2

Proporcionalidad

Razones y escalas

Las fracciones se pueden aplicar en muchas situaciones. Considérese, por ejemplo, las siguientes afirmaciones:

- El agua (incluida la que está congelada) cubre alrededor de $\frac{3}{4}$ partes de la superficie terrestre.

- Según datos del INEGI, en 1995 la relación entre la población de mujeres y hombres en México era $\frac{103}{100}$, es decir, había 103 mujeres por cada 100 hombres.

103 mujeres
por
100 hombres

Razón

$\frac{103}{100}$

Las fracciones anteriores expresan una **relación** entre dos cantidades. A este tipo de relación se le llama **razón**. En los ejemplos se analizan las cantidades relacionadas:

$$\frac{3}{4} = \frac{\text{Superficie cubierta por agua}}{\text{Superficie total de la Tierra}}$$

$$\frac{103}{100} = \frac{\text{número de mujeres}}{\text{número de hombres}}$$

También se puede expresar con fracciones la **razón** entre dos segmentos; es decir, la relación que existe entre las longitudes de éstos. Por ejemplo, si se pegan dos cuadrados para obtener un rectángulo, los lados de éste estarán en razón de $\frac{1}{2}$.

La razón entre la longitud de dos segmentos se usa, asimismo, para expresar **escalas**. Por ejemplo, si alguien elabora un croquis de su casa y quiere mandárselo a otra persona para que tenga idea de cómo es, debe indicarle cuántos metros representa cada centímetro del croquis; es decir, debe decirle la escala.

En todos los mapas se incluye la escala, esto es, se indica la equivalencia entre los centímetros del mapa y los kilómetros que representan; como se muestra en los mapas:

Turcas y Caicos

CUBA

JAMAICA

HAITÍ

REPÚBLICA
DOMINICANA

PUERTO RICO

Escala 1:75 000 000

Turcas y Caicos

CUBA

JAMAICA

HAITÍ

REPÚBLICA
DOMINICANA

PUERTO RICO

Escala 1:16 000 000

Muchas veces, en lugar de escribir $\frac{1}{100\,000}$ en una escala, se usa la forma 1:100 000, que se lee "uno a cien mil".

Esta expresión indica que la razón anterior (la escala) es un centímetro por cada 100 000 centímetros reales (o sea, por cada km).

Los planos de una casa o de un edificio también están hechos a escala. Es decir, al ver un plano se pueden saber las medidas de la fachada o de un pasillo.

Cuando dos o más razones son iguales, se dice que son **razones proporcionales**. Por ejemplo, si en un grupo de 45 estudiantes hay 18 mujeres y en otro grupo de 35 alumnos la razón de mujeres es proporcional a la del primer grupo,

se tiene que la razón $\dfrac{18 \text{ mujeres}}{45 \text{ alumnos}}$ es igual que la razón $\dfrac{x \text{ mujeres}}{35 \text{ alumnos}}$, es decir:

$\dfrac{18}{45} = \dfrac{x}{35}$. Nótese que las razones relacionan datos del mismo tipo, es decir, mujeres y total de alumnos de cada grupo.

Por el criterio de productos cruzados, se puede encontrar el valor de x. Más adelante se verán algunas aplicaciones de éste.

EJERCICIOS

1

Realiza lo que se indica y responde.

Mide la distancia que hay del codo a la muñeca y de la rodilla al talón de diez alumnos de tu salón. Escribe la razón que existe entre estas dos medidas para cada escolar. Mide luego la estatura de esos compañeros y encuentra la razón entre las dos medidas anteriores y la estatura. ¿Alguna de estas tres razones es igual en todos los casos?

2

Efectúa una encuesta entre tus compañeros de secundaria, vecinos, familiares, etc.

a) ¿Qué prefieres bailar, música tropical o grupera?
b) ¿Qué prefieres oír, rock en español o en inglés?
c) ¿Te gusta la música clásica?

- Organiza los resultados de la siguiente manera:

i) Encuentra la razón entre las personas que prefieren bailar tropical y las que prefieren bailar música grupera.
ii) Escribe la razón entre quienes prefieren música tropical y el total de encuestados y entre los que prefieren música grupera y los encuestados.
iii) Encuentra los mismos tipos de razones para los incisos **b** y **c**.

3

Dibuja los croquis de los sitios que se indican y contesta.

a) El salón, con una escala 1:100. ¿Qué quiere decir esta escala? Mide las bancas y las ventanas y dibújalos (también a esta escala) en tu croquis.

b) La escuela, con una escala 1:1 000. ¿Cuánto mide en este croquis tu salón? Compara tu respuesta con la del inciso anterior.

4

Encuentra en un mapa de la **República Mexicana la distancia, en línea recta, entre las siguientes parejas de ciudades. Observa la escala que aparece en el mapa.**

a) Mazatlán y Guadalajara.
b) Mérida y Tijuana.
c) Durango y Zacatecas.
d) Chihuahua y Saltillo.
e) San Cristóbal de las Casas y el D.F.
f) La ciudad donde vives y Chetumal.
g) Chilpancingo y Jalapa

5

Resuelve los siguientes problemas.

a) En el salón de Alejandra hay 35 alumnos, de los cuales 14 tienen 12 años. ¿Cuál es la razón entre el total de alumnos y el número de alumnos de 12 años? ¿Cuál es la razón entre el número de alumnos mayores de 12 años y el total de alumnos? ¿Cuál es la razón entre el número de alumnos de 12 años y el de alumnos mayores de 12 años?

b) En el salón de Sebastián la razón entre el número de mujeres y el total de alumnos es $\dfrac{2}{5}$. Si sólo hay 14 mujeres, ¿cuántos alumnos suman en total? ¿Cuántos son hombres? ¿Cuál es la razón entre el número de mujeres y el de hombres?

Porcentajes

Muchos datos de investigaciones se expresan en términos de **porcentajes**; por ejemplo, los resultados de las votaciones, los análisis de los censos, el contenido nutricional de los alimentos, los resultados de las encuestas, etc; por ejemplo, según los datos proporcionados por el INEGI, "la población mexicana creció 12.33% de 1990 a 1995".

Las fracciones se pueden presentar como relaciones entre dos cantidades, por ejemplo, la superficie de la Tierra y la superficie cubierta por agua. Sin embargo, en muchas ocasiones es más claro expresar la información mediante una fracción equivalente con **denominador 100**. Por ejemplo, el agua cubre el

$$\frac{75}{100}$$ de la Tierra. Cuando se realizan los productos cruzados de las fracciones

$$\frac{3}{4} \text{ y } \frac{75}{100},$$ se observa que éstas son equivalentes.

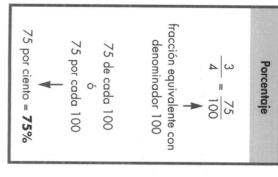

Porcentaje

$$\frac{3}{4} = \frac{75}{100}$$

fracción equivalente con denominador 100

75 de cada 100
ó
75 por cada 100

75 por ciento = **75%**

Las expresiones con denominador 100: $\frac{3}{100}$, $\frac{7}{100}$, se traducen como 3 de cada 100, 7 de cada 100, etc. Lo cual se expresa como 3 por cada 100 o, mejor aún, 3 **por ciento**, que se escribe: 3%.

En algunos casos se relacionan números decimales con porcentajes, por ejemplo, señalar que el 3.5% de los alumnos de una escuela están en el cuadro de honor no quiere decir que hay 3.5 alumnos, sino que del total de alumnos esa proporción es la que aparece incluida en el cuadro de honor.

En otros casos aparecen situaciones en las que se involucran cantidades mayores que 100, por ejemplo, cuando se pregunta cuál es el 15% de 287, lo que se pretende es obtener un número que satisfaga esta igualdad:

$$\frac{15}{100} = \frac{x}{287}$$

Es decir, se encontrará el numerador que haga equivalentes a estas dos fracciones. Si se emplea el criterio de los productos cruzados, resulta lo siguiente:

$$\frac{15}{100} = \frac{x}{287}$$

Por productos cruzados: $15 \times 287 = x \times 100$

Esto es: $\dfrac{15 \times 287}{100} = x$

Por tanto: $x = 43.05$

Cálculo de %

La cantidad se multiplica por el porcentaje.

El resultado se divide entre 100.

En seguida se realizará lo mismo para el ejemplo del agua y la Tierra. Si la superficie de la Tierra es 510 000 000 km², la parte cubierta por agua, igual que el 75%, será:

$$\frac{75}{100} = \frac{x}{510\,000\,000}$$

Entonces: $75 \times 510\,000\,000 = 100 \times x$

O sea: $\dfrac{75 \times 510\,000\,000}{100} = x$

Por tanto: $x = 382\,500\,000$

Esto significa que 382 500 000 km² están cubiertos por agua.

Asimismo, se pueden resolver problemas como el siguiente:

Si una revista especializada en nutrición dice que 455 personas, que son el 35% de las encuestadas, consumen refrescos dietéticos, ¿cuántas personas fueron entrevistadas?

En este caso, el problema no es encontrar el 35%, sino el 100%; es decir, el total del cual 455 es el 35%. Para ello se debe calcular lo siguiente:

$$\frac{35}{100} = \frac{455}{x}$$

Entonces: $35 \times x = 455 \times 100$

Es decir: $x = \dfrac{455 \times 100}{35}$

De donde: $x = 1\,300$.
Esto significa que se encuestó a 1 300 personas.

EJERCICIOS

1

Realiza lo que se pide.

a) Investiga cuántos alumnos de tu salón son hombres y cuántos son mujeres. Escribe los datos en términos de porcentaje.

b) Pregunta a 30 personas (compañeros, maestros, familiares, vecinos) si usan lentes. Escribe los resultados de la encuesta en términos de porcentaje.

c) Mide un listón y córtale un trozo; mide la parte del listón que quedó, compara las dimensiones y escribe la diferencia entre ellas. Expresa el porcentaje que representa el trozo que se cortó. Considera como 100% la medida inicial.

2

Resuelve los siguientes problemas.

a) Berenice ayudó a su papá a vender pollo a domicilio durante sus vacaciones. Él ofreció a la niña el 15% de todo lo que ella vendiera. Si al finalizar el verano Berenice había vendido $ 735.50, ¿cuánto le pagó su papá?

b) Una fábrica de refrigeradores produce, normalmente, 35 unidades al día. Por fallas de la planta eléctrica, tres días de una semana la producción bajó a 21 unidades. Si se labora de lunes a sábado, ¿cuál es el porcentaje de refrigeradores que se dejaron de producir en esa semana?

c) El primer día de clases, había 835 alumnos en una secundaria; al finalizar la semana eran ya 1 002. ¿En qué porcentaje aumentó la población de esa escuela?

d) Laura pesaba 55 kg antes de ponerse a dieta y bajó el 15% de ese peso en dos meses; pero en las fiestas navideñas subió el 15% de su nuevo peso. ¿Pesa Laura más, menos o igual que antes de iniciar la dieta?

e) Si Laura primero hubiera subido el 15% de su peso y luego bajado el 15% de su nuevo peso, ¿pesaría lo mismo que en el problema anterior al final del mismo período? ¿Pesaría ahora más, menos o igual que antes de subir de peso?

f) A Rafael le descuentan el 12% de su sueldo por concepto de un préstamo. Si gana $ 800.00 a la semana y debe $ 720.00, ¿durante cuántas semanas le van a descontar?

g) El 11.11% del peso del agua corresponde al hidrógeno y el resto al oxígeno. ¿Qué cantidad de hidrógeno y oxígeno hay en 8 500 gramos de agua?

h) En un campamento habitan 3 000 personas; el 35% de ellas son estadounidenses, el 25% japoneses y el resto de otras nacionalidades. ¿Cuántos estadounidenses hay? ¿Cuántos japoneses? ¿Cuál es el porcentaje de personas pertenecientes a otras nacionalidades y cuántas son?

Tablas de descuentos y aumentos

Los porcentajes se emplean con frecuencia para determinar **aumentos** y **descuentos**: de salarios, de precios, de rendimiento, de potencia, etc.

El porcentaje es sólo una forma de expresar un número con denominador 100. Cuando se dice que el incremento del salario es de 12%, esto significa que por cada $ 100.00 del antiguo salario, se aumentan $ 12.00. Si Juan ganaba, a la quincena, $ 1 200.00, ahora recibirá:

$$1\,200 + (0.12) \times 1\,200 = 1\,200 + (12 \times 12) = 1\,344$$

Se suma el término (12×12), porque el salario de Juan se compone de 12 centenas y por cada una de ellas aumentó $ 12.00.

Se puede obtener el mismo resultado mediante el siguiente problema de fracciones equivalentes:

$$\frac{1\,200}{100} = \frac{x}{12}$$

Entonces: $1\,200 \times 12 = 100x$

De donde: $1\,200 \times \dfrac{12}{100} = x$

Por tanto: $x = 144$

Es decir, el aumento del 12% de un salario de $ 1 200.00 es $ 144.00, por lo cual el nuevo salario de Juan es $ 1 344.00.

Este procedimiento tiene la ventaja de ser más general, pues sirve para calcular cualquier porcentaje.

Otro ejemplo: cuando en una tienda anuncian un descuento del 50%, todo el mundo sabe que la mercancía está a la mitad de su precio. Si un vestido costaba $ 137.00, ¿cuál es su nuevo precio?

$$\frac{137}{100} = \frac{x}{50}$$

Entonces: $137 \times 50 = 100x$

De donde:

$$\frac{137 \times 50}{100} = x$$

Por tanto: $x = 68.50$

Ello significa que $ 68.50 es el nuevo precio del vestido, pues esta cantidad es, precisamente, la mitad de $ 137.00.

También se habla de los aumentos o disminuciones del rendimiento de las máquinas en general.

Si al motor de un automóvil se le agrega un aditivo para que su rendimiento aumente 12.5%, cada litro de gasolina rendirá 12.5% más. Por ejemplo, si antes recorría 8 km/ℓ, ahora recorrerá:

$$\frac{8}{100} = \frac{x}{12.5}$$

De donde: $8 \times 12.5 = 100x$

Aumentos

La población de un país aumenta 3.2% anualmente.

Año	Población
1994	45 132
1995	46 576
1996	48 067
1997	49 605
1998	51 192

× 1.032
× 1.032
× 1.032
× 1.032

Descuentos

En un almacén se ofrecen descuentos del 15% en el precio de cada paquete.

Paquete	Precio ($)
1 artículo	30
2 artículos	51
3 artículos	76.5
4 artículos	102
5 artículos	127.5

Por tanto: $x = 1$

Es decir, ahora el motor del automóvil rinde 9 km/ℓ.

EJERCICIOS

1

Realiza lo que se indica.

a) Investiga el precio de 1 kg de arroz, 1 kg de frijol, 1 ℓ de leche, 1 ℓ de aceite, 1 kg de azúcar, 1 kg de sal, 1 lata de 1 kg de puré de tomate, $\frac{1}{4}$ kg de queso añejo, $\frac{1}{4}$ de crema, $\frac{1}{2}$ kg harina. Elabora una tabla con las columnas siguientes: Precio de cada producto. Precio si hubiera una oferta del 10%. Precio si la oferta fuera del 20%. Precio si hubiera un alza del 5%. Precio si el alza fuera del 10%.

b) Averigua el precio en que vende una caja de refrescos un camión repartidor y el precio en que se vende cada uno en una tienda. ¿Cuánto gana el tendero por caja, en pesos y en términos de porcentaje?

2

Resuelve los siguientes problemas.

a) ¿Qué te conviene más, una rebaja del 15% seguida de un aumento del 5%, o el aumento del 5% seguido de la rebaja del 15%? Explica tu respuesta.

b) En un campeonato de basquetbol, el equipo de David ganó 4 de los 7 primeros juegos. ¿Qué porcentaje de los juegos ganó? ¿Qué porcentaje de los juegos perdió? Si a la mitad de la temporada se habían jugado 26 partidos y el equipo de David había triunfado en 13 de ellos, ¿qué porcentaje de juegos había ganado? ¿Mejoró el equipo respecto a los primeros partidos? Al finalizar la temporada, el equipo había vencido en 39 partidos de 52, ¿qué porcentaje de juegos ganó? ¿Mejoró respecto a los porcentajes anteriores?

c) Los alumnos de una escuela fueron divididos, para una competencia deportiva, en 20 grupos de 36 niños cada uno. ¿Qué porcentaje de los alumnos hay en cada grupo? ¿Qué porcentaje de estudiantes hay en 15 grupos? ¿Cuál es el 2% de los alumnos de esa zona?

d) El número de alumnos de una escuela descendió de 510 a 440. Expresa en porcentaje esta reducción.

e) Una tienda de artículos deportivos anuncia una gran barata: todos los productos tendrán una rebaja del 32%. Encuentra los precios rebajados de los siguientes artículos, cuyos precios normales se indican: balón de futbol, $ 65.00; red de voleibol, $ 256.00; guantes para portero, $ 178.00; calcetas, $ 25.00. Redondea los precios cuando se requiera.

f) El Sr. Gómez dio $ 210.00 para una bicicleta que regalará a su hijo. Si esta cantidad representa el 62% del precio total, ¿cuánto cuesta la bicicleta?

g) La maestra de Física dijo, al principio del curso, que las calificaciones de los exámenes significarían el 60% de la calificación mensual, los reportes de laboratorio el 25% y las tareas el 15%. Joel ha entregado todos los reportes y las tareas, pero en los exámenes obtuvo calificaciones de 5, 5, 6 y 6.5. ¿Aprobará Joel?

h) Si Luis compra a crédito una camioneta que cuesta $ 85 000.00, deberá pagar $ 35 000.00 de enganche y el resto en 1 mes. Si debe pagar el 3.5% de interés sobre el restante, ¿cuánto pagará?

i) Fidel le debe $ 500.00 a su tío y lo único que puede vender para cumplir su compromiso es un radio. Está ofreciendo el radio en $ 550.00 y dice que con ello pierde el 20% del precio real. ¿Cuál es el precio real del radio?

j) María compró, en una venta de saldos, mercancía por $ 4 375.00. Si al vender esa mercancía obtendrá una ganancia del 24%, ¿cuánto dinero ganará?

k) En una tienda se vende cierto artículo en paquetes de 1, 2, 3 y 4 unidades. El precio del paquete que contiene un artículo es $ 15.00. En la compra de cada paquete se ofrece el 15% de descuento respecto al precio del paquete anterior. ¿Cuál es el precio del paquete con 2 artículos? ¿Cuál es el precio de los 4 paquetes?

Factor de proporcionalidad directa. Regla de tres

Existe otro procedimiento para determinar el porcentaje de un número; por ejemplo: el 15% de 287. Primero se busca el 1% de 287 y luego se multiplica por 15:

$$\frac{1}{100} = \frac{x}{287}$$

Es decir:

$$\frac{287}{100} = x$$

Por tanto: $x = 2.87$ es el 1% de 287.

Basta multiplicar esta cantidad por 15 para obtener el resultado:

$$2.87 \times 15 = 43.05$$

Compara el resultado con el de la lección anterior.

¿Cuál es la ventaja de resolver el problema de esta forma?

- Si se quiere calcular el 19% de 287, basta multiplicar 2.87 por 19.
- Si hay que calcular el 88% de 287, basta multiplicar 2.87 por 88.

Es decir, 2.87 es el factor por el cual se debe multiplicar para obtener el numerador de una fracción equivalente. Éste se llama **factor de proporcionalidad**.

El mismo procedimiento se emplea para analizar y resolver otros problemas cotidianos; por ejemplo:

El profesor Fernández aplicó un examen con 12 problemas, Pedro logró 8 aciertos, Marta 9, Federico 11, Carlos 4, Marcela 9. ¿Qué calificación le corresponde a cada uno de los estudiantes?

Para obtener la calificación de cada alumno, el profesor Fernández puede usar el criterio de los productos cruzados. Sin embargo, dispone de otra opción: saber cuántos puntos vale cada respuesta correcta y luego multiplicar este factor por los aciertos de cada estudiante. Si sigue este último método, debe calcular lo siguiente:

$$\frac{10}{12} = \frac{x}{1}$$

Es decir:

$$\frac{10}{12} = x$$

Por tanto: $x = 0.8333$

Si trunca en 0.833, para conocer la calificación de Pedro sólo debe multiplicar:

$$8 \times 0.833 = 6.664$$

Como se redondea el resultado, Pedro tiene 6.7 de calificación. Para conocer la calificación de Marta, basta multiplicar como sigue:

$$9 \times 0.833 = 7.497$$

Y al redondear Marta tiene 7.5 en el examen.

En este problema, 0.833 es el **factor de proporcionalidad**.

$x \rightarrow$ factor de proporcionalidad

$$\frac{a}{b} = x$$

Regla de tres

$$\frac{a}{b} = \frac{x}{d}$$

$$(a)(d) = (b)(x)$$

$$x = \frac{ad}{b}$$

El método empleado en la resolución de ambos problemas se compone de dos partes:

- La primera consiste en determinar el **factor de proporcionalidad.**
- La segunda en multiplicar por ese factor.

Con cualquiera de los dos métodos propuestos, se puede conocer el cuarto término que complete la igualdad entre dos razones, en éstas se muestran tres términos, y el cuarto las convierte en razones proporcionales, o sea fracciones equivalentes. Esto se conoce como **regla de tres.**

La regla de tres se aplica cada vez que se resuelven igualdades como éstas:

$$\frac{1}{100} = \frac{x}{287} \qquad ó \qquad \frac{10}{12} = \frac{x}{1}$$

EJERCICIOS

1

Resuelve los siguientes problemas.

a) Encuentra las calificaciones de los alumnos del profesor Fernández con los datos de la página anterior.

b) Si en lugar de 12 problemas el examen tuviera 15, y si hubieran contestado correctamente el mismo número de preguntas, ¿cuál sería el factor de proporcionalidad? ¿Cuáles serían las calificaciones de Pedro, Marta, Federico, Carlos y Marcela?

c) El coche nuevo de Víctor recorrió 1 080 km con un tanque de 60 ℓ. ¿Cuántos km/ℓ rinde este coche? Si Víctor realizará un viaje de 1 350 km, ¿cuántos litros de gasolina necesitará?

d) Matilde recibió una fotografía de sus tíos y sus primos a los que hace mucho tiempo no ve. En la fotografía Martín, que mide 1.50 m, aparece de 2.5 cm. Si los otros primos de Matilde miden en la fotografía 2.9, 3 y 3.5 cm, ¿cuánto miden en la realidad? ¿Cuál es el factor de proporcionalidad?

e) Si 45 alumnos representan el 15% de la población de una escuela, ¿cuál es el 1%? ¿Cuál es el 22%?

f) Durante una tormenta eléctrica, Esteban cuenta los segundos que pasan desde que ve el relámpago hasta que oye el trueno. Si ese intervalo es de 5 segundos, ¿a cuántos metros cayó el rayo? ¿Cuál es la distancia si el intervalo dura 3 segundos? ¿Cuál es el lapso si el rayo cae a 666 m? (La velocidad de la luz es infinitamente mayor a la del sonido, por lo tanto, no se considera.) ¿Cuál es el factor de proporcionalidad? (La velocidad del sonido es $\frac{1}{3}$ km por segundo.)

g) En julio de 1996, Mercedes cambió $ 3 805.00 por 500 dólares. Si Gabriela quiere cambiar $ 13 127.25, ¿cuántos dólares obtendrá? ¿Cuál es el factor de proporcionalidad?

h) En el mismo mes del problema anterior, Lucía cambió $ 700.00 por 500 francos franceses. ¿Cuántos francos valía un dólar?

i) Para calificar un examen de Geografía de 38 preguntas, la maestra calculó el factor de proporcionalidad por el cual debe multiplicar el número de aciertos de cada alumno. ¿Cuál es este factor?

j) Rodolfo tiene dos rectángulos a escala. Si los lados mayores miden, respectivamente, 15 y 21 cm, y el lado menor del primer rectángulo 5 cm, ¿cuánto mide el del segundo? ¿Cuál es la escala de los rectángulos propuestos?

k) Si un tinaco de 550.5 litros se llena en 3 horas, ¿cuánto tiempo tardará en llenarse uno de 850 litros? ¿Cuántos litros caen en 2 horas? ¿Cuál es el factor de proporcionalidad?

l) En el primer día de su viaje, la familia Méndez recorrió 980 km en 11 horas. ¿Qué distancia había recorrido en 4 horas? ¿Cuántas horas había viajado cuando llevaba 560 km recorridos?

m) En una granja hay 500 gallinas que producen diariamente un promedio de 340 huevos. ¿Cuál será la producción probable de 800 y de 900 gallinas? ¿cuál es el factor de proporcionalidad?

Problemas de variación proporcional directa

La siguiente actividad permitirá ejemplificar los problemas de variación proporcional. La tarea, para la cual se requiere una regla de 30 cm, un metro o flexómetro, debe efectuarse en un día soleado y consiste en lo siguiente:

- Colocar la regla verticalmente en el suelo y medir la sombra que proyecta.
- Obtener la siguiente razón:

Medida de la sombra
Medida de la regla

Luego se miden las sombras de cuatro compañeros, la escuela, un árbol y una escoba. Con la razón obtenida se puede conocer la altura de los alumnos y de los objetos mencionados, sin necesidad de medirlos.

Todo se reduce a usar la regla de tres con la proporción determinada desde el inicio y las medidas de las sombras. Cuanto más altos son los objetos, la sombra también lo es.

A este tipo de variación, se le llama **variación proporcional directa**. Hay muchos ejemplos de este tipo de variación:

En Física se estudia el movimiento y, en particular, se sabe que:

$$\text{Velocidad} = \frac{\text{distancia}}{\text{tiempo}}$$

Si un objeto viaja a una velocidad constante y **aumenta** la distancia que recorre, se **incrementará** también el tiempo empleado. La **variación es directa**.

Otro ejemplo es la ley de Hooke, si a un resorte se le aplica una fuerza, la elongación producida será **directamente proporcional** a la fuerza; es decir, el estiramiento **aumentará** si se **incrementa** el peso.

El ejemplo de los alumnos del profesor Fernández, descrito anteriormente, también es de **variación proporcional directa**: a **mayor** número de respuestas correctas, **mayor** calificación.

En seguida se plantea un ejemplo de la vida diaria:

Elena, Ana y Gerardo compraron un boleto del sorteo magno de la lotería por $ 50.00. Ana cooperó con $ 15.00, Elena con $ 25.00 y Gerardo con $ 10.00. En caso de que ganen el premio mayor, deberán repartirlo proporcionalmente. Si el premio es de $ 500 000.00, ¿cuánto le tocará a cada uno?

Una vez más, el problema es de variación proporcional directa. Le corresponde un monto superior a quien cooperó con una mayor cantidad:

$$\frac{1}{50} = \frac{x}{500\,000}$$

Por tanto: $x = 10\,000$

Por cada peso aportado, Elena, Ana y Gerardo cobrarán $ 10 000.00. Sólo deben efectuarse las multiplicaciones correspondientes.

Desde luego hay otro tipo de variación proporcional: **la inversa**. Por ejemplo: si se requiere cavar una zanja, mientras más gente trabaje menos tiempo se necesitará. A **mayor** cantidad de gente, **menor** tiempo.

Velocidad = 90 km/h

$$\text{Velocidad} = \frac{\text{distancia}}{\text{tiempo}} = \frac{90\ \text{km}}{1\ \text{h}}$$

Recorre 90 km en 1 hora

h = 30 cm

$$\text{Razón} = \frac{d}{h}$$

d

h

1

Realiza el experimento propuesto en la lección.

- Elabora una tabla con la siguiente información: objeto o persona, medida de su sombra y medida real del objeto o persona.

- Determina el último dato por medio de la regla de tres.

2

Encuentra el valor de x que resuelve las siguientes variaciones proporcionales directas.

a) $\dfrac{8}{24} = \dfrac{x}{72}$ b) $\dfrac{6}{8} = \dfrac{24}{x}$ c) $\dfrac{x}{16} = \dfrac{3}{12}$

d) $\dfrac{7}{x} = \dfrac{21}{27}$ e) $\dfrac{x}{3} = \dfrac{90}{15}$ f) $\dfrac{x}{42} = \dfrac{36}{27}$

3

Resuelve los siguientes problemas.

a) Un automóvil viaja a una velocidad promedio de 75 km/h. ¿Qué distancia recorre en 1 hora?, ¿en 2 horas?, ¿en 5 horas y 30 minutos? ¿Cuánto tarda el automóvil en recorrer 225 km?, ¿y 525 km?

- Elabora una tabla con los datos anteriores.

b) El coche de Lucía tenía 55 ℓ de gasolina, recorrió 467.50 km y se quedó sin combustible. Lucía creía que su automóvil rendía 9 km por litro. ¿Estaba en lo correcto? ¿Cuál es el rendimiento real del automóvil?

c) Un paquete de 6 chocolates cuesta $ 8.50. ¿Cuánto cuesta cada chocolate?

d) Sergio desea trazar un rectángulo cuyos lados estén en proporción $\dfrac{4}{5}$. Si el lado menor del rectángulo mide 8 cm, ¿cuánto debe medir el mayor?

e) Sergio quiere ahora trazar otro rectángulo cuyos lados estén en proporción $\dfrac{3}{4}$. Si ya trazó el lado mayor de 12 cm, ¿cuánto debe medir el menor?

f) En un concurso, Ricardo obtuvo 11 puntos, Ramón 8 y Eugenio 6. Si el premio es de $ 100.00 y se repartirá proporcionalmente, ¿cuánto le tocará a cada uno?

g) Si un empleado recibe un estímulo por cada 1.5 registros puntuales en su tarjeta, ¿cuántos recibirá por 45 llegadas a tiempo? ¿Cuántos registros puntuales tuvo el trabajador durante el año pasado si percibió 18 estímulos?

h) La receta de un pan de plátano y nuez para 6 personas es la siguiente:

Ingredientes

1 taza de azúcar

$\dfrac{1}{2}$ taza de margarina (o mantequilla)

2 huevos

1 taza de plátano machacado

1 cucharadita de jugo de limón

2 tazas de harina

1 cucharada de polvo de hornear

$\dfrac{1}{2}$ cucharadita de sal

1 taza de nuez en pedacitos

Preparación

Se baten el azúcar y la margarina.

Se añaden los huevos y se mezcla bien.

Se agrega el plátano y el jugo de limón.

Se ciernen los ingredientes secos y se agregan a la mezcla.

Se añaden las nueces.

Se hornea en un molde engrasado a 350 °F (180 °C) por una hora.

Si la proporción entre los ingredientes debe ser siempre la misma, ¿cuáles son las cantidades que se necesita de cada ingrediente si se desea elaborar un pan para 12 personas?, ¿y para 18?, ¿y para 30?

1

Ubica en la recta numérica las siguientes parejas de fracciones e indica qué fracción es mayor.

a) $\dfrac{1}{2}, \dfrac{1}{3}$ b) $\dfrac{1}{3}, \dfrac{2}{5}$ c) $\dfrac{2}{5}, \dfrac{1}{4}$ d) $\dfrac{2}{3}, \dfrac{3}{5}$

e) $\dfrac{3}{5}, \dfrac{4}{7}$ f) $\dfrac{4}{7}, \dfrac{5}{9}$ g) $\dfrac{5}{9}, \dfrac{7}{12}$ h) $\dfrac{7}{12}, \dfrac{9}{16}$

2

Encuentra la expresión decimal de la primera fracción en los siguientes incisos y realiza lo mismo con las dos restantes sin hacer las divisiones.

a) $\dfrac{1}{4}, \dfrac{3}{4}, \dfrac{7}{4}$ b) $\dfrac{1}{5}, \dfrac{4}{5}, \dfrac{9}{5}$ c) $\dfrac{1}{7}, \dfrac{2}{7}, \dfrac{3}{7}$

d) $\dfrac{1}{8}, \dfrac{3}{8}, \dfrac{5}{8}$ e) $\dfrac{1}{12}, \dfrac{7}{12}, \dfrac{15}{12}$ f) $\dfrac{1}{15}, \dfrac{6}{15}, \dfrac{17}{15}$

• Comprueba, comparando tus resultados con la expresión decimal de cada fracción.

3

Señala las fracciones con periodo distinto de cero.

a) $\dfrac{1}{2}$ b) $\dfrac{1}{3}$ c) $\dfrac{1}{5}$ d) $\dfrac{1}{7}$ e) $\dfrac{1}{8}$

f) $\dfrac{1}{11}$ g) $\dfrac{22}{25}$ h) $\dfrac{2}{15}$ i) $\dfrac{4}{18}$ i) $\dfrac{31}{35}$

4

Completa las siguientes igualdades.

a) $\dfrac{1}{\square} = \dfrac{2}{12} = \dfrac{\square}{16} = \dfrac{4}{32} = \dfrac{9}{\square} = \dfrac{12}{24} = \dfrac{\square}{\square} = \dfrac{\square}{25}$

b) $\dfrac{2}{10} = \dfrac{\square}{30} = \dfrac{12}{\square} = \dfrac{18}{\square} = \dfrac{22}{\square} = \dfrac{32}{200} = \dfrac{\square}{125}$

5

Clasifica en fracciones reducibles e irreducibles.

a) $\dfrac{4}{16}$ b) $\dfrac{2}{3}$ c) $\dfrac{5}{15}$ d) $\dfrac{11}{25}$ e) $\dfrac{3}{18}$ f) $\dfrac{4}{21}$

6

Sustituye x en las siguientes fracciones, de manera que resulte una fracción reducible y una irreducible. Simplifica las fracciones reducibles.

a) $\dfrac{x}{5}$ b) $\dfrac{3}{x}$ c) $\dfrac{x}{7}$ d) $\dfrac{11}{x}$ e) $\dfrac{x}{13}$

f) $\dfrac{x}{23}$ g) $\dfrac{31}{x}$ h) $\dfrac{37}{x}$ i) $\dfrac{x}{41}$ i) $\dfrac{x}{51}$

7

Encuentra el mínimo común denominador de las siguientes colecciones de fracciones.

a) $\dfrac{1}{2}, \dfrac{1}{3}$ b) $\dfrac{1}{2}, \dfrac{1}{4}$ c) $\dfrac{1}{2}, \dfrac{1}{5}$ d) $\dfrac{1}{2}, \dfrac{1}{9}$

e) $\dfrac{1}{3}, \dfrac{1}{5}, \dfrac{1}{4}$ f) $\dfrac{1}{3}, \dfrac{1}{4}, \dfrac{1}{7}$ g) $\dfrac{1}{5}, \dfrac{1}{8}, \dfrac{1}{9}$

8

Realiza las siguientes operaciones.

a) $\dfrac{1}{2} + \dfrac{1}{5}$ b) $\dfrac{3}{8} - \dfrac{1}{5}$ c) $\dfrac{2}{5} + \dfrac{3}{7}$ d) $\dfrac{11}{19} - \dfrac{11}{21}$

9

Resuelve los siguientes problemas.

a) Beatriz debe dibujar un croquis de su casa, pero no cuenta con un metro para medirlo. Por ello decide emplear sus pies como unidad de medida. El largo de la casa mide 31 pies; el ancho, 23 pies y el pie de Beatriz, 23 cm. Elabora el croquis mencionado según la escala 1:100.

b) ¿Cuál es la razón del número de alumnas con respecto al total de alumnos de tu salón? ¿Y cuál entre el número de alumnos y el total?

• Escribe las dos razones como porcentajes.

c) Un poste de 3 m proyecta una sombra de 2 m; a esa misma hora, la sombra del campanario de la iglesia mide 24 m. ¿Cuánto mide el campanario? El tío de Juan mide 1.80 m, ¿cuánto mide su sombra a la misma hora. ¿Cuál es el factor proporcional?

Ideas principales

Fracciones y proporcionalidad

Usos y significado

Otra forma de expresar números menores y mayores que la unidad son las fracciones. Una fracción tiene dos elementos: $\dfrac{numerador}{denominador}$. El denominador indica las partes en que se divide la unidad y el numerador señala las partes que se toman. Si el numerador es menor que el denominador, la fracción es menor que la unidad y se llama **propia**; si es mayor, la fracción recibe el nombre de **impropia**.

Fracciones y decimales

Toda fracción se puede expresar como una división; para obtener el número decimal equivalente a ésta, se divide el numerador entre el denominador. Si la división no es exacta, se obtiene un número decimal **periódico**. Éste se denota con una raya horizontal encima del periodo.

Fracciones equivalentes y simplificación

Las fracciones que representan la misma parte de la unidad se denominan **equivalentes**; en tal caso, el producto del denominador de la 1ª por el numerador de la 2ª debe ser igual que el producto del denominador de la 2ª por el numerador de la 1ª. Una fracción **irreducible** es aquella en la cual su numerador y denominador sólo tienen como divisor común la unidad, todas las que pueden obtenerse a partir de ella se denominan **reducibles** (el numerador y el denominador tienen divisores comunes). El proceso para convertir una fracción reducible en irreducible recibe el nombre de **simplificación**.

Común denominador, comparación, suma y resta

Dos fracciones pueden convertirse en equivalentes, con **igual denominador**. Un método para realizar esto es multiplicar el numerador y el denominador de la primera fracción por el denominador de la segunda, y después, multiplicar el numerador y el denominador de la segunda por el denominador de la primera. Para comparar dos fracciones, se determina el numerador que tendría cada una con un denominador común. En la suma o resta de fracciones, éstas se expresan como fracciones equivalentes con denominador común para efectuar las operaciones a partir de ellas.

Razones, escalas y porcentajes

Las fracciones también expresan **relaciones** entre dos cantidades (**razón**). La razón entre dos segmentos se llama **escala**. Una fracción con denominador 100 representa un **porcentaje**.

Proporcionalidad directa

Cuando dos o más razones son iguales, reciben el nombre de **razones proporcionales**. La **regla de tres** se usa para resolver una igualdad entre dos razones cuando se conocen tres valores y se busca el cuarto, que las haga proporcionales.

95

Recreación Matemática

¿$\frac{1}{2}$ y $\frac{1}{3}$?

Realiza lo que se indica.

Recorta cuatro tiras de papel de 30 cm de largo y 6 cm de ancho.

Traza, en una tira, una línea que la divida a la mitad y que sea paralela a los lados de 30 cm. Pega los extremos que miden 6 cm. Observa que la figura tiene dos bordes y dos caras.

Colorea las caras, la exterior con azul y la interior con rojo, como se observa en la fotografía.

¿Puedes pasar de la cara externa a la interna, sin tocar algún borde? Córtala a la mitad, sigue por la línea trazada.

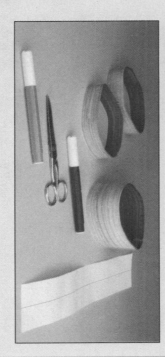

Traza, en otra tira, dos líneas a 2 cm de distancia de los lados mayores, pega los extremos como se hizo antes y corta a lo largo de las líneas.

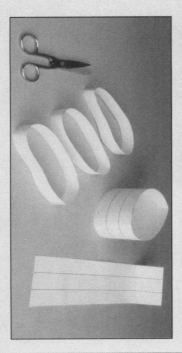

La superficie formada al unir los extremos de cada una de las tiras se llama **banda de Möbius** y es objeto de estudio de una rama de las Matemáticas llamada **Topología**.

Realiza distintos cortes en otras 4 tiras y a 2 de ellas dales medio giro, y observa los casos en los que se obtenga una banda de Möbius y en los que sean dos. Si quedan dos bandas de Möbius, como cuando se corta la tira a $\frac{1}{3}$ del borde, en una de ellas se presenta medio giro, en comparación con la original, pero la otra incluye tres medios giros. Sin embargo, mantiene las mismas propiedades que la banda de Möbius original, es decir, una sola orilla y una sola cara.

Traza una línea paralela a los lados mayores en otra tira de papel, de manera que esté dividida a la mitad; dale medio giro a un extremo y únelo con el otro. ¿Cuántos bordes posee este cuerpo?

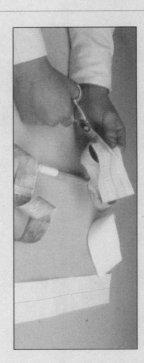

Cuéntalos, sigue uno de ellos con tu dedo. Marca el punto donde empezaste y... ¡Sorpresa! ¿Cuántos bordes tiene? ¿Cuántas caras? Ahora, colorea de azul una de las caras y... ¡Sorpresa! Coloreaste todo.

Córtala, a lo largo de la línea que trazaste... Indica ¿qué pasó?

Traza, en la cuarta tira, dos líneas verticales a lo largo, a una distancia de 1 cm de los bordes mayores y une los extremos como se hizo antes. Recorta la tira siguiendo las líneas trazadas. ¿Qué sucedió?

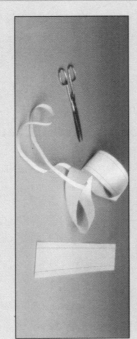

¿Qué crees que pase ahora si cortaras una tira más a lo largo de líneas que aparezcan a 2 cm de su borde? Trata de imaginarlo antes de hacerlo. ¿Cuántas partes crees que queden después de este corte? ¿Serán del mismo ancho? Comprueba si tu predicción fue correcta.

Unidad 4

Números con signo y preálgebra

Los números negativos facilitan la representación de diversas situaciones, como temperaturas bajo cero, profundidades, deudas, pérdidas, etc. Junto con los números positivos, el cero y las operaciones fundamentales, los números negativos se emplean en la construcción de expresiones algebraicas y en la resolución de diversos problemas.

Tema 1
Números con signo

Los números naturales, las fracciones y los números decimales que se han estudiado hasta el momento son números **positivos**.

Desde hace mucho tiempo se utilizan los números **negativos** como auxiliares para representar diversas cantidades. Por ejemplo, en la India se empleaban símbolos especiales para escribir las deudas de las personas. Esta práctica llega hasta la fecha; así, se dice que una empresa trabaja "con números rojos" cuando tiene pérdidas.

¿Cómo se emplean los números negativos? Se utilizan principalmente en situaciones prácticas, por ejemplo: medir la temperatura.

Existen varias escalas de temperatura, pero la oficial en México es la Celsius, la cual se determina de la siguiente manera:

- Una cantidad de agua se enfría hasta que se congela. Esta temperatura representa el **cero** de la escala Celsius o la temperatura correspondiente a cero **grados Celsius** (temperatura de congelación del agua).
- El agua se calienta hasta hacerla hervir. Esta temperatura corresponde a los 100 **grados Celsius**, que se expresa como 100°C. La escala representada también se conoce como **centígrada**, pues hay 100 grados de diferencia entre el **punto de congelación** y el llamado **punto de ebullición** del agua (cuando ésta comienza a hervir).

El hecho de que exista una temperatura correspondiente a 0°C no significa que ésta sea la temperatura más baja posible; en algunas regiones del norte de México se presentan temperaturas menores, como "3 grados bajo cero", "25 grados bajo cero", etc.

Las temperaturas mayores y menores que cero se pueden representar mediante una recta numérica como si ésta fuera un termómetro.

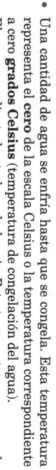

Por lo general, las cantidades menores que cero se representan a la izquierda de 0 y las mayores a la derecha. Para representar la temperatura "3 grados bajo cero", sólo medimos la distancia de 0 a 1 (que es la unidad de medida) y marcamos tres veces esa distancia a la izquierda de cero.

Los números ubicados a la izquierda del cero son los números **negativos**, que se denotan anteponiendo un signo menos a cada cifra. Los tres primeros números representados en la recta de la izquierda son −1, −2, −3, los cuales se leen menos uno, menos dos y menos tres, respectivamente.

Los números negativos sirven para expresar cantidades con cierto significado especial, por ejemplo, "el invierno en Siberia fue demasiado crudo; hubo días con temperaturas de −25 grados".

Números con signo en la recta numérica

Los números negativos se representan sobre la recta numérica a la izquierda de 0. Por ejemplo, el número fraccionario negativo $-\dfrac{3}{5}$ se localiza en la recta dividiendo el segmento 0 a −1 en cinco partes iguales. Esas partes equivalen a $-\dfrac{1}{5}$, $-\dfrac{2}{5}$, $-\dfrac{3}{5}$, $-\dfrac{4}{5}$ y $-\dfrac{5}{5}$. Como ya se sabe, esta última fracción representa a una unidad negativa.

Cuando sea necesario destacar que un número es positivo, se escribe un signo más (+) antes de la cifra. El número positivo 3 es igual que +3, 10.04 es igual que +10.04, etc. El cero es el único número que no es positivo ni negativo. Los números positivos y los negativos son los **números con signo.**

EJERCICIOS

1

Representa en una recta numérica los siguientes números con signo.

a) +2.4 b) −3.6 c) +0.6 d) −0.4 e) 0

f) $\frac{3}{4}$ g) $−\frac{3}{4}$ h) +4 i) −2 j) −1

2

Representa en una recta numérica los siguientes números. Se deben emplear rectas numéricas con escalas diferentes en cada caso.

a) Registro de temperaturas anuales de ciudades de Europa.

Ciudad y país	Temperatura mínima	Temperatura máxima
Reikiavik, Islandia	−17°C	+23°C
Estocolmo, Suecia	−28°C	+35°C
Kiev, Ucrania	−6°C	+20°C
Leningrado, Rusia	−19°C	−9°C
Verjoyansk, Rusia	−30°C	−18 °C

Nota: Verjoyansk está en la región rusa de Siberia, dentro del Círculo Polar Ártico.

b) Fechas importantes en el aspecto matemático.

- El primer documento matemático conocido, el papiro egipcio llamado de Rhind, data aproximadamente del año 1650 antes de nuestra era.
- Se piensa que el filósofo y matemático griego Pitágoras vivió de 580 a 500 antes de nuestra era.
- El matemático griego Arquímedes vivió aproximadamente del año 287 al año 212 antes de nuestra era.
- Las reglas que se utilizan para realizar las operaciones con fracciones se encuentran ya en manuscritos hindúes del año 600 de nuestra era.

c) La altura de los siguientes lugares.

- El monte Éverest, 8 849 m de altura sobre el nivel del mar.
- La fosa de las Marianas, en el océano Pacífico, 11 033 m bajo el nivel del mar.
- La máxima altitud de México, el Pico de Orizaba, 5 747 m sobre el nivel del mar.

3

Escribe en tu cuaderno los siguientes números y represéntalos en una recta numérica.

a) Juan debe a Manuel 200 pesos.
b) Gloria ahorró 250 pesos.
c) Verónica perdió 40 pesos.
d) Esta semana me pagaron 300 pesos.
e) Angélica no debe, ni le deben dinero alguno.

4

Observa la tabla y responde.

Altura de varias personas	
Vicente	1.50 m
Raúl	+0.10 m
Antonio	−0.08 m
Carlos	−0.04 m
Susana	+0.03 m

El primer dato de la tabla es la estatura de Vicente; pero los demás datos se interpretan como sigue: un número positivo indica que la persona es mayor que la anterior, precisamente dicha cantidad; un número negativo indica que la persona es menor que la anterior, precisamente dicha cantidad sin el signo menor.

- ¿Cuál es la altura de cada persona?

Simétrico y valor absoluto

La siguiente figura muestra algunas casas cercanas a una escuela. Juan y Jorge viven cada uno a dos calles de su escuela, pero no hacia el mismo lado de la calle, sino en lados opuestos, como se observa.

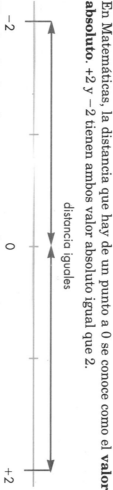

Casa de Jorge   **Escuela**   Casa de Juan

Calle Rosales

Esta situación se representa de la manera siguiente: la calle es una recta numérica, la posición de la escuela es el cero u **origen** de la recta, y cada calle es una unidad de medida. Así, las casas de Juan y Jorge quedan representadas por los puntos +2 y −2, respectivamente.

Casa de Jorge   Escuela   Casa de Juan

−2   0   +2

El hecho de que Juan y Jorge viven ambos a dos calles de la escuela se puede enunciar diciendo que los puntos +2 y −2 están a la misma distancia de 0.

En Matemáticas, la distancia que hay de un punto a 0 se conoce como el **valor absoluto**. +2 y −2 tienen ambos valor absoluto igual que 2.

distancia iguales

−2   0   +2

El valor absoluto de un número es su distancia al cero.

Por ejemplo, el número 3.6, ó +3.6, está a una distancia de 3.6 unidades del 0. Por otro lado, el número negativo −9.8 está a una distancia de 9.8 unidades de éste. Para indicar el valor absoluto de un número, se encierra éste entre dos barras verticales.

El valor absoluto de los números que hemos analizado se expresa como sigue:

$$|+2| = 2, \quad |-2| = 2, \quad |+3.6| = 3.6 \text{ y } |-9.8| = 9.8$$

El valor absoluto de un número positivo es igual que ese número, por ejemplo, $|+5| = +5$; sin embargo, el valor absoluto de un número negativo se obtiene cambiando el signo del número, por ejemplo, $|-4| = 4$. En el caso particular de 0, es claro que la distancia a sí mismo es cero, por lo que $|0| = 0$.

Si se considera de nuevo el ejemplo de Juan y Jorge, se observa que las casas están ambas a dos calles de la escuela, pero en sentidos opuestos; de manera similar, los números +2 y −2 están a distancia dos de 0, o bien tienen el mismo **valor absoluto** (igual que 2), aunque son de signos opuestos. Es decir, siempre existen dos números con el mismo valor absoluto, por ejemplo:

Existen dos números cuyo valor absoluto es 3: +3 y −3.
Existen dos números cuyo valor absoluto es 9.6: +9.6 y −9.6.

En el caso de cero, sólo existe un punto cuyo valor absoluto es cero: $|0| = 0$.

Como las distancias son positivas (o cero), no existen números tales que su valor absoluto sea negativo.

	Se lee
$|a|$	valor absoluto de a

Número	Valor absoluto
−15	15
37	37
−108	108
89	89

Número	Simétrico
−2	2
34	−34

Los números que están a la misma distancia del cero pero con signos opuestos son **números simétricos.**

Los números +2 y −2 son simétricos.

El caso del 0 es especial, pues es el único número que es el simétrico de sí mismo. Otros ejemplos: +4 es el simétrico de −4, −8.3 es el simétrico de 8.3.

El signo menos que se antepone a los números negativos también sirve para indicar el simétrico de un número. Por ejemplo, para decir que el simétrico de +2 es −2, se escribe −(+2) = −2. De manera similar, el número −(−5.6) es el simétrico de −5.6, o sea 5.6. En símbolos, −(−5.6) = 5.6.

EJERCICIOS

1

Escribe en tu cuaderno el valor absoluto de los siguientes números.

a) +8.5 b) −13.37 c) +90.76 d) −0.003 e) 0

2

Determina el simétrico de cada número.

a) +0.065 b) −12.45 c) +81.75 d) −0.023 e) 0

3

Escribe el número con un solo signo (más o menos). El signo menos indica que se trata del simétrico de los números que aparecen.

a) −(2.45) b) −(−3.1415) c) −(95.4) d) −(−3.06)

4

Escribe los siguientes números con un solo signo (más o menos según corresponde).

a) (−(−1))
b) (−(−3.5))
c) (−(−7.5))
d) (−(−(−6)))
e) (−(−(−8)))
f) (−(−(−43.67)))
g) −(−(−1))
h) −(−(−3.5))
i) −(−(−7.5))
j) −(−(−6))
k) −(−(−8))
l) −(−(−(32.06)))
m) (−(−(−32.7)))
n) −(−(−(−27.2)))

5

Contesta cierto o falso.

a) El valor absoluto de un número positivo es positivo.
b) El valor absoluto de un número negativo es negativo.
c) El simétrico de un número positivo puede ser positivo.
d) 0 y 1 son sus propios simétricos.

6

Escribe los números como una expresión sencilla. Al obtener el valor absoluto de un número con signo, se tiene otro número al cual se puede calcular nuevamente su valor absoluto.

a) ||5|| b) ||−3|| c) ||+4.2||
d) ||−2.4|| e) ||−4.07|| f) ||0||

7

Copia la recta, localiza los simétricos de los puntos indicados y escribe los valores absolutos de todos los números que aparecen.

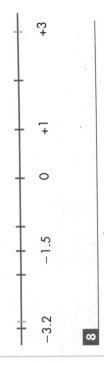

−3.2 −1.5 0 +1 +3

8

Escribe en tu cuaderno los siguientes números con un solo signo.

a) −|−5| b) −|+5| c) +|−5| d) +|+5|

- ¿Qué signo tendrá un número con cinco signos menos, por ejemplo: −(−(−(−8))))?

Orden

Uno de los usos de los números con signo es la representación de fechas. Por ejemplo, la Revolución Mexicana empezó en 1910 de nuestra era, mientras que la cultura olmeca floreció entre los años 1000 y 300 antes de nuestra era. Estos números se pueden representar sobre una recta numérica como +1 910, −1 000 y −300, respectivamente:

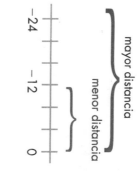

Se dice que un número con signo es menor que otro si se encuentra a la izquierda del segundo sobre la recta numérica. Por ejemplo, en esta recta se puede observar que −1 000 es menor que el número 1 910, y que −1 000 también es menor que −300.

Otro ejemplo consiste en comparar los números −24 y −12. Si se representan estos números sobre la recta numérica, se verán como aparecen en la columna izquierda.

En la recta se observa que el número −24 es menor que −12.

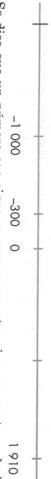

mayor distancia

menor distancia

−24 < −12

a Dados dos números positivos, el número más cercano al origen es el menor. En otras palabras, el número con **menor** valor absoluto es el menor.

Por ejemplo, como 2 está más cerca de 0 que 3, o como $|2| < |3|$, se tiene que 2 es menor que 3.

b Dados dos números, uno positivo y otro negativo, el negativo siempre es menor que el positivo. Esto es independiente del valor absoluto de los dos números comparados.

Por ejemplo, el número −4.5 es menor que el número 8, y sus valores absolutos satisfacen la relación $|-4.5| = 4.5 < 8 = |8|$. En este caso, el valor absoluto del número negativo fue menor que el valor absoluto del número positivo. Sin embargo, al comparar los números −4.5 y 2, −4.5 < 2, pero $|-4.5| = 4.5 > 2 = |2|$; es decir, el valor absoluto del número negativo es mayor que el del número positivo. Por último, −3 < 3 y $|-3| = |3|$, los valores absolutos son iguales.

c Dados dos números negativos, el número más cercano al origen es el **mayor**; es decir, el número con menor valor absoluto es el mayor. Por ejemplo, para los números −3 y −2, resulta que −2 está más cercano al origen, por lo que es el mayor: −3 < −2. En términos de los valores absolutos, se tiene que $|-3| = 3 > 2 = |-2|$.

El orden de los números con signo permite comparar diversos datos, por ejemplo: las fechas. Si el descubrimiento de América data de 1492 y el inicio de la Revolución Francesa de 1789, es claro que el primer acontecimiento sucedió antes que el segundo. Sin embargo, puede parecer raro escuchar que el filósofo griego Sócrates vivió del año 470 a 399 antes de nuestra era, pero esto es más claro si se representan estos dos números como números negativos en la recta numérica:

En general, una forma para saber qué número es menor radica en analizar su signo y su valor absoluto (el valor absoluto de un número es la distancia de este número al 0). Entonces se dice que:

Ejemplos

a 12 < 35

b 3 > −89

c −27 > −64

1

Representa los siguientes números sobre la recta numérica y ordénalos de menor a mayor.

4, 4.7, −2.4, 1.2, −3.8, −4.9, 2.3, −3.7, 3.2, 0

2

Ordena los siguientes números de menor a mayor.

−205, 0, 23, −1 500, −45, −206, 22, 25, −204, −4

3

Ordena los siguientes datos.

a) De menor a mayor.

Personaje	Año de nacimiento
Sócrates	470
Arquímedes	287
Pitágoras	580
Platón	428
Aristóteles	384

(Todas son fechas antes de nuestra era.)

- ¿En qué lugar de la lista queda Pitágoras?

b) De mayor a menor.

Cultura	Año de florecimiento
Olmeca	−500
Maya	1400
Grecia antigua	−400
Roma antigua	−200
Azteca	1450

(Los números con signo negativo representan fechas antes de nuestra era.)

4

Ordena los siguientes números negativos de menor a mayor y realiza lo mismo con sus valores absolutos.

−7.8, −9.4, −7.1, −2.9, −8, −0.7, −3.4, −2.0, −9.8, −7.4

5

Copia en tu cuaderno las siguientes frases e indica si son falsas o verdaderas. Justifica tu respuesta.

a) Todo número positivo es menor que cualquier número negativo.

b) Todo número negativo es menor que cualquier número positivo.

c) El cero es el menor número posible.

d) El simétrico de un número siempre es menor que el número original.

e) −3 es menor que cualquier otro número.

f) Al comparar dos números, el número menor siempre es negativo.

g) Dados dos números negativos, el menor tiene mayor valor absoluto.

6

El saldo de las tarjetas de crédito puede ser en favor o en contra. Un saldo en favor indica que un cliente tiene depositado en el banco más dinero del que debe, y se representa con un número positivo. Un saldo en contra indica que un cliente utiliza el crédito del banco y debe pagar cierta cantidad; éste se representa mediante un número negativo. Un banco tiene la siguiente lista de clientes, con sus respectivos saldos:

Cliente	Saldo ($)
Antonio Bermúdez	2 500 en favor
Carlos Dueñas	3 250 en contra
Ernesto Fuentes	2 350 en favor
Gloria Hernández	3 200 en contra
Ignacio Jiménez	2 550 en favor

- Ordena los saldos de menor a mayor.
- ¿Quién tiene el mayor saldo en favor?
- ¿Quién tiene el menor saldo en contra?

7

Representa en la recta numérica los números de las siguientes expresiones y ordénalos de mayor a menor.

a) Hace dos años que no lo veo.

b) Hace 15 años nos conocimos.

c) Hace 10 años salimos de la escuela.

d) Dentro de cuatro años cumpliré la mayoría de edad.

e) Margarita la cumple dentro de tres.

Suma

Los números con signo también sirven para representar desplazamientos. Por ejemplo, si las casas de Juan y Jorge están sobre la misma calle de la escuela, como en la figura, entonces Juan y Jorge deben caminar dos calles hacia el este y Jorge, dos hacia el oeste desde la escuela hasta sus casas.

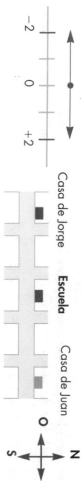

El desplazamiento hacia la derecha (o al este) es positivo y se representa mediante +2. De manera similar, el desplazamiento hacia la izquierda (o al oeste) es negativo y se representa como −2.

Si Juan y Jorge salen de la escuela y pasan primero a casa de Jorge, este desplazamiento se representa como −2; si más tarde, regresan a la escuela, deben realizar un desplazamiento de dos calles al este; esto se representa como −2 + (+2) = 0.

Si al otro día salen ambos de la escuela, llegan primero a casa de Jorge y luego se dirigen a casa de Juan; después de caminar tres calles hacia el este se encontrarán a una calle al este de la escuela, lo que se puede representar como la suma −2 + (+3) = +1.

$$(-2) + (+3) = +1$$

Cuando se suman dos números con signo, pueden ocurrir tres casos:

a Los dos sumandos son positivos.
En este caso, la suma de los números es **positiva** e igual que la usual. Por ejemplo, 37 + 65 = 102, 3.6 + 0.6 = 4.2, etc.

b Los dos sumandos son negativos.
Si se representan los números negativos como desplazamientos, ambos serán hacia la izquierda, por lo que se obtendrá un número negativo. En otras palabras, la suma de dos números negativos es un número negativo, dado por la suma de los valores absolutos de los sumandos, agregando el signo menos. Por ejemplo, para sumar −3 y −7, hay que **fijarse en los valores absolutos**, |−3| = 3 y |−7| = 7, **sumarlos** (3 + 7 = 10) y **anteponer al resultado el signo menos**: −3 + (−7) = −10.

c Los sumandos tienen signos contrarios.
En este caso hay que fijarse en los valores absolutos, pues éstos indican cuánto hay que alejarse del cero en una dirección o en la otra. Se restan los valores absolutos y al resultado se le antepone el **signo del número con mayor valor absoluto.**

A continuación se presentan algunos ejemplos de los tres casos:

Primer caso
(+4) + (+7). Como ambos sumandos son positivos, el resultado es positivo y la suma se realiza de manera usual: (+4) + (+7) = +11.

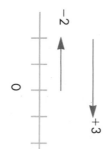

Ahora, Juan y Jorge caminan de un lado al otro de la calle. Estos desplazamientos se representan mediante sumas de números con signo, como sigue:

104

Segundo caso

$(-4) + (-7)$. Como ambos sumandos son negativos, el resultado es negativo y se suman los valores absolutos. La suma de estos valores absolutos es $|-4| + |-7| = 4 + 7 = 11$, por lo que $(-4) + (-7) = -11$.

Tercer caso

$(-4) + (+7)$. En este caso, los sumandos tienen signos contrarios, por lo que hay que fijarse en la diferencia de los valores absolutos: $|+7| - |-4| = 7 - 4 = 3$. Como el sumando positivo $(+7)$ tiene mayor valor absoluto que el sumando negativo (-4), el resultado aparece con signo positivo: $(-4) + (+7) = +3$. Esto se puede ver en la recta numérica mediante los desplazamientos correspondientes.

Caso especial

$(-4) + (+4)$. Hay que fijarse en la diferencia de los valores absolutos: $|-4| - |+4| = 4 - 4 = 0$. Como el resultado es 0, ya no hay necesidad de analizar el signo.

EJERCICIOS

1

Realiza las sumas.

a) $(+3) + (-2)$

b) $(-3) + (-5)$

c) $(+5) + (+2)$

d) $(+1.8) + (-1.5)$

e) $(-2.1) + (-2.4)$

f) $(-4.5) + (+4.3)$

g) $\left(+\dfrac{9}{10}\right) + \left(-\dfrac{4}{9}\right)$

h) $\left(-\dfrac{2}{5}\right) + \left(-\dfrac{4}{7}\right)$

2

Calcula el valor de las expresiones e identifica cuál expresión de cada pareja es menor o si son iguales.

a) $|2 + 3|$, $|2| + |3|$

b) $|-2 + 3|$, $|-2| + |3|$

c) $|-2 + (-3)|$, $|-2| + |-3|$

- ¿Cuál es el resultado de realizar la suma de un número con su simétrico?

3

Resuelve los siguientes problemas.

a) Un elevadorista emplea los números con signo: un número positivo indica que el elevador sube, mientras que un número negativo indica que el elevador baja. Si el elevador se encuentra inicialmente en la planta baja (piso 0), indica dónde se localiza ese vehículo después de:

i) Subir tres pisos.　　**ii)** Subir dos pisos más.

iii) Bajar cuatro pisos.　**iv)** Subir cinco pisos.

b) Blanca quiere seguir una dieta de seis semanas para llegar a su peso ideal. Actualmente pesa 58 kg, y debe pesar 52 kg como máximo. Sin embargo, es muy inconsistente, por lo que hay semanas en las que sube de peso. La siguiente tabla muestra su avance (o retraso) semanal. Después de las seis semanas, ¿llega Blanca a su peso ideal?

Semana	1	2	3	4	5	6
Peso (kg)	−1.56	−1.20	+0.30	−1.4	+0.46	+0.29

c) La contabilidad de una empresa se lleva mensualmente, de modo que cada mes tiene un cierto saldo, ingresos y gastos. Este último rubro se representa con números negativos. ¿Cuál es el saldo mensual? Para calcular el saldo del mes se debe sumar el saldo del mes anterior, los ingresos y los gastos.

Mes	Ingreso	Gasto	Saldo
Agosto			$ 251 834.00
Septiembre	12 978.00	−8 848.00	
Octubre	13 452.00	−7 492.00	

d) Un paciente ingresó a un hospital a las 8:30 con una temperatura de 36.9 °C. ¿Qué temperatura tenía a las 10:00 y a las 11:00, de acuerdo con los datos de la tabla?

Hora	9:00	9:30	10:00	10:30	11:00
Temperatura (°C)	+0.5	+0.25	−0.1	−0.05	−0.6

Resta

Otro de los usos de los números con signo es representar los números negativos. Por ejemplo, −2 indica el número (negativo) que se representa, sobre la recta numérica, dos unidades a la izquierda del cero.

En general	Ejemplos
$a - b = a + (-b)$	$(+9) - (+5) = (+9) + (-5) = 4$
	$(+8) - (-2) = (-8) - (-2) = 10$

El signo menos también sirve para representar el simétrico de un número. Por ejemplo, $-(+2)$ indica el simétrico de $+2$, que se puede escribir como -2, el número $-(-5)$ indica al simétrico de -5, que se puede escribir como $+5$, etc.

El signo también se utiliza para representar la **resta**. Esta operación se puede ver mediante los desplazamientos sobre la recta.

Es importante recordar que un número positivo representa un desplazamiento hacia la derecha y un número negativo representa uno hacia la izquierda:

La resta se puede ver como un desplazamiento **en sentido contrario** al que indica el signo del número.

Por ejemplo, la operación: $5 - 3 = (+5) - (+3)$ se puede realizar así:

- Primero se efectúa un desplazamiento hacia la derecha, cinco unidades a partir del cero.
- Desde ese punto, como -3 indica un desplazamiento hacia la izquierda, debe darse un movimiento hacia la izquierda de tres unidades.

Esta interpretación de la resta permite ver lo que ocurre cuando se resta un número negativo; por ejemplo, $+2 - (-3)$. El número $+2$ indica un primer desplazamiento hacia la derecha; a continuación, como -3 indica un desplazamiento hacia la izquierda, la resta hace que el desplazamiento se realice en sentido contrario, es decir, hacia la derecha.

Observa entonces que el resultado de la resta $+2 - (-3)$ es igual que la suma $+2 + 3$; es decir, nuevamente vemos que $-(-3) = +3$. De manera similar, una resta normal, $3 - 5$, se escribe como $3 + (-5)$ o como $3 - (+5)$. En cualquier caso, el resultado es -2.

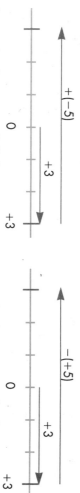

La resta sirve para definir un concepto geométrico importante: la distancia entre dos números en una recta numérica. Por definición, la distancia entre dos números es igual que el valor absoluto de su diferencia. Por ejemplo, para calcular la distancia de 3 a 5, se obtiene primero la diferencia $5 - 3 = 2$ y luego el valor absoluto, que es 2. Este valor es independiente del orden en que se realice la resta: si se realiza en el otro orden, $3 - 5 = -2$ y el valor absoluto de nuevo es 2.

A continuación se presentan algunos ejemplos de restas de números con signo.

La distancia entre −5 y 4 se calcula evaluando la diferencia $4 − (−5) = 9$ y luego obteniendo el valor absoluto, que es 9.

La distancia existente entre −3 y −10, se calcula mediante la siguiente expresión:
$−3 − (−10) = −3 + 10 = 7$ y luego con el valor absoluto del resultado, que es 7.

EJERCICIOS

1 Realiza las restas.

a) $(+5) − (+2)$ b) $(+5) − (−2)$
c) $(−5) − (+2)$ d) $(−5) − (−2)$
e) $\left(\dfrac{4}{7}\right) − \left(\dfrac{2}{5}\right)$ f) $\dfrac{54}{7} − \left(+\dfrac{10}{9}\right)$

2 Interpreta las siguientes restas como desplazamientos sobre la recta y calcula el resultado.

a) $(+2) − (+3)$ b) $(+5) − (+4)$
c) $(−2) − (3)$ d) $(−4) − (−5)$
e) $(−25) − (+13)$ f) $(+23) − (−23)$

3 Completa las restas con el número adecuado.

a) $(+3) − \blacksquare = −2$ b) $(+5) − \square = +4$
c) $(−10) − \square = 9$ d) $(−9) − \square = +4$
e) $\square − (+5) = +6$ f) $\square − (+4) = −3$
g) $\square − (−1) = +2$ h) $\square − (−3) = −5$

4 Copia en tu cuaderno los siguientes enunciados y subraya los correctos. Explica tu respuesta.

a) La resta de dos números positivos es positiva.
b) La resta de un número positivo menos un número negativo es positiva.
c) La resta de un número positivo menos su simétrico es igual que cero.
d) La distancia entre dos números puede ser negativa.
e) La única forma en que la distancia entre dos números sea cero es que dichos números involucrados sean iguales.
f) La resta de dos números con signos iguales siempre es positiva.

5 Encuentra los números que se indican.

a) Dos números positivos, tales que la distancia entre ellos sea igual que 5.1.
b) Dos números negativos tales que la distancia entre ellos sea igual que 4.9.
c) Dos números, uno positivo y otro negativo, tales que la distancia entre ellos sea igual que 9.74.

6 Calcula la distancia que hay entre las siguientes parejas de números.

a) 5 y 8 b) 10.6 y $−2.3$ c) $−5.2$ y 0
d) $−\dfrac{4}{7}$ y $\dfrac{5}{8}$ e) $−\dfrac{2}{9}$ y $\dfrac{11}{36}$ f) $\dfrac{3}{4}$ y $−\dfrac{4}{3}$

7 Utiliza los puntos indicados sobre la siguiente recta numérica para calcular las distancias solicitadas.

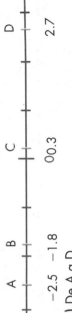

A B   C   D

−2.5 −1.8   00.3   2.7

a) De A a D.
b) De A a B.
c) De B a C.
d) De B a D.
e) De C a D.

8 Realiza lo que se indica.

Jorge gana $\$1\,000$ pesos en un sorteo y decide utilizarlo para reducir un poco su deuda bancaria de $\$15\,827.00$.

• Representa la deuda como un número negativo e indica cuál es la nueva deuda bancaria.

Uso de la calculadora

En alguna ocasión se han realizado operaciones con la calculadora, por ejemplo, la siguiente: 6 − 6. El resultado es igual que cero, pero si se oprimen de nuevo las teclas:

$$\boxed{-}\ \boxed{6}\ \boxed{=}$$, se obtiene el número −6.

Una forma más rápida para representar los números negativos en una calculadora es utilizar la tecla $\boxed{+/-}$, que sólo cambia el signo del número de la pantalla.

Por ejemplo, para obtener el número −6, se oprime primero $\boxed{6}$ y luego la tecla $\boxed{+/-}$. Si se vuelve a oprimir la tecla $\boxed{+/-}$ la pantalla exhibe el número 6.

En otras palabras, la tecla $\boxed{+/-}$ produce como resultado el simétrico del número de la pantalla.

Algunas calculadoras incluyen una tecla para obtener el valor absoluto de un número; por lo general, esa tecla está marcada con las letras $\boxed{ABS}$; si las calculadoras tienen esa tecla, se tendrá que utilizar la tecla $\boxed{+/-}$ sólo cuando el número cuyo valor se necesite sea negativo. Es decir, al oprimir la tecla $\boxed{ABS}$, el número que aparecerá en la pantalla será un número positivo y al oprimir la tecla $\boxed{+/-}$ el número cambiará de signo.

Si se realiza cualquier operación con números negativos en una calculadora, hay que recordar que la tecla de cambio de signo $\boxed{+/-}$ tiene un efecto inmediato sobre el número de la pantalla; así, para realizar la suma +3 + (−5), se oprime

$$\boxed{3}\ \boxed{+}\ \boxed{5}\ \boxed{+/-}\ \boxed{=}$$ y se obtiene el resultado correcto: −2.

Si se quiere obtener −(3 + 4) se deben oprimir las teclas: $\boxed{3}\ \boxed{+}\ \boxed{4}\ \boxed{=}\ \boxed{+/-}$

Observa el cambio de orden entre las teclas $\boxed{+/-}$ y $\boxed{=}$.

Como en el caso de los números positivos, hay que tener cuidado al utilizar la calculadora por varias razones:

• La calculadora sólo puede utilizar un rango limitado de valores, después de lo cual se obtiene un error (que por lo general se muestra mediante una letra E).

• La calculadora utiliza el truncamiento o el redondeo, pues no puede escribir números con una cantidad grande de dígitos; por ejemplo, es raro que la pantalla de una calculadora cuente con 20 dígitos, por lo que no puede desplegar el número 0.1234567890123456789012345678901.

Esto introduce algunos errores (según el tipo de calculadora).

Por ejemplo, es posible que la calculadora considere los siguientes números como si fueran iguales, debido al redondeo:

0.00000000000000000002 y 0.00000000000000000019

Por lo que la diferencia entre éstos en la calculadora sería cero (0), lo cual, por supuesto, no es correcto,

0.00000000000000000002 − 0.00000000000000000019

= 0.00000000000000000001

$\boxed{M+}$ Guarda en la memoria un número conservando su signo (suma).

$\boxed{M-}$ Guarda en la memoria un número cambiando su signo (resta).

$\boxed{MR}$ $\boxed{RCM}$ Recupera el número incluido en cualquiera de las dos memorias.

$\boxed{+/-}$ Cambia el signo del número que aparece en la pantalla.

$\boxed{MC}$ Borra la memoria.

$\boxed{ABS}$ Muestra el valor absoluto de cualquier número.

$\boxed{2}\ \boxed{M+}\ \boxed{C}$
$\boxed{5}\ \boxed{+}\ \boxed{RCM}\ \boxed{=}$ 17

$\boxed{2}\ \boxed{3}\ \boxed{M-}\ \boxed{C}$
$\boxed{1}\ \boxed{5}\ \boxed{-}\ \boxed{RCM}\ \boxed{=}$ 38

$\boxed{1}\ \boxed{0}\ \boxed{+/-}$ −10

Usos de otras teclas importantes:

M+ → Guarda un número en la memoria conservando el signo (suma).

M− → Guarda un número en la memoria cambiando el signo (resta).

RCM o MR → Recupera el número guardado en cualquiera de las dos memorias.

MC → Borra la memoria.

EJERCICIOS

1 Realiza las siguientes operaciones con tu calculadora.

a) $(21.5) + (-15.4)$
b) $(-12.5) + (-27.4)$
c) $-7.9 + 1$
d) $-(3 + 5)$
e) $-((-3) - (-5))$
f) $(-10) + (-12)$
g) $-(-5 - (4 - (3 - 2)))$
h) $-9.2 - 10.4$

2 Responde las preguntas.

a) ¿Qué ocurre con el signo original de cualquier número, en la pantalla de una calculadora, si se oprime la tecla +/− una vez? ¿Si la oprimes dos veces? ¿Tres veces? ¿Un número par de veces? ¿Un número impar de veces?

b) ¿Qué ocurre con el signo original de cualquier número, en la pantalla de una calculadora, si se oprime la tecla ABS una vez? ¿Si la oprimes dos veces? ¿Tres veces? ¿De cuatro veces en adelante?

c) ¿Qué ocurre con los signos de los números que intervienen en una suma cuando se guarda oprimiendo la tecla M+ y se pide recuperar con la tecla MR? ¿Qué sucede si es la tecla M−? ¿Ocurre lo mismo en la resta?

3 Verifica con tu calculadora si las siguientes igualdades son ciertas o falsas.

a) $|3 + (-5)| = |3| + |-5|$
b) $|16 - (10.2)| = |16| - |10.2|$
c) $|25.4 + (-24.1)| = |25.4| + |-24.1|$
d) $||5| - |-3|| = |3| + |-5|$
e) $||-2| + |-4|| = |-2| + |-4|$
f) $||-3| + |3.1|| = |-3| + |3.1|$
g) $||-7| + |10|| = |-7| + |10|$

4 Escribe en tu cuaderno lo que se indica.

a) Dos números cuya suma de sus valores absolutos **no** sea igual que el valor absoluto de su suma.

b) Dos números cuya resta de sus valores absolutos **no** sea igual que el valor absoluto de su resta.

c) Dos números tales que la suma de sus valores absolutos **sea** igual que el valor absoluto de su suma.

d) Dos números tales que la resta de sus valores absolutos **sea** igual que el valor absoluto de su resta.

5 Realiza lo que se indica y contesta.

¿Se obtiene el mismo resultado al oprimir las teclas ABS +/− que al oprimir las teclas +/− ABS ?

• En caso afirmativo, justifica tu respuesta; en caso negativo, proporciona un ejemplo.

6 Utiliza la calculadora para obtener el resultado de las siguientes expresiones. Emplea las teclas M+ y M− .

a) $-(3.5 + 10.4)$
b) $-3.5 + 10.4$
c) $3.5 - 10.4$
d) $-3.5 - 10.4$
e) $-(-(3.5 + 10.4))$
f) $-(-3.5) - (-10.4)$
g) $-(-(3.5) - (-(-10.4)))$
h) $-3.5 - (-10.4)$

7 Utiliza tu calculadora para obtener la distancia entre los siguientes puntos.

a) 100.12 y -30.48
b) 20.45 y -78.20

Tema 2
Preálgebra

Expresiones aritméticas. Jerarquía de operaciones

Existen situaciones en las que se deben emplear combinaciones de las operaciones estudiadas: suma, resta, multiplicación, división e, incluso, las potencias (que se pueden considerar como multiplicaciones abreviadas). Hasta el momento se han analizado estas operaciones por separado.

Una forma combinada de números y operaciones aritméticas se conoce con el nombre de **expresión aritmética**.

Expresión aritmética

Números

$$2 + 3 \times 5 - 7$$

Signos

- **Ejemplos de expresiones aritméticas:**

2 + 3 $2^2 + 2 - 5 \times 8$ $1 + 2^2 + 2^4 + 2^5$

2 + 3 × 5 − 7 $2^2 \times 3^2 \div 3 \div 2$ $5^3 - 3 \times 4^2 \div 8^2$

Se observa que ninguna de estas expresiones tiene paréntesis. Posteriormente se analizará el uso de éstos en las expresiones aritméticas.

Si se tiene una expresión como: 2 + 3 × 5, ¿qué operación debe realizarse primero, la suma o la multiplicación?

En la expresión 5 + 2², ¿qué debe hacerse primero, sumar y luego elevar al cuadrado o primero elevar al cuadrado y después sumar?

Es claro que los resultados dependerán del orden que se siga.

En la expresión 2 + 3 × 5, si primero se suma (2 + 3) y luego se realiza la multiplicación (5 × 5), el resultado que se obtiene es 25; si primero se multiplica (3 × 5) y luego se suma, el resultado será 17.

En el segundo ejemplo, 5 + 2², si primero se suma (5 + 2) y después se eleva al cuadrado (7²), se obtiene 49; si primero se eleva al cuadrado (2²) y después se suma, el resultado es 9.

Para evitar confusiones, se pueden utilizar los paréntesis o ciertas convenciones:

Una expresión aritmética se simplifica mediante la aplicación de la siguiente **jerarquía de las operaciones:**

a Se calculan todas las potencias (con el número inmediato al lado izquierdo del exponente) de izquierda a derecha.

b Se calculan todas las multiplicaciones y divisiones de izquierda a derecha (con los números inmediatos a la izquierda y la derecha de los signos × y ÷).

c Se calculan todas las sumas y restas de izquierda a derecha (con los números inmediatos a la izquierda y la derecha de los signos + y −).

Para la expresión 25 ÷ 5 + 10² − 5² × 4

Primero se calculan las potencias. Como en este caso aparecen dos de ellas, el cálculo se realiza de izquierda a derecha:

25 ÷ 5 + 100 − 5² × 4 → Se calculó la potencia 10².

= 25 ÷ 5 + 100 − 25 × 4 → Se obtuvo la potencia 5².

Jerarquía de operaciones

a Raíces o potencias.

b Multiplicaciones o divisiones.

c Sumas y restas.

Ahora hay que calcular las multiplicaciones y las divisiones. Como hay una división y una multiplicación, se realizan de izquierda a derecha:

$$= 5 + 100 - 25 \times 4 \rightarrow \text{Se dividió } 25 \div 5.$$

$$= 5 + 100 - 100 \rightarrow \text{Se multiplicó } 25 \times 4.$$

Por último, se realizan las sumas y restas de izquierda a derecha:

$$= 105 - 100 \rightarrow \text{Se realizó la suma } 5 + 100.$$

$$= 5 \rightarrow \text{Se restó } 105 - 100.$$

EJERCICIOS

1

Realiza los cálculos que se indican.

a) Con los números: 2, 3 y 5.

i) Suma los dos primeros y multiplica el resultado por el tercero.

ii) Encuentra el producto de los dos últimos y suma el resultado con el primero.

- ¿Obtienes el mismo resultado en ambos incisos?
- ¿Cuál de estos incisos representa la siguiente operación $2 + 3 \times 5$?

b) Con los números 99, 18 y 9:

i) Resta los dos primeros y divide el resultado entre el tercero.

ii) Divide el segundo entre el tercero y resta al primero el resultado de la división.

- ¿Obtienes el mismo resultado en ambos incisos?
- ¿Cuál de estos incisos representa la operación $99 - 18 \div 9$?

2

Calcula las siguientes expresiones. Considera la jerarquía de operaciones.

a) $9 \div 9 - 4 + 2^2 \times 10$
b) $27 - 23 \times 2 + 50$
c) $22 - 20 + 4 \times 50 \div 10$
d) $7^2 \div 7 + 4^3 \div 4 + 6^2 \div 3$

3

Copia las siguientes expresiones y relaciona las columnas; en la primera columna aparece una expresión aritmética y en la segunda su resultado.

a) $2 \times 7 \times 8 \div 4 \div 2$
b) $2^2 \times 5^2 \div 4$
c) $19 \times 5 + 27 \div 3 - 3^2$
d) $28 \div 4 \times 3^4 \div 3^3$
e) $44 - 40 + 27 - 3$

| 25 |
| 21 |
| 28 |
| 14 |
| 95 |

4

Resuelve lo siguiente.

a) Se tiene la siguiente expresión: 4^{3^2}.

La convención para potencias establece que primero se calcule la potencia "exterior", que en este caso es 3^2. Así, $4^{3^2} = 4^9 = 262\,144$, lo cual no es igual que $64^2 = 4\,096$. Calcula las potencias con esta convención. Puedes utilizar tu calculadora.

i) 5^{4^3} **ii)** 3^{4^2} **iii)** 2^{2^4} **iv)** 2^{2^2} **v)** 3^{3^3}

b) Para evaluar una potencia con una expresión aritmética, primero hay que evaluar esta expresión siguiendo las convenciones establecidas. Para evaluar 2^{5+4}, primero se realiza la suma $5 + 4 = 9$ y luego se calcula la potencia $2^9 = 512$.

- Calcula las siguientes expresiones.

i) $3^{5 \times 4 - 19}$ **ii)** $4^{18 + 9}$ **iii)** $5^{21 \div 7}$ **iv)** $2^{26 - 100 \div 4}$

v) $2^{2^{2-1}}$ **vi)** $2^{2^2 + 4}$ **vii)** $3^{4^2 - 3 \times 5}$ **viii)** $2^{3 \times 2} - 4^{24 \div 2}$

Uso de paréntesis

Anteriormente se estudió el orden jerárquico de las operaciones, lo cual evita confusiones al evaluar las expresiones aritméticas.

El **uso de paréntesis** permite una lectura más sencilla de las operaciones, respetando la jerarquía planteada. Por ejemplo, en la expresión $2 + 3 \times 5$ se debe evaluar primero la jerarquía, en la expresión $2 + 3 \times 5$ se debe evaluar primero la multiplicación (3×5) y después la suma; se puede indicar esto mediante el uso de paréntesis como sigue:

$2 + 3 \times 5$ es lo mismo que $2 + (3 \times 5)$

De manera similar, $3^{(2^2)}$ es lo mismo que $3^{(2^2)}$, por lo que el uso de los paréntesis sirve para **aclarar las expresiones aritméticas.**

Los paréntesis también se emplean para **modificar la jerarquía establecida.**

Si en la resolución de la operación $2 + (3 \times 5)$ se **necesita** realizar primero la suma y después la multiplicación, se modifica el orden colocando los paréntesis de este modo: $(2 + 3) \times 5$. De manera similar, si en la expresión $3^{(2^2)}$ se necesita evaluar primero 3^2 y luego elevar el resultado al cuadrado, se escribe $(3^2)^2$.

De acuerdo con lo anterior, la jerarquía de las operaciones se modifica con la siguiente regla:

Antes de cualquier otra simplificación, se calculan las expresiones que se encuentran entre paréntesis de izquierda a derecha.

A continuación se presentan algunos ejemplos de aplicación:

El valor de la expresión $(2 \times 3)^2 + (5 - 3)^3$ se calcula evaluando primero las expresiones que están entre paréntesis de izquierda a derecha:

$(2 \times 3)^2 + (5 - 3)^3 = 6^2 + (5 - 3)^3 \rightarrow$ Se multiplicó 2×3

$= 6^2 + 2^2 \rightarrow$ Se realizó la resta $5 - 3$

Después se siguen las reglas ya conocidas:

$= 36 + 2^2 \rightarrow$ Se obtuvo la potencia 6^2.

$= 36 + 4 \rightarrow$ Se efectuó el cálculo de 2^2.

$= 40 \rightarrow$ Se realizó la suma $36 + 4$.

Si aparecen varios niveles de paréntesis, se evalúan "de adentro hacia afuera", es decir, iniciando con el interno.

Para evaluar la expresión $(3 + (5 \times 6)) \div 11$, se realizó lo siguiente:

$(3 + (5 \times 6)) \div 11 = (3 + 30) \div 11 \rightarrow$ Se calculó el paréntesis interno, con la multiplicación 5×6.

$= 33 \div 11 \rightarrow$ Se realizó la suma correspondiente al paréntesis externo $30 + 3$.

$= 3 \rightarrow$ Se efectuó la división $33 \div 11$.

Por último, en expresiones más complejas como $(6 + (2^2)^3 + ((5 - 3) \div 2) \times 10) \div 8$ se hace lo siguiente:

Resolución de operaciones

a Atender la jerarquía de operaciones.

b Operaciones entre paréntesis internos.

c Operaciones entre paréntesis externos.

d Demás operaciones.

Ejemplo:

$(3 + 5) \times 6 + 8^2 - (6 \times 5) + 7^3$

$8 \quad \times 6 + 8^2 - 30 + 7^3$

$8 \quad \times 6 + 64 - 30 + 343$

$48 + 64 - 30 + 343$

Resultado: **425**

$(6 + (2^2)^3 + ((5 - 3) \div 2) \times 10) \div 8$
$= (6 + 4^3 + ((5 - 3) \div 2) \times 10) \div 8 \rightarrow$ Se evaluó el primer paréntesis 2^2.
$= (6 + 4^3 + (2 \div 2) \times 10) \div 8 \rightarrow$ Se resolvió el paréntesis interno $5 - 3$.
$= (6 + 4^3 + 1 \times 10) \div 8 \rightarrow$ Se realizó la operación con otro paréntesis $2 \div 2$.
$= (6 + 64 + 1 \times 10) \div 8 \rightarrow$ Se calculó la potencia dentro del paréntesis 4^3.
$= (6 + 64 + 10) \div 8 \rightarrow$ Se calculó el producto 1×10.
$= 80 \div 8 \rightarrow$ Se obtuvo la suma $6 + 64 + 10$.
$= 10 \rightarrow$ Se realizó la división $80 \div 8$.

EJERCICIOS

1

Escribe las expresiones con los paréntesis necesarios para mejorar la lectura. Sigue la jerarquía de operaciones manejada en el texto.

a) $7 \times 3 + 10 \div 2$
b) $99 \div 9 - 25 \div 5$
c) $172 + 3 \times 10$
d) $2\,510 \div 5 \times 2$
e) $125 \div 25 \times 2 + 8 - 5$
f) $3\,215 \times 104 \times 3 - 2$

2

Evalúa las siguientes expresiones aritméticas respetando la jerarquía de paréntesis y de operaciones.

a) $(7 - 3) \times 5$
b) $(25 - 12) \div 5$
c) $(25 \div 5) - (12 \div 3)$
d) $(108 \div 4) - (27 \div 3)$
e) $(224 \div 4) + (58 \div 2)$
f) $(12 \times 3) + (45 \div 9)$

3

Calcula las expresiones aritméticas. Evalúa primero el paréntesis interior.

a) $3 + ((5 \times 2) + (10 \div 2))$
b) $14 \times (4 + 5 - (27 \div 3))$
c) $28 - (5 \times (9 \div 3))$
d) $((112 \div 2) - (16 \div 4)) - 4$
e) $((96 \div 3) - (29 \times 2)) - 24$
f) $(3 + (32 \div 6) - (12 \div 6) - 4)$
g) $(10 - (9 - (8 - (7 - 6))))$
h) $(5 - (4 - (3 - (2 - 1))))$

4

Calcula las expresiones. Todas ellas tienen los mismos números y las mismas operaciones, pero se ha cambiado la distribución de los paréntesis.

a) $(4 \times 3) - (2 \div 1)$
b) $4 \times (3 - 2) \div 1$
c) $(4 \times 3) - 2 \div 1$
d) $4 \times (3 - (2 \div 1))$

• ¿Se obtiene siempre el mismo resultado?

5

Analiza las siguientes expresiones como en el ejercicio anterior.

a) $(3 + 5) \times 10 - 2$
b) $(3 + 5) \times (10 - 2)$
c) $3 + (5 \times 10) - 2$
d) $3 + (5 \times 10 - 2)$

6

Evalúa las siguientes expresiones. Si se desea un poco más de claridad, se emplean diferentes tamaños de paréntesis, o bien primero se usan paréntesis ( ), después corchetes [ ] y por último llaves { }.

a) $[(28 \div 4) - (54 \div 6)] - [[108 \div 2) - (5 \times 3)]]$
b) $\{[(44 - 10) \times (27 - 24)] - [(99 - 15) \times (14 - 12)]\}$
c) $\{[(69 - 41) \div 4] - [(29 - 24) \times (28 - 25)]\}$

7

Expresa en forma correcta las siguientes expresiones.

a) $(((((((5 - 2) + 1) + 5) \times 2) \div 3) + 6)$
b) $(6 + (5 - (4 + (3 - 2) \times)))$
c) $(99 - (98 - (97 - (96 - 4))))))$
d) $)(95 \div 5) - (27 \div 3)$
e) $(29 + 30) \times (55 \div 5) \div (25 + - 4)$
f) $\{[(29 - 16) \times (59 - 32)]\}$
g) $\{(54 - 28) - (64 - 19)$
h) $\{(108 - (107 - (106 - 105))\}$

8

En las computadoras es muy importante ahorrar recursos; por ello se han ideado formas de escribir las expresiones aritméticas sin paréntesis; llamadas formas prefijas y posfijas. Busca datos acerca de estas formas de escritura.

Expresiones algebraicas

En las expresiones aritméticas se utilizan solamente números, signos de operaciones y paréntesis.

En Matemáticas y en muchas otras ciencias se utilizan fórmulas similares a las expresiones aritméticas, pero que contienen letras (ya sea mayúsculas o minúsculas) para denotar números desconocidos o arbitrarios. Por ejemplo:

- El perímetro de un cuadrado de lado ℓ es igual que 4ℓ.

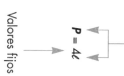

Valores no fijos o desconocidos

Variables

$P = 4\ell$

Valores fijos

Constante

Esto indica que para cada cuadrado, el perímetro se obtiene multiplicando la longitud de un lado por 4. Esta fórmula resume la información de todos los cuadrados en una única expresión, de la cual podemos obtener casos particulares: un cuadrado de 2 cm por lado tiene un perímetro igual que $4 \times 2 = 8$ cm.

- El costo total de varios artículos del mismo tipo es igual que $n \times p$.

Donde n es el número de artículos y p es el precio unitario (es decir, de cada artículo). Con frecuencia, se elimina el signo de multiplicación para no confundirlo con la letra x (equis). Por tanto, esta fórmula se puede escribir como np.

La frase "considera un número y multiplícalo por tres" se puede escribir mediante una expresión con letras, números y signos aritméticos. Es decir: $3x$.

Por lo general, se utilizan las últimas letras del alfabeto (como x, y, z y w) para representar un número no especificado. En el caso anterior se utiliza x para representar el número.

Una **expresión algebraica** contiene números (o **constantes**), letras que representan números (**literales** o **variables**), signos de operaciones aritméticas y paréntesis. Se debe recordar que para no confundir el signo $\times$ (por) con la letra x (equis), no se incluirá el signo y se indicará la multiplicación reuniendo los factores.

En seguida se presentan algunos ejemplos.

- bh. En este caso, se tienen dos literales: b y h. La expresión indica el **producto** de b y h. No se dice qué representan las literales; es sólo una expresión general.

- $(5 - 2) \times (a + 7)$. En este caso, aparecen tres constantes (5, 2 y 7), una variable (a), tres símbolos de operaciones ($-$, $\times$ y $+$) y paréntesis. Para no confundir el signo $\times$ con una letra, la expresión se puede escribir así: $(5 - 2)(a + 7)$.

- $99 - (98 \times 7)$. En esta expresión no aparecen literales; sin embargo, es una expresión algebraica. Es decir, una expresión aritmética es una expresión algebraica sin variables.

- mc^2. Esta fórmula tiene dos variables (m y c) y dos operaciones: un producto y una potencia. Aquí se siguen las convenciones ya establecidas para las expresiones aritméticas; es decir, se calcula el cuadrado de c. Observa que mc^2 es diferente de $(mc)^2$.

Una expresión algebraica se **evalúa** sustituyendo las variables por algunos números. Por ejemplo, si $x = 1$ y $y = 2$, el valor de la expresión $5x - 4y$ se calcula sustituyendo las literales con estos valores y se realizan las siguientes operaciones: $5(1) - 4(2)$ y se calcula la expresión aritmética resultante:

$$5x - 4y = 5(1) - 4(2) = 5 - 8 = -3.$$

Al evaluar una expresión algebraica, se sustituye una variable de manera **consistente**; esto significa que a cada variable se asignará el mismo valor todas las veces que aparezca en la expresión.

Cuando se sustituye $q = 2$ en $(3q - 4) \div (5q - 8)$, se obtiene: $(3(2) - 4) \div (5(2) - 8)$.

EJERCICIOS

1

Identifica las expresiones incorrectas y corrígelas.

a) $\dfrac{5}{9}(F - 32)$ b) $(29 - AB) \div C$ c) $x^2 + y^2$

d) $x^{(4} + y + 99$ e) $18^{17}x$ f) x^y

g) $a^2 - (x \div)$ h) $y - x^{3+2}$ i) $2^{\div} + (-6x)$

2

Indica si las siguientes frases se pueden representar mediante una expresión algebraica. Justifica tu respuesta.

a) La velocidad de la luz en el vacío.

b) Tu nombre.

c) La suma de las edades de Álvaro, Benjamín y Claudia dentro de cinco años.

d) Mis hijos son Álvaro, Benjamín y Claudia.

3

Escribe cinco frases que se puedan representar mediante una expresión algebraica.

• Discute con tus compañeros si en realidad se pueden representar o no.

4

Copia los enunciados en tu cuaderno y subraya con rojo los correctos.

a) Las expresiones algebraicas contienen únicamente variables y signos de operaciones.

b) Las expresiones algebraicas contienen únicamente constantes y paréntesis.

c) Las expresiones algebraicas deben contener al menos un signo de suma.

d) Una expresión algebraica es una combinación de variables, constantes, signos de operaciones aritméticas y paréntesis.

e) Una expresión algebraica puede contener un signo de suma.

f) En las expresiones algebraicas no se incluyen signos de operaciones aritméticas ni constantes.

5

Busca en tu libro expresiones algebraicas; escríbelas en tu cuaderno y marca las variables.

6

Copia la tabla en tu cuaderno y complétala.

Expresión algebraica	Literales	Constantes
$P = 6t$		
$x = 3y + 2z$		
$A = 5bh - 4$		

7

Evalúa las siguientes expresiones.

a) $4x^2 + y$; $x = 1$, $y = -2$

b) $27A + 5D$; $A = 10.5$, $D = 29.2$

c) $4(10p + 20q)$; $p = 1.8$, $q = 12.5$

d) $(8x - 5y) : (4x - 3y)$; $x = 2$, $y = 0$

e) $A - (B - C)$; $A = 7.5$, $B = 4.3$, $C = 5.1$

8

Evalúa las siguientes expresiones. La sustitución debe ser consistente.

a) $(3p + 4) \times (5p - 6)$; $p = 1$

b) $(4A + 6B) \div (5A - 9)$; $A = 2$, $B = 1$

c) $(5x - 2y) \times (3x + y)$; $x = 1$, $y = 4$

d) $(2z + w) \times (w^2 + 4)$; $w = 3$, $z = 0$

e) a^a; $a = 4$

9

Indica si los valores de las variables satisfacen las igualdades, y si no, encuentra valores correctos.

a) $4x - 3y = 9$; $x = 0$, $y = 2$

b) $5A + 2B = 10$; $A = 1$, $B = 2.5$

c) $2p + 3q = 13$; $p = 4$, $q = 1$

d) $9h + 5k = 3$; $h = \dfrac{2}{9}$, $k = \dfrac{1}{5}$

Tabla de valores

Las variables de una expresión algebraica pueden sustituirse por varios valores, ya sean números naturales, decimales o fracciones.

Por ejemplo, en la expresión $A + 1$, A se puede sustituir por 1, 2, 3.5 ó $\frac{7}{5}$.

En la escuela se dice que la edad de Beto es el doble de la edad de Toño, pero no se sabe la edad de ninguno. En este caso es posible asignar diversos valores a la edad de Toño y obtener varios valores para la edad de Beto. Si se quiere organizar la información, se construye una tabla de valores con dos columnas; en la primera aparece la edad de Toño y en la segunda, la edad de Beto.

Edad de Toño	Edad de Beto
0	0
1	2
2	4
3	6
4	8
5	10
6	12

Para los valores de la variable "Edad de Toño" (que se representa con t) se obtienen diversos valores de la variable "Edad de Beto" (como se sabe que esta edad es el doble de la edad de Toño, se representa con $2t$).

t	0	1	2	3	4	5	6
$2t$	0	2	4	6	8	10	12

De manera similar, los valores de la expresión algebraica $x^2 + 2$, pueden presentarse en una tabla como se muestra en la tabla 1 (columna izquierda).

Los valores de x de la tabla mencionada antes no necesariamente deben ser naturales; pueden ser decimales o incluso fracciones, como se observa en la tabla 2.

Una tabla de valores es más útil si se cumple lo siguiente:

- Se utilizan unidades similares (unidades, décimos, cuartos, etc.)
- Los números por sustituir siguen un orden claro.

Esta última observación se debe a que, por lo general, las tablas de valores se utilizan para describir comportamientos futuros (es decir, cuando los valores son muy grandes) o bien cercanos a un valor particular.

Se pueden elaborar tablas para expresiones con dos o más variables, aunque aquí el orden ya no es tan claro.

Por lo general, se ordenan según una de las variables primero y luego con respecto a la segunda, aunque sólo para un conjunto pequeño de valores. Véase, por ejemplo, la tabla de valores para la expresión $A - B$ (tabla 3).

Tabla 1

x	$x^2 + 2$
0	2
1	3
2	6
3	11
4	18
5	27

Tabla 2

x	$x^2 + 2$
0.1	2.01
0.5	2.25
$\frac{3}{10}$	$\frac{209}{100}$
$\frac{9}{8}$	$\frac{209}{64}$

Tabla 3

A	B	$A - B$
0	0	0
0	1	-1
0	2	-2
1	0	1
1	1	0
1	2	-1
2	0	2
2	1	1
2	2	0

1

Construye las tablas de valores correspondientes a las siguientes expresiones.

a) $5x^2$, donde $x = 0, 1, 2, 3, 4, 5$.
b) $5A - 3$, donde $A = 10, 20, 30, 40, 50$.
c) $10B + 3$, donde $B = 0, 0.1, 0.2, 0.3, 0.4, 0.5$.
d) $C^2 + C$, donde $C = 0, 2, 4, 6, 8$.
e) $h - 3$, donde $h = -4, -3, -2, -1, 0$.
f) $9L + 6$, donde $L = \frac{1}{9}, \frac{2}{9}, \frac{3}{9}, \frac{4}{9}, \frac{5}{9}$.

2

Determina una expresión que produzca la segunda columna de cada una de las tablas. (Pueden existir varias respuestas en cada caso.)

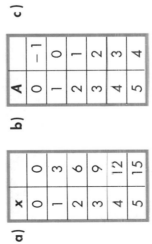

a)

x	
0	0
1	3
2	6
3	9
4	12
5	15

b)

A	
0	−1
1	0
2	1
3	2
4	3
5	4

c)

h	
0	0
1	1
2	4
3	9
4	16
5	25

d)

d	
−4	4
−3	5
−2	6
−1	7
0	8
1	9

e)

P	
0	0
1	0.01
2	0.04
3	0.09
4	0.16
5	0.25

f)

b	
−2	−6
−1	−2
0	2
1	6
2	10
3	14

3

Construye una tabla de valores con los siguientes datos. Establece un orden.

a) Las edades de tus compañeros.
b) Las calificaciones del último examen de Matemáticas y de Español.
c) Las distancias en kilómetros de tu localidad a cinco ciudades.
d) La estatura de los miembros de tu familia.
e) La altura sobre el nivel del mar de cinco ciudades.

4

Investiga el costo de los siguientes productos y construye una tabla de precios para las cantidades indicadas. Escribe, además, una expresión algebraica para el precio en términos de la cantidad medida en kg.

a) Costo de la tortilla (por kilogramo).

Cantidades: $\frac{1}{4}, \frac{1}{2}, \frac{3}{4}, 1, 1\frac{1}{4}$ y $1\frac{1}{2}$.

b) Costo del frijol (por kilogramo).
Cantidades: 1, 2, 3, 4.

c) Costo del arroz (por kilogramo).

Cantidades: $\frac{1}{2}, 1, 1\frac{1}{2}, 2$.

d) Costo de algún tipo de chile (por kilogramo).

Cantidades: $\frac{1}{4}, \frac{1}{2}, \frac{3}{4}, 1$.

e) Costo de alguna fruta (por kilogramo).
Cantidades: 1, 3, 5, 7.

5

Resuelve los siguientes problemas.

a) Si un automóvil realiza un recorrido con una velocidad de 60 km/h, construye una tabla de valores con la distancia que ha recorrido después de 1, 2, 3, 4 y 5 horas y escribe una expresión algebraica para la distancia en términos del tiempo transcurrido.

b) El automóvil anterior ha viajado durante 5 horas, entra en una autopista y aumenta su velocidad a 100 km/h. Construye una tabla de valores con la distancia que ha recorrido después de 6, 7, 8, 9 y 10 horas y escribe una expresión algebraica para la distancia en términos del tiempo transcurrido después de 5 horas.

c) La temperatura se mide, principalmente, con dos escalas: grados Celsius (°C) y grados Fahrenheit (°F). La relación entre estos dos tipos de escala está dada por la fórmula °C = $\frac{5}{9}$ (°F − 32). Construye una tabla de valores para grados Celsius en términos de grados Fahrenheit con estos valores de grados Fahrenheit 32, 62, 92, 98, 112, 132, 152, 172, 192, 212 y 451.

Ecuaciones

En la vida diaria aparecen expresiones con las que se intenta determinar una o varias cantidades desconocidas a partir de otras. Por ejemplo:

- Yo recuerdo que cuando tenía 15 años, la edad del señor López era 40 años. Si él acaba de morir y yo tengo 39, ¿a qué edad murió él?
- Si se conoce el precio del kilogramo de arroz y se compran cinco paquetes de 1 kg cada uno, se puede calcular el precio total.
- Para una fiesta, la mamá de Lalo preparó 20 bolsas de dulces. Le dio dos bolsas a los niños grandes y una a cada niño pequeño. Si se repartieron todas las bolsas de dulces y todos los niños recibieron la cantidad justa de dulces, ¿cuántos niños grandes y niños pequeños fueron a la fiesta?

En algunas de estas expresiones, las soluciones que se desea determinar pueden no ser únicas.

En el tercer ejemplo, es posible que hayan asistido a la fiesta 10 niños grandes o 9 niños grandes y 2 pequeños, 8 grandes y 4 pequeños, etc.

---

20 bolsas de dulces

1 bolsa → niños pequeños

2 bolsas → niños grandes

Soluciones:

9 niños grandes
2 niños pequeños

9 × 2 = 18

2 × 1 = 2

18 + 2 = 20

8 niños grandes
4 niños pequeños

8 × 2 = 16

4 × 1 = 4

16 + 4 = 20

Estos problemas se pueden plantear de manera sencilla mediante **ecuaciones**. Una ecuación es una **igualdad entre expresiones algebraicas**, en donde una de las partes involucradas se desconoce (llamada incógnita). Por tanto, una ecuación puede presentar los elementos propios de estas expresiones (constantes, variables, signos de operaciones aritméticas, paréntesis y el signo de igualdad).

Las ecuaciones más sencillas son las que tienen una única variable de un lado de la igualdad y una constante del otro; por ejemplo, $x = 10$, $A = 21.5$, $h = \dfrac{9}{5}$, etc. En estas ecuaciones, se dice que la variable está **despejada** (es decir, aislada).

Sin embargo, la mayor parte de las ecuaciones no presentan esta forma; los siguientes son algunos ejemplos:

$$x^2 + y^2 = 25 \qquad 3A + 4B = 10 \qquad 3h - 2 = 15 \qquad 5a - 10 = 0$$

Las variables de una ecuación se pueden sustituir con diversos valores numéricos. Esto produce una relación aritmética que **puede** ser verdadera. En la expresión $3h - 2 = 15$, se puede sustituir h por 9, y se obtiene $3(9) - 2 = 15$ ó $25 = 15$, lo cual es **falso**. Por otro lado, si en la expresión $5a - 10 = 0$, se sustituye 2 como valor de a, se obtiene $5(2) - 10 = 0$, ó $0 = 0$; en este caso, el dato sustituido cumple con la condición de obtener el mismo valor de ambos lados de la igualdad.

El valor de una variable que, al sustituirlo en una ecuación, produce una relación verdadera es una **solución** de la ecuación.

En seguida se presentan algunos casos de operaciones que se pueden encontrar en las ecuaciones:

$325.7 + x = 449.41 \rightarrow x = 449.41 - 325.7 \rightarrow x = 123.4 \qquad$ Suma

$6317 - x = 5\,331.3 \rightarrow x = 6\,317 - 5\,331.3 \rightarrow x = 985.7 \qquad$ Resta

$35.2 \times x = 1\,161.6 \rightarrow x = 1\,161.6 \div 35.2 = 33 \rightarrow x = 33 \qquad$ Multiplicación

$84.6 \div x = 28.2 \rightarrow x = 84.6 \div 28.2 = 3 \rightarrow x = 3 \qquad$ División

En una ecuación con la variable despejada, como $x = 10$, es claro cuál es la solución; por ello, es importante buscar métodos para despejar la variable; es decir, dejarla aislada de las constantes en un lado de la ecuación; en otras palabras, transformar una ecuación en otra equivalente más sencilla.

Por último, se debe enfatizar en que una ecuación puede tener varias soluciones, por ejemplo: una solución de la ecuación $3A + 4B = 10$ es la siguiente,

$A = \dfrac{10}{3}$, $B = 0$; otra es $A = 0$, $B = \dfrac{10}{4}$ y una más es $A = 2$, $B = 1$. Una pareja de valores que no es solución de esta ecuación es $A = 4$, $B = 1$. (Verifícalo.)

EJERCICIOS

1

Indica si las siguientes expresiones representan ecuaciones o no. Justifica tu respuesta.

a) $(a − 3) = (b − 6)$ b) $3x^2 + 6$
c) $5^x = 27$ d) $29A + 6B + 35C + 18D = 90$
e) $25x(6y)$ f) $45x − 13y + 3z = 24$

2

Transforma las siguientes frases en ecuaciones. Puedes utilizar cualquier letra, mayúscula o minúscula, para representar la variable.

a) La edad de Alberto es 25 años.
b) El precio es 450 pesos.
c) Aquella persona mide 1.70 m.
d) El precio del jamón y el precio del queso suman 70 pesos.
e) ¿Cuál es un número que elevado al cuadrado es igual que 16?
f) Cada boleto cuesta 15 pesos. Si compré 20 boletos, ¿cuánto dinero gasté?
g) Cada boleto cuesta 10 pesos. Si gasté 80 pesos, ¿cuántos boletos compré?
h) Yo tengo 10 años más que tú. (Las variables de este inciso serán las edades.)

3

Traduce en ecuaciones los ejemplos que aparecen al principio de la lección. Puedes seguir estas sugerencias.

a) Para el primer ejemplo, se conoce la **diferencia** de las edades, se conoce la edad actual de la persona que habla y se quiere conocer la edad del señor López (esta última edad es la variable).
b) En el segundo ejemplo, llama **p** al precio del kilogramo de arroz y **P** (mayúscula) al precio total.
c) Llama **g** al número de niños grandes y **p** al número de niños pequeños. ¿Cuántas bolsas de dulces se repartieron a **g** niños grandes? ¿Cuántas bolsas de dulces repartieron a **p** niños pequeños?

4

Copia en tu cuaderno las siguientes expresiones e indica si el valor de la variable produce, al sustituirlo, una igualdad verdadera o falsa.

a) Sustituye $x = 2$ en $5x + 4 = 3$
b) Sustituye $A = 10.5$ en $2A = 21$
c) Sustituye $h = \dfrac{9}{7}$ en $21h = 27$
d) Sustituye $B = 4$, $C = 1$ en $B + C = 19$

5

Verifica que los valores indicados son una solución de las ecuaciones sustituyéndolas en cada ecuación. Recuerda que la sustitución debe ser consistente.

a) $5x − 3 = −12$; $x = 3$
b) $y + 4 = −9$; $y = −13$
c) $z − 6 = 20$; $z = 26$
d) $A − B = 2$; $A = −4$, $B = −6$
e) $3h − k = 10$; $h = 0$, $k = −10$
f) $6x + 4y = 5(x + y)$; $x = 1$, $y = 1$
g) $xyz = 8$; $x = 2$, $y = 2$, $z = 2$
h) $x^2 + y^2 = 1$; $x = 1$, $y = 0$

6

Indica las parejas de valores que son soluciones de la ecuación $3x − y = 0$.

a) $x = 0$, $y = 0$ b) $x = 0$, $y = 1$ c) $x = \dfrac{1}{3}$, $y = 1$

7

Verifica que las ecuaciones de cada pareja son equivalentes. Determina si tienen la misma solución.

a) $4x − 2 = 0$; $5x = 10$. La solución es $x = 2$
b) $3x = 0$; $x + 1 = 1$. La solución es $x = 0$
c) $9k − 7 = 0$; $27k = 21$. La solución es $k = \dfrac{7}{9}$

1

Localiza en una recta numérica los siguientes números con signo.

a) $+3$ b) -4 c) $+10.5$ d) -5.4

e) 0 f) $+\dfrac{7}{9}$ g) $-\dfrac{10}{15}$ h) $-\dfrac{8}{16}$

2

Ordena de menor a mayor y luego de mayor a menor los siguientes números con signo.

$+10, -4, +3, -3.5, -29, +4.2, 0, -2.4, +9.4, +1.5$

3

Realiza las operaciones.

a) $(+24)+(-15)$
b) $(-10)-(-2.5)$

c) $(-10)+(-15)$
d) $(-10.5)-(+2.4)$

e) $(+9.8)+(-1.4)$
f) $(17.5)-(-16.9)$

g) $\left(\dfrac{7}{9}\right)-\left(-\dfrac{3}{4}\right)$
h) $\left(-\dfrac{4}{5}\right)+\left(-\dfrac{8}{9}\right)$

4

Determina el simétrico y el valor absoluto de los siguientes números.

a) $+9$ b) -24 c) $+15$

d) $-\dfrac{28}{40}$ e) $-\dfrac{30}{18}$ f) 0

5

Calcula las expresiones de acuerdo con la jerarquía de las operaciones. Puedes utilizar la calculadora.

a) $21\div7\times4-3$
b) $9-3+4-6$

c) $42\div6+9-1$
d) $100-99-98$

e) $100-99+98$
f) $94\div2-27\div3$

g) $16-4\times2-3$
h) $48-57\times2$

i) $9\times4\div6-5$
i) $25\times3\div5-10$

6

Calcula las expresiones.

a) $2^{8\div2}$
b) $2^{8}\div2$
c) $5^{7}\div5^{4}$

d) $3^{6\div2}$
e) $4^{2}\div8$
f) $6^{2}\div4$

120

7

Construye una tabla de valores para la expresión $9x-27$, donde x toma los valores 0, 1, 2, 3, 4 y 5.

8

Determina una expresión que produzca la segunda columna de la tabla.

a)

x	
0	0
2	1
4	2
6	3
8	4
10	5

b)

A	
-2	-10
-1	-9
0	-8
1	-7
2	-6
3	-5

c)

h	
0	0
1	4
2	8
3	12
4	16
5	20

d)

b	
-2	-4
-1	-1
0	2
1	5
2	8
3	11

9

Evalúa las expresiones algebraicas con los valores indicados para cada variable.

a) $9x-7y;\ x=1,\ y=2$

b) $x+y-z;\ x=-3,\ y=4,\ z=1$

c) $17A+4B;\ A=0,\ B=2$

d) $10z-4w;\ z=1,\ w=5$

e) $a^{2}+1;\ a=3$

10

Indica si el valor propuesto de la variable es o no solución de la ecuación correspondiente.

a) $9x+4=16;\ x=\dfrac{12}{9}$

b) $24x-18=-18;\ x=9$

c) $5A-6=-24;\ A=0$

d) $17B-2C=14;\ C=10,\ B=2$

e) $24-C=25;\ C=-1$

Ideas principales

Números con signo y Preálgebra

Simétrico, valor absoluto y orden

Los **números con signo** se utilizan desde hace mucho tiempo para indicar pérdidas, profundidades, etc. El **simétrico** de un número se representa en la recta numérica como un punto que está situado a la misma distancia del cero que el número original, pero tiene el signo contrario. El **valor absoluto** de un número es igual que la distancia de ese número al cero. Los números con signo se ordenan considerando la distancia que hay entre cada número y el cero (entre más alejado esté del cero, será más pequeño. Todo número positivo es mayor que cualquier número negativo.

Operaciones

La **suma** de números con signo se basa en lo siguiente: si tiene el mismo signo, se suman y el resultado tiene el mismo signo; si tienen diferente signo, se restan los valores absolutos y el resultado conserva el signo del sumando con mayor valor absoluto. La **resta** de números con signo puede efectuarse como una adición con el simétrico del sustraendo.

Jerarquía de operaciones y uso de paréntesis

Las **expresiones aritméticas** contienen números, signos de operaciones aritméticas y paréntesis. La **jerarquía** o la forma en que se realizan las operaciones es la siguiente: primero se efectúan las potencias y las raíces; a continuación, las multiplicaciones y divisiones, iniciando por el extremo izquierdo; por último, las sumas o restas. Los **paréntesis** se utilizan para obtener expresiones más legibles, aunque también permiten modificar el orden o jerarquía natural de las operaciones propuestas.

Expresiones algebraicas y tablas de valores

Las **expresiones algebraicas** son expresiones aritméticas donde aparecen **variables**. Al evaluar una expresión algebraica, es conveniente construir una tabla para diversos valores que asuman las variables y las expresiones, después de ser evaluadas.

Ecuaciones

Las ecuaciones expresan igualdades entre expresiones algebraicas y son muy empleadas en varias ciencias, por ejemplo, en Física (descripción del movimiento de los objetos).

Recreación Matemática

Algo sobre números con signo y expresiones algebraicas

En esta unidad se trataron los números con signo (en particular, los números negativos) y preálgebra, pero los orígenes de ambos conceptos son distintos.

El uso de **expresiones algebraicas** y la resolución de ecuaciones sencillas data de la época de los babilonios y los egipcios, mientras que el empleo de los números con signo es más reciente.

Los babilonios y los egipcios no usaron la letra x para representar una cantidad desconocida o arbitraria; ellos emplearon frases que actualmente suenan extrañas; por ejemplo: "suma $\frac{2}{3}$ de mí mismo" (actualmente se escribe como $\frac{2}{3}\,x$) o "la cantidad más su mitad" (lo que ahora se representa como $x + \frac{1}{2}\,x$).

La palabra egipcia *aha*, que significa cantidad, se empleó como la x en nuestros días.

Por otro lado, los **números negativos** surgieron, al parecer, en la India; en ese lugar existía un sistema de préstamos que, a su vez, propició el origen de un sistema de contabilidad. En este sistema, las deudas se anotaban con color rojo, esto generó la frase: "la empresa trabaja con números rojos".

En Europa, durante el siglo XVII, en tiempos de la *Enciclopedia Francesa*, se llevó a cabo una discusión relacionada con los números negativos. D'Alembert se pronunció en contra de su uso; sin embargo, por su utilidad en la representación de ciertos hechos, como deudas, profundidades, etc., y la obtención de resultados válidos para esos casos, este tipo de números fue aceptado paulatinamente.

Igualdad misteriosa

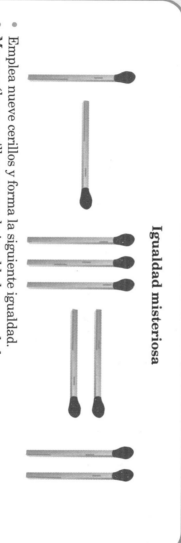

- Emplea nueve cerillos y forma la siguiente igualdad.
- Mueve sólo un cerillo para que la igualdad sea verdadera.
- Comprueba tu resultado, mediante la ubicación de los números en la recta numérica.

¿Cuál expresión es la correcta: $1 + 2 = 2,\ 1 = 3 - 2$ ó $2 - 3 = 1$? ¿Por qué?

Piensa y acertarás

- Construye la siguiente igualdad con palillos.

$$69 - 60 = 0 = 1$$

- Mueve un solo palillo y logra que la igualdad sea correcta.

¿Cuál es la expresión correcta: $60 - 60 = 1,\ 58 - 60 = 1$ ó $59 - 60 = -1$? ¿Por qué?

Unidad 5

Introducción a la Geometría

La Geometría es una de las ramas más antiguas de las Matemáticas; prueba de ello es el libro *Los Elementos* de Euclides, escrito aproximadamente en el año 300 antes de nuestra era. Un tema importante de esta disciplina matemática es el relativo a la simetría. Todas las figuras y cuerpos donde ésta se presenta son muy agradables para los sentidos; provocan una hermosa sensación a la vista.

En esta Unidad se tratan algunos conceptos geométricos elementales y aspectos relacionados con la simetría.

Uso de instrumentos geométricos

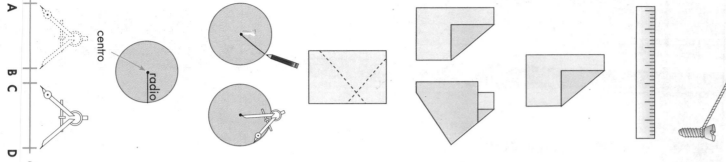

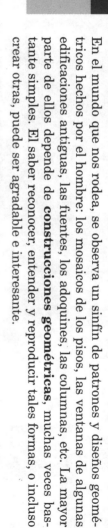

En el mundo que nos rodea, se observa un sinfín de patrones y diseños geométricos hechos por el hombre: los mosaicos de los pisos, las ventanas de algunas edificaciones antiguas, las fuentes, los adoquines, las columnas, etc. La mayor parte de ellos depende de **construcciones geométricas**, muchas veces bastante simples. El saber reconocer, entender y reproducir tales formas, o incluso crear otras, puede ser agradable e interesante.

Para la construcción de figuras geométricas se emplean instrumentos sencillos, entre los que destacan la regla, las escuadras y el compás.

Trazado de líneas rectas

¿Cuántas formas hay para trazar una línea recta?

Quizá la más antigua sea colocar un hilo o cuerda estirada entre dos puntos y trazar su contorno con un lápiz.

Otra manera es usar una **regla** o una **escuadra**; de hecho, ésa es la función de una regla.

Una forma más es realizar un doblez en una hoja de papel.

Los últimos dos procedimientos se emplean, además, para el trazado de líneas con características particulares:

Si una hoja de papel se dobla dos veces en forma consecutiva, como se muestra en la columna, y luego se extiende, resultan dos líneas llamadas **perpendiculares**.

La **escuadra** sirve para trazar perpendiculares, ya que dos de sus lados son perpendiculares. Algunos ejemplos de líneas de este tipo son los lados de un cuadrado o los de un rectángulo y las intersecciones de las calles de una ciudad.

El compás es un instrumento muy útil para el trazado de figuras geométricas curvas; la más importante de ellas es la **circunferencia**.

Trazado de la circunferencia

Para trazar circunferencias con el **compás**, se apoya la punta metálica de éste en un punto al que por convención se llama **O** y se gira la otra punta hasta que el punto de inicio coincida con el punto final.

Otra forma consiste en usar un pedazo de cuerda (la longitud de éste es el radio de la circunferencia) con un clavo atado en un extremo y un lápiz en el otro; el clavo sirve para fijar la cuerda en el centro y el lápiz para marcar el trazo. Este método se emplea en jardinería y en carpintería.

Las circunferencias delimitan los **círculos**, que son la parte del plano que queda dentro de ellas. Todos los puntos de una circunferencia están a la misma distancia del punto **O**, llamado **centro**; la distancia entre cada punto de la curva y el centro se denomina **radio**.

Con el compás se pueden trazar segmentos iguales de una recta. Si se quiere trazar un segmento **CD** igual que **AB** sobre una línea ℓ, se abre el compás de manera que cada uno de sus pies esté sobre un extremo del segmento **AB**; sin modificar esta apertura, se coloca la punta del compás sobre el punto **C** y se corta la línea ℓ con la otra punta. El lugar del corte será el punto **D**.

El compás también se emplea para trazar líneas perpendiculares mediante el siguiente procedimiento: se traza una línea ℓ y, sobre ella, se ubica un punto **A**, que será el centro de una primera circunferencia. Se traza ésta, y se denota como **B** un punto donde corta a la línea ℓ (éste será el centro de una nueva circunferencia) con el mismo radio que la primera. Se unen mediante una línea los puntos, donde se cortan ambas circunferencias; esta línea y la original son **perpendiculares**, lo cual se puede comprobar con una escuadra. El punto donde corta esta línea a ℓ se llama **pie de la perpendicular**.

EJERCICIOS

1

Reproduce en tu cuaderno las siguientes construcciones (se requiere regla, compás y escuadra). Lee las indicaciones que aparecen.

a)

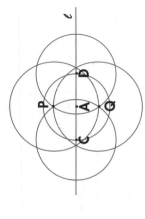

Traza una línea ℓ y marca en ella un punto **O**. Traza una circunferencia de radio 3 cm con centro en **O**; esta circunferencia corta ℓ en los puntos **R** y **S**. Con el compás indica un punto fuera del círculo, a 3 cm de **R**; llámalo **P**. Traza otra circunferencia de radio 3 cm con centro en **P**. Las dos circunferencias que obtuviste sólo se cortan en el punto **R**. A las circunferencias como éstas se les llama **circunferencias tangentes**.

b)

Dibuja una circunferencia con centro en **O** y radio 4 cm. Ubica un punto **R** en ella y traza otra circunferencia del mismo radio con centro en **R**; esta circunferencia corta la primera en dos puntos. Toma cualquiera de esos puntos como centro de una nueva circunferencia con el mismo radio. Repite el procedimiento y colorea la figura resultante.

c)

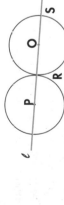

m n o p q

Aplica el método de doblado de papel el número de veces necesario para obtener cinco perpendiculares a una misma línea. Marca con la letra ℓ la línea que sirve de base para las perpendiculares, y llama **m**, **n**, **o**, **p** y **q** a las líneas perpendiculares. Comprueba con la escuadra que las cinco líneas son perpendiculares a ℓ.

d)

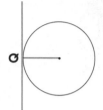

Traza una línea ℓ y marca en ella un punto **A**, que será el centro de una circunferencia de radio 5 cm; esta circunferencia corta ℓ en los puntos **C** y **D**. Traza una circunferencia con centro en **C** y radio 7 cm, y otra del mismo radio y centro en **D**; estas dos circunferencias se cortan en los puntos **P** y **Q**. Dibuja dos circunferencias de radio **PQ** con centro en **P** y **Q**, respectivamente. Colorea la figura que obtuviste.

e)

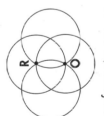

Dibuja tres circunferencias con centro en un punto **O** y radios de 3, 5 y 7 cm, respectivamente. A circunferencias como las que trazaste, que tienen el mismo centro, se les llama **concéntricas**. Si arrojas una piedra a un lago o fuente, las ondas que se forman en la superficie del agua son circunferencias concéntricas.

f)

Traza una circunferencia, toma uno de sus radios y nombra **Q** al punto en que éste la corte. Traza con la escuadra una perpendicular al radio. La línea que obtuviste sólo toca la circunferencia en **Q** y es **tangente** a la circunferencia.

Líneas paralelas y perpendiculares. Construcciones

Si se observa la vía del ferrocarril en un tramo recto, las líneas de un cuaderno con hojas rayadas o los carriles de una pista de carreras, se apreciará que representan segmentos de rectas que guardan la misma distancia entre sí. Si estos segmentos son prolongados, siempre conservarán a la misma distancia y, por tanto, nunca se cortarán. Estas líneas son denominadas **líneas paralelas.**

Conviene recordar que las líneas que se cortan en un ángulo recto (90°) reciben el nombre de líneas perpendiculares.

90°

Entre las líneas paralelas y las perpendiculares existe una relación muy importante: si una línea es perpendicular a otra que a su vez es perpendicular a una tercera, entonces la primera y la tercera son paralelas. Y si dos líneas ℓ y ℓ' son paralelas y una tercera línea **m** es perpendicular a ℓ, por tanto **m** también es perpendicular a ℓ'. Por lo que, si se sabe trazar líneas perpendiculares, pueden trazarse líneas paralelas. En seguida se plantean dos métodos para el trazo de paralelas.

a Para trazar dos líneas paralelas, se puede partir del método de doblar el papel con objeto de obtener dos líneas perpendiculares; luego se aplica de nuevo el procedimiento para conseguir dos líneas que sean perpendiculares a una tercera y, por tanto, paralelas entre sí.

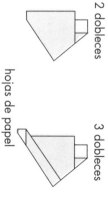

1 doblez   2 dobleces   3 dobleces   hoja extendida

hojas de papel

b La paralela de una línea ℓ que pase por un punto **p** se puede trazar con las escuadras o con una escuadra y una regla (las escuadras tienen dos lados perpendiculares): se coloca una escuadra de manera que uno de sus lados perpendiculares coincida con ℓ. El otro lado perpendicular se apoya sobre cualquier lado de la segunda escuadra (o sobre la regla) y se traza una línea; se desliza la primera escuadra sobre la otra que permanezca fija y se traza la línea que pasa por **P**, la que será paralela a la primera. Lo realizado en este caso es el trazo de dos líneas perpendiculares a una tercera que, por tanto, son paralelas entre sí.

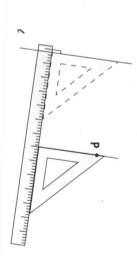

P

Paralelas

d   d'

d = d'

Perpendiculares

Forman un ángulo recto = 90°

Los dos métodos anteriores muestran la solución de dos problemas distintos: en el primero, sólo se quería trazar líneas paralelas; en el segundo, se tenía la línea cuya paralela había que encontrar, la cual además debía pasar por un punto dado.

El primer problema admitía una infinidad de soluciones: se traza una línea y se construye cualquier paralela a ella. El segundo es de solución **única**: la dirección de las paralelas está dada por la línea ℓ y, de todas las paralelas a ℓ, sólo se busca la que pasa por el punto **p**.

EJERCICIOS

1

Efectúa lo que se pide.

a) Dibuja un segmento $\overline{AB}$ de 5 cm y traza una perpendicular a él en cada uno de sus extremos. Sobre estas líneas, traza los segmentos $\overline{BC}$ y $\overline{AD}$ de 5 cm del mismo lado de la recta. Une los puntos **C** y **D**. Obtuviste un **cuadrado**; es decir, una figura geométrica que tiene lados opuestos paralelos, lados adyacentes perpendiculares y cuatro lados iguales.

b) Traza un rectángulo que tenga dos lados de 5 cm y dos de 7 cm. Un **rectángulo** es una figura geométrica que cumple las dos primeras propiedades del cuadrado mencionadas en el inciso anterior, pero que no posee cuatro lados iguales; sólo son iguales los lados opuestos.

c) Traza dos líneas que no sean perpendiculares. Sobre cada una de ellas, traza un segmento de 5 cm. En los extremos de los nuevos segmentos, traza paralelas a las primeras dos líneas. Obtuviste una figura geométrica llamada **rombo**: paralelogramo que tiene cuatro lados iguales.

- Comprueba con tu escuadra que las diagonales del cuadrado del inciso **a**, y las del rombo del inciso **c** son perpendiculares.

2

Realiza lo que se indica y responde.

a) Traza una línea ℓ, después una línea **m** paralela a ℓ y, por último, una línea **n** paralela a **m**.

- ¿Cómo son ℓ y **n**?

b) Si se tiene una línea ℓ y un punto **p** que no está en ℓ, ¿se puede trazar la paralela a ℓ que pase por **p** mediante el método de doblado de papel? Si es así, realiza el procedimiento.

3

Traza líneas perpendiculares de acuerdo con lo indicado.

p es un punto que no está sobre la línea ℓ; la distancia de **p** a ℓ es la longitud del segmento que une **p** con el pie de la perpendicular a ℓ que pasa por **p**. Traza una línea ℓ y cinco puntos que no estén sobre ella; encuentra la distancia de cada punto a ℓ.

4

Traza líneas paralelas como se indica.

a) Dibuja una línea ℓ; del mismo lado de ésta, marca dos puntos que estén a 5 cm de ella (ℓ); une los puntos y obtén una paralela a ℓ. Éste es otro método para trazar paralelas. La propiedad de las paralelas en que se basa esta construcción es la siguiente: dos paralelas siempre están a la misma distancia una de otra.

b) Dibuja dos líneas que se corten en un ángulo que no sea recto. Sobre uno de ellos traza un segmento de 5 cm y sobre el otro, uno de 3 cm. Traza paralelas a las líneas que partan de los extremos de dichos segmentos. Obtuviste una figura geométrica llamada **paralelogramo**. Los paralelogramos tienen sus lados opuestos paralelos.

5

Realiza los trazos y responde.

a) Traza una línea ℓ, una línea **m** perpendicular a la primera, una línea **n** perpendicular a **m** y una línea **p** perpendicular a **n**, en ese orden.

- ¿Cómo son ℓ y **p**?

b) Traza una línea **q** que sea perpendicular a la línea **p** del inciso anterior.

- ¿Cómo son ℓ y **q**?

Ángulos y uso del transportador

Si dos líneas ℓ y ℓ' no son paralelas, entonces se cortan en un punto **O**. Las preguntas que surgen de este planteamiento son las siguientes: ¿cómo se cortan estas dos líneas? ¿Con qué inclinación se cortan? Para contestar estas preguntas, se emplea la siguiente figura:

En este caso no se toma toda la línea ℓ, sólo se considera una de las partes en que **O** la divide, y lo mismo se hace con ℓ'. A estas partes de las líneas se les llama **rayos**; a la figura formada por los dos rayos, **ángulo**; al punto donde se tocan los rayos, **vértice**, y a los dos rayos, **lados del ángulo**.

Existen diferentes notaciones para un ángulo, una de ellas se efectúa con el símbolo $\measuredangle$ seguido de tres letras mayúsculas: $\measuredangle$**ABC**.

$\measuredangle$**ABC**

$\measuredangle$**JKL**

$\measuredangle$**MNO**

En este punto puede surgir la pregunta: ¿Cómo se mide un ángulo? Pero lo que se mide en realidad es la magnitud del giro que habría que dar a un lado del ángulo para hacerlo coincidir con el otro. Este giro se mide en sentido contrario al de las manecillas del reloj; ello se indica con una flecha en el arco que señala el ángulo considerado. Como se mide cuánto hay que girar un rayo para hacerlo coincidir con el otro, la medida de un ángulo **no depende del tamaño de los lados** de éste, sino de **la posición de cada lado**.

Una vuelta entera de un rayo respecto al otro se divide en 360 partes iguales; cada una de éstas se llama **grado** y se escribe así: **1°**. El sistema de numeración que rige los grados no es el decimal, sino sexagesimal:

1° = 60 minutos: 60'
1' = 60 segundos: 60"

El instrumento con el cual se miden los ángulos es el **transportador**. Para medir un ángulo se coloca el transportador de manera que:

a El vértice del ángulo coincida con la marca que aparece en el centro del lado recto del transportador.

b Un lado del ángulo coincida con la línea que marca 0°.

c El ángulo se mida en sentido contrario al de las manecillas del reloj.

d El otro lado del ángulo corte el círculo exterior del transportador. Donde ello ocurra quedará determinada la magnitud del ángulo.

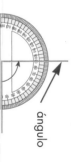

ángulo

Clasificación

Recto → 90°

Agudo → menor que 90°

Obtuso → mayor que 90°

Vértice

Lado del ángulo

Lado del ángulo

Las líneas perpendiculares forman un **ángulo recto**. Como un ángulo recto equivale a un cuarto de vuelta, **mide 90°**. Esta clase de ángulos sirve para clasificar cualquier otro ángulo:

- Si es menor que uno recto (menos de 90°), se llama **ángulo agudo**.
- Si mide más de 90° se denomina **ángulo obtuso**.
- Si mide 180°, o sea, dos rectos, se le llama **ángulo llano**.

90°　　menor que 90°　　mayor que 90°

EJERCICIOS

1

Indica qué ángulos representan las manecillas de un reloj si se encuentran ubicadas como se indica.

- El minutero señala el número 12 y el horario:

a) El número 1 　**b)** El número 2 　**c)** El número 3

d) El número 6 　**e)** El número 10 　**f)** El número 9

- El horario señala el 1 y el minutero:

g) El número 2 　**h)** El número 7 　**i)** El número 4

j) El número 10 　**k)** El número 1 　**l)** El número 12

2

Escribe la posición de la manecilla que falta para representar los ángulos que a continuación se mencionan.

- El minutero señala el número 12.

a) 90° 　**b)** 180° 　**c)** 210° 　**d)** 60° 　**e)** 30° 　**f)** 120°

- El horario está en el número 3.

g) 90° 　**h)** 180° 　**i)** 210° 　**j)** 60° 　**k)** 30° 　**l)** 120°

3

Traza ángulos con color negro sin usar transportador, cercanos a las siguientes medidas.

a) 90° 　**b)** 45° 　**c)** 60° 　**d)** 30° 　**e)** 120° 　**f)** 225°

- Emplea el transportador y otro color para trazar los mismos ángulos sobre los anteriores. Indica si el primer trazo fue cercano a la medida real.

4

Investiga en qué consiste y cómo se traza una Rosa de los Vientos.

5

Dibuja en tu cuaderno una Rosa de los Vientos con 16 direcciones: **N, S, E, O, NE, SE, SO, NO, NNE, NEE, SSE, SEE, SSO, SOO, NNO, NOO**. Si se asigna el 0 a la dirección **N** y se miden los ángulos en sentido contrario al de las manecillas del reloj, ¿qué ángulos forman las siguientes direcciones?

a) N y S 　**b)** N y E 　**c)** N y O
d) N y NNO 　**e)** S y NEE 　**f)** SSE y SOO
g) NOO y SOO 　**h)** SO y NE 　**i)** SOO y NEE
j) NEE y E 　**k)** SO y NNO 　**l)** SOO y N

- Contesta.

¿Qué parejas de direcciones forman ángulos rectos en tu Rosa de los Vientos?

6

Mide con tu transportador los ángulos que aparecen en las siguientes figuras y señala si son rectos, agudos u obtusos.

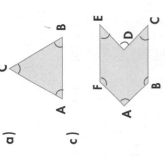

a) 　**b)** 　**c)** 　**d)**

Construcción de triángulos

Un **triángulo** es la parte del plano limitada por tres segmentos rectos que se cortan en tres puntos. Los segmentos son los **lados** del triángulo y los puntos, los **vértices**. Por lo regular, los lados se identifican con letras minúsculas y los vértices, con las mismas letras que los lados a los cuales se oponen, pero mayúsculas.

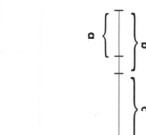

El triángulo es una de las figuras geométricas más importantes. Una de sus propiedades principales es la siguiente:

Un triángulo **no se puede deformar**, es rígido.

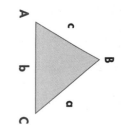
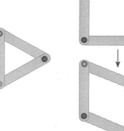

¿Qué significa esto? Si se construye una figura de cuatro lados con tiras de madera y se coloca una chinche o un clavo en cada vértice, basta mover un poco cualquier lado para que la figura se deforme; es decir, hay muchos cuadriláteros distintos que poseen cuatro lados iguales.

Con los triángulos no sucede esto: si se construye un triángulo con tiras de madera, por ejemplo, no se puede variar su forma.

Esta propiedad de los triángulos, llamada **indeformabilidad**, es esencial en la Geometría.

Lo anterior quiere decir que con tres segmentos sólo puede construirse un triángulo **único**. De esto se desprende que si dos **triángulos** tienen sus **tres lados iguales**, entonces **son iguales**.

¿Cómo se construye un triángulo?

Dados tres segmentos, un triángulo se construye de la siguiente manera:

a Se toma la medida de un segmento con el compás y se traza una línea de esa longitud.

b Se toma con el compás la medida del segundo segmento, se apoya la punta del instrumento en un extremo del primer segmento y se traza una circunferencia con radio igual que el segundo segmento.

c Se mide la longitud del tercer segmento con el compás, se apoya la punta de éste en el otro extremo de la línea inicial y se traza una circunferencia con radio igual que el tercer segmento.

d Se une cada extremo de la primera línea con alguno de los dos puntos donde se cruzan las dos circunferencias trazadas.

La propiedad que deben cumplir tres segmentos para que puedan ser los lados de un triángulo es la siguiente: si se tiene un lado grande y dos muy pequeños, no es posible construir un triángulo.

Es decir: para que tres segmentos puedan ser los lados de un triángulo, la suma de las medidas de cualquier par de ellos debe ser mayor que la medida del otro lado.

Esta importante propiedad se conoce como **desigualdad del triángulo.**

Si se llama **a**, **b** y **c** a los lados del triángulo, dicha propiedad se expresa así:

$$a+b>c \qquad b+c>a \qquad c+a>b$$

Los triángulos pueden ser clasificados por sus lados: un triángulo es **equilátero** si sus tres lados son iguales, **isósceles** si posee dos lados iguales, y **escaleno** si los tres lados son desiguales.

Equilátero

Isósceles

Escaleno

También es posible clasificarlos por sus ángulos: un triángulo es **acutángulo** si sus tres ángulos son agudos, **rectángulo** si tiene un ángulo recto y **obtusángulo** si uno de sus ángulos es obtuso.

EJERCICIOS

4 Realiza las siguientes actividades.

a) Traza un triángulo escaleno. Utiliza regla y compás para trazar un segundo triángulo cuyos lados sean iguales que los del primero. Recorta el segundo triángulo y colócalo sobre el primero. ¿Qué observas en estos triángulos?

b) Dibuja un triángulo escaleno; llama a sus lados **a, b y c**. Usa la regla y el transportador para trazar un segundo triángulo, cuyos lados serán **a', b' y c'**. Traza primero **a' = a**, después, los ángulos formados por **a' y b'** y por **a' y c'**, los cuales deben ser iguales que los compuestos por **a y b** y por **a y c**, respectivamente. Recorta este segundo triángulo y colócalo sobre el primero. ¿Qué observas?

c) Traza un triángulo escaleno; llama a **a, b y c** a sus lados. Traza un nuevo triángulo de lados **a', b' y c'** que cumpla con las siguientes condiciones: **a' = a, b' = b** y el ángulo formado por **a' y b' =** el ángulo compuesto por **a y b**. ¿Qué observas?

Estas actividades muestran las tres condiciones que aseguran la igualdad de dos triángulos. Se llama **LLL** (lado, lado, lado) a la condición planteada en el inciso **a, ALA** (ángulo, lado, ángulo) a la tratada en el inciso **b** y **LAL** (lado, ángulo, lado) a la expuesta en el inciso **c.**

5 Traza un triángulo escaleno. Encuentra la distancia entre cada vértice **y** el lado opuesto a él. **La distancia que existe entre un vértice y su lado opuesto se llama altura.**

1 Traza triángulos que tengan por lados los siguientes segmentos; si no es posible trazar alguno de ellos, explica la razón. Indica el tipo de triángulo que se forma en cada caso, de acuerdo con sus ángulos.

a) a 1.5 cm
    b 1.0 cm
    c 2.0 cm

b) a 2.5 cm
    b 1.0 cm
    c 2.0 cm

c) ℓ 1.5 cm
    m 3.0 cm
    n 2.0 cm

d) p 2.5 cm
    q 1.5 cm
    r 1.0 cm

2 Traza triángulos con lados de las siguientes longitudes, explica si no es posible trazar alguno de ellos. Indica el tipo de triángulo que se forma en cada caso según sus lados.

a) a = 3 cm
    b = 4.5 cm
    c = 6 cm

b) a = 1 cm
    b = 1 cm
    c = 3 cm

c) f = 8.5 cm
    g = 6 cm
    h = 6 cm

d) m = 5 cm
    n = 5 cm
    o = 5 cm

3 Traza un triángulo cuyos lados tengan las siguientes longitudes: a = 3 cm, b = 4 cm y c = 5 cm.

• Mide el ángulo que forman los lados **a** y **b**. Este método para trazar líneas perpendiculares era utilizado por los antiguos babilonios y egipcios.

Construcción de polígonos

Los **polígonos** son figuras cerradas, formadas por segmentos de líneas; sus nombres dependen del número de segmentos que los forman. Los polígonos se dividen en regulares e irregulares. Los **regulares** tienen todos sus lados y todos sus ángulos iguales.

Polígonos

Regulares

Irregulares

Características:
Lados iguales
Ángulos iguales

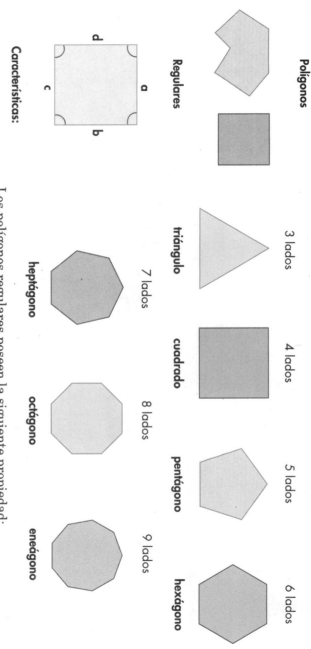

3 lados — **triángulo**

4 lados — **cuadrado**

5 lados — **pentágono**

6 lados — **hexágono**

7 lados — **heptágono**

8 lados — **octágono**

9 lados — **eneágono**

Los polígonos regulares poseen la siguiente propiedad:

Hay una circunferencia que pasa por cada uno de los vértices del polígono. A ésta se le llama **circunferencia circunscrita** del polígono.

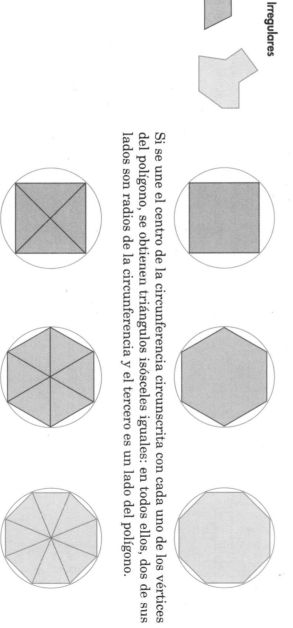

Si se une el centro de la circunferencia circunscrita con cada uno de los vértices del polígono, se obtienen triángulos isósceles iguales: en todos ellos, dos de sus lados son radios de la circunferencia y el tercero es un lado del polígono.

Para trazar un polígono regular basta conocer el número de lados que debe tener y el radio de la circunferencia circunscrita.

Entonces se procede como sigue: si **O** es el centro del círculo, se considera **O** como el vértice de un ángulo de 360° y se divide este ángulo entre el número de lados del polígono.

Los vértices del polígono se localizarán donde los lados de los ángulos corten la circunferencia.

En seguida se ejemplifica la construcción de un pentágono y un heptágono cuyas circunferencias circunscritas tienen radios de 1 cm:

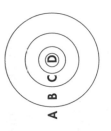

∢ = 72°   ∢ = 51.4°

EJERCICIOS

1

Reproduce en tu cuaderno la figura con las medidas que se indican. Considera que son círculos concéntricos.

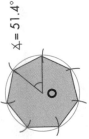

A B C D

Diámetro.

A = 70 mm
B = 40 mm
C = 20 mm
D = 10 mm

2

Traza los siguientes polígonos regulares con circunferencias circunscritas de 5 cm de radio.

a) Pentágono   b) Hexágono   c) Eneágono

3

Efectúa el trazo de los polígonos regulares indicados con circunferencias circunscritas de 7 cm de radio.

a) Triángulo equilátero b) Cuadrado c) Octágono

4

Traza las siguientes figuras y realiza lo que se indica.

a) Un hexágono regular con una circunferencia circunscrita de 8 cm de radio. Llama a sus vértices **A, B, C, D, E y F**, une los vértices **A, C y E**. ¿Cómo es el triángulo que obtuviste? Mide los lados del triángulo.

b) Un octágono regular con una circunferencia circunscrita de 7.5 cm de radio. Llama **A, B, C, D, E, F, G y H** a sus vértices; une los vértices **A, C, E y G**. ¿Qué figura se forma? Mide los lados y los ángulos de la figura resultante.

c) De acuerdo con los incisos **a** y **b**, ¿cuáles polígonos regulares tienen lados paralelos? ¿cuáles carecen de lados paralelos?

d) Un pentágono regular cuya circunferencia circunscrita tenga 8 cm de radio. Llama a sus vértices **A, B, C, D y E**; dibuja con color rojo los segmentos que unen **A** con **C**, **C** con **E**, **E** con **B**, **B** con **D** y **D** con **A**; borra la circunferencia y el pentágono y colorea la estrella.

5

Realiza lo que se pide.

a) Traza un círculo con radio 8 cm, recórtalo y dóblalo a la mitad dos veces consecutivas. ¿A qué figura pertenecen los puntos del doblez sobre el círculo?

b) Si vuelves a doblar a la mitad el círculo del ejercicio anterior, ¿qué figura puedes formar con los puntos marcados en la circunferencia?

c) ¿Qué otros polígonos se pueden construir con el método empleado en los dos ejercicios anteriores?

6

Traza las siguientes figuras con una circunferencia circunscrita de 8 cm de radio. Emplea un color para el trazo de cada figura.

a) Triángulo   b) Cuadrado   c) Pentágono

d) Hexágono   e) Heptágono   f) Octágono

g) Eneágono   h) Decágono   i) Dodecágono

• ¿Qué relación hay entre el número de lados y la parte del círculo que ocupan estos polígonos?

7

Traza en tu cuaderno figuras geométricas con las dimensiones que desees y obtén una composición abstracta.

Reproducción de figuras

Los triángulos y los círculos son las figuras básicas para reproducir muchas otras figuras.

Siempre es posible triangular una figura elaborada con segmentos de recta; es decir, se pueden formar triángulos en ella mediante líneas de ayuda. Después pueden construirse triángulos iguales que los marcados en la figura original para copiar ésta. Por ejemplo, para reproducir las siguientes figuras, se procede como se indica:

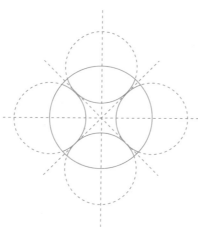

Existe otro mecanismo para reproducir figuras:

a Observar la medida de los segmentos que componen la figura original.

b Revisar los ángulos de la figura.

c Reproducir cada segmento o ángulo de acuerdo con un orden preestablecido.

Si la figura tiene círculos o partes de ellos, es necesario localizar el centro de cada círculo y determinar su radio. Considérese, por ejemplo, la siguiente figura:

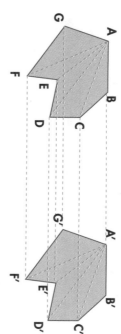

Si las figuras poseen segmentos rectos y partes de circunferencias, se requiere formar triángulos con líneas auxiliares y las líneas que componen la figura, así como conocer los centros y radios de las circunferencias.

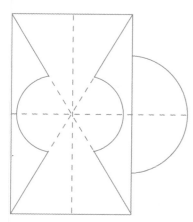

1

Reproduce las siguientes figuras.

Observa que están formadas por segmentos de recta.

a)

b)

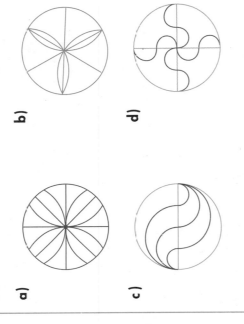

c)

d)

2

Duplica estas figuras.

Éstas están construidas únicamente por círculos o partes de ellos.

a)

b)

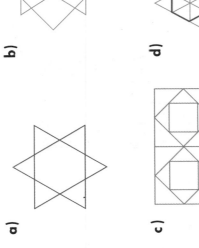

c)

d)

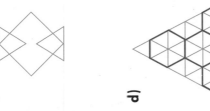

3

Reproduce las figuras.

Las figuras que se incluyen contienen segmentos rectos y partes de circunferencias.

a)

b)

c)

d)

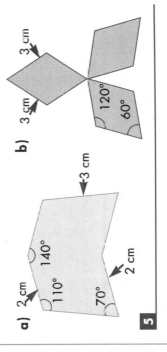

4

Duplica en tu cuaderno las siguientes figuras.

Observa las medidas de los segmentos y los ángulos que componen cada figura.

a) 2 cm 140° 110° 3 cm 70° 2 cm

b) 3 cm 3 cm 120° 60°

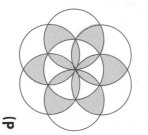

5

Efectúa las siguientes construcciones y realiza las reproducciones indicadas.

a) Cinco figuras que sólo tengan lados rectos. Intercámbialas con un compañero para que cada uno reproduzca las figuras del otro.

b) Dibuja figuras que incluyan sólo partes de circunferencias, intercámbialas con un compañero y reproduce las figuras que te tocaron.

c) Haz lo mismo que en los ejercicios anteriores, pero con figuras compuestas por lados rectos y partes de circunferencias.

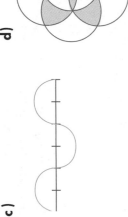
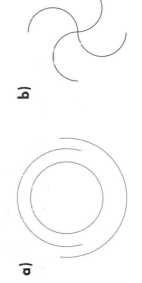

Tema 2
Simetría axial

Si nos colocamos frente a un espejo, el reflejo y nuestra imagen se relacionan de la siguiente manera: la distancia que hay entre cada parte del cuerpo y el espejo es igual que la distancia que hay entre cada parte del reflejo y el espejo; además, el tamaño de cada parte de nuestro cuerpo y el de cada parte del reflejo son iguales. Si nos acercamos al espejo, el reflejo lo hace también. Si se toca el espejo, el reflejo también lo toca en el mismo lugar. Si se forma con los dedos un ángulo, el reflejo forma uno igual. Es decir, nosotros y nuestro reflejo compartimos todo lo que se puede medir (tamaño, distancia al espejo, ángulos, etc.). Y, sin embargo, hay una enorme diferencia entre los dos: el lado derecho de nosotros es el lado izquierdo del reflejo, un giro a la derecha de nosotros es un giro a la izquierda del reflejo.

Para entender mejor cómo es la simetría plana, coloca un espejo verticalmente sobre una hoja donde se trabaja, de tal manera que si se observa por un lado, el espejo y la hoja forman un arreglo perpendicular; y si se mira por la parte superior, sólo se verá el canto del espejo como una línea. Todas las situaciones que se mencionaron respecto a las distancias y ubicaciones siguen siendo válidas.

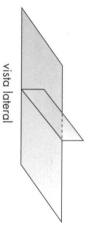

vista lateral

vista superior

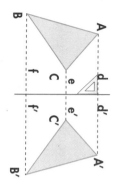

En la segunda representación que aparece abajo de este párrafo, la línea **e** (el espejo) es el llamado **eje de simetría** y la imagen de cualquier objeto plano (denotado como **M**) en relación con **e** se llama la **reflexión de M con respecto a e**. Entonces se dice que **M** y su reflejo son **simétricos respecto a e**. Si se menciona la simetría con respecto a un eje, se estará refiriendo a la **simetría axial** (axial significa relativo al eje).

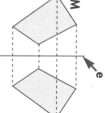

La simetría axial no sólo se presenta entre un objeto y su **reflexión**, ya que hay muchas figuras que mediante una línea se pueden partir en dos secciones que son simétricas con respecto a la línea. Se dice que estos objetos tienen uno (o más) ejes de simetría; por ejemplo:

El método que se emplea para trazar la figura simétrica de otra con respecto a un eje (reflexión) es el siguiente:

a Trazar líneas perpendiculares al eje de simetría a partir de sus vértices.

b Determinar las distancias de los vértices al eje de simetría.

c Prolongar las líneas perpendiculares en el otro lado del eje.

d Ubicar las distancias del otro lado del eje y marcar los puntos de la figura simétrica (imagen).

e Unir los puntos de acuerdo con el orden en que aparecen en la figura original.

EJERCICIOS

1

Copia en tu cuaderno las siguientes letras. Colorea con rojo las que no tienen ejes de simetría, con verde las que poseen un solo eje de simetría y con azul las que cuentan con más de un eje de simetría. Traza con negro los ejes de simetría.

A B C D E F G
H I J K L M O

2

Escribe cinco palabras de más de cuatro letras (aunque no tengan sentido).

a) Emplea letras con un solo eje de simetría.

• De las letras que coloreaste en el ejercicio anterior, ¿cuáles puedes usar?

b) Emplea letras que tengan dos ejes de simetría.

• ¿Qué letras puedes usar?

3

Encuentra los ejes de simetría de las siguientes figuras y trázalos.

a)

b)

c)

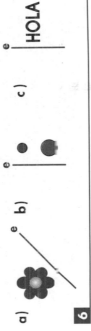

4

Dibuja cinco figuras que no tengan ejes de simetría, cinco que posean uno y cinco con más de uno. Traza los ejes de simetría correspondientes.

5

Copia las siguientes figuras y traza sus reflexiones. Observa la colocación del eje.

a) 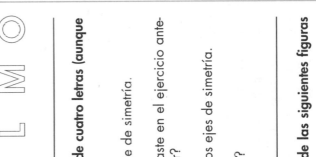 e

b) e

c) e **HOLA**

6

Lee y realiza lo que se pide.

a) Leonardo da Vinci escribió sus apuntes de manera que sólo se leyeran reflejando el texto en un espejo. Escribe una nota como lo hizo Leonardo da Vinci; además, investiga quién fue y que obras realizó este personaje.

b) Toma una hoja de papel y dóblala a la mitad. Recorta una figura, tan irregular y complicada como quieras, empezando en un punto del doblez y acabando en otro. Desdobla el papel e indica qué observas.

c) Indica qué números del 0 al 9 no tienen ejes de simetría, que números presentan uno y qué números poseen más de uno.

d) Escribe cinco números distintos de más de tres cifras que se puedan obtener como reflexión de sí mismos.

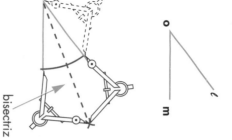

bisectriz

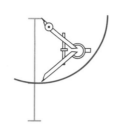

mediatriz

A · —— ⊐ —— · B

m

Mediatrices y bisectrices

Si se trazan dos rayos, ℓ y **m**, con vértice en un punto **O**, ¿cómo se puede colocar un eje de simetría de manera que ℓ y **m** sean simétricos con respecto a ese eje?

Una forma de encontrar este eje de simetría es doblar el papel, de manera que el rayo ℓ caiga exactamente sobre el **m** (observando el papel a contraluz se puede hacer mejor el doblez). Al desdoblar el papel, se encuentra un nuevo rayo **p** que sirve como eje de simetría entre ℓ y **m**. Al rayo **p** se le llama **bisectriz** de ℓ y **m**.

La bisectriz de ℓ y **m** tiene propiedades muy importantes:

Como ℓ y **m** son simétricos con respecto a **p**, la distancia de cada punto de ℓ a **p** es igual que la de su reflexión, es decir, que la de **m** a **p**. En particular, el vértice de ℓ y **m** está también sobre **p**.

Otra propiedad muy importante de las bisectrices es que éstas dividen el ángulo formado por ℓ y **m** en dos ángulos iguales. Compruébalo con el transportador.

Si ahora, dados los rayos ℓ y **q**, se quiere encontrar el simétrico de ℓ con respecto a **q**, se necesita trazar un rayo que pase por el punto donde se cortan ℓ y **q** y que forme un ángulo con **q** igual que el formado por ℓ y **q**.

Si se tiene un segmento $\overline{AB}$, ¿cómo se puede encontrar un eje de simetría para ese segmento?

Si se dobla la hoja de manera que el punto **A** caiga sobre el punto **B**, se encuentra el eje **m**. El eje de simetría de un segmento se llama **mediatriz del segmento** $\overline{AB}$. El segmento $\overline{AB}$ y su mediatriz son perpendiculares. (Compruébalo con el método de doblar el papel.)

Además, la mediatriz pasa por el punto medio de $\overline{AB}$ (compruébalo con el compás). La mediatriz de un segmento presenta la siguiente propiedad: todos los puntos de la mediatriz están a la misma distancia de **A** y de **B**. Comprueba esto con el compás.

Si, dados una línea **m** y un punto **p**, se quiere encontrar el simétrico de **p** con respecto a **m**, lo que necesitas es una línea perpendicular a **m** que pase por **p** y sobre esta línea se encuentre el punto **p'** que esté a la misma distancia de **m** que **p**.

EJERCICIOS

1

Traza los siguientes triángulos y encuentra las bisectrices de los ángulos.

a) Acutángulo   b) Rectángulo   c) Obtusángulo

2

Realiza lo que se indica y responde.

Si en una hoja de papel hay dos rayos que se cortan fuera de la hoja, ¿cómo puedes encontrar la bisectriz de esos rayos?

3

Encuentra todos los ejes de simetría de los polígonos regulares de tres, cuatro, cinco, seis, siete y ocho lados.

- ¿Qué diferencia hay entre los polígonos con número de lados par y los que poseen un número impar?

4

Considera los polígonos del ejercicio anterior y remarca con rojo los ejes de simetría que son mediatrices de un lado y con azul el lado. Remarca con azul los ejes de simetría que son bisectrices de un ángulo e indica cuál es el ángulo.

- ¿Hay ejes que sean a la vez mediatriz y bisectriz?
- ¿En qué polígonos pasa esto?

5

Traza una línea ℓ y cinco puntos que no estén en ℓ. Encuentra sus simétricos con respecto a ℓ. Un punto y su simétrico respecto a un eje de simetría e, se encuentran a la misma distancia de e.

- ¿Qué es ℓ de cada uno de los segmentos formados por un punto y su simétrico?

6

Traza un triángulo isósceles, de tal manera que el ángulo formado por los lados iguales sea recto. Refléjalo con respecto al lado diferente.

- ¿Qué figura obtuviste? ¿Por qué?

7

Dibuja un triángulo isósceles cualquiera. Refléjalo respecto al lado diferente. ¿Qué figura obtuviste?

8

Traza dos rayos ℓ y m que se corten en un punto p y el rayo simétrico a ℓ con respecto a m. En la construcción, es conveniente contemplar la condición de que cada punto de ℓ y su simétrico deben estar a la misma distancia de m; o bien, el hecho de que m debe ser la bisectriz del ángulo formado por ℓ y su reflejo.

9

Realiza lo que se indica.

a) Dibuja un ángulo cualquiera y designa con **O** el vértice. Traza una circunferencia cualquiera con centro en **O** que corte los lados del ángulo en dos puntos, **A** y **B**. Traza dos circunferencias, una con centro en **A** y otra con centro en **B**, cuyo radio sea igual que el de la primera. Observa que estas dos circunferencias se cortan en un punto **Q**. Une con una línea los puntos **O** y **Q** y verifica con el transportador que la línea que une los puntos **O** y **Q** es la **bisectriz** del ángulo.

b) Traza un segmento cualquiera con extremos **A** y **B**. Dibuja dos circunferencias, una con centro en **A** y radio $\overline{AB}$ y otra con centro en **B** y el radio $\overline{AB}$ también. Observa que las dos circunferencias se cortan en dos puntos. Traza la línea que une estos dos puntos y verifica, colocando el ángulo recto de una escuadra, que la línea que trazaste es perpendicular al segmento $\overline{AB}$, y con el compás, que la línea obtenida pase por el punto medio del segmento $\overline{AB}$.

Aplicaciones de la simetría en trazos y construcciones

Los objetos y las figuras simétricos son agradables a la vista.

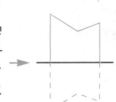

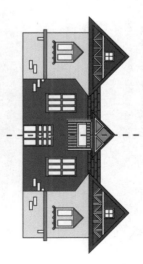

Aplicaciones

- Completar una figura

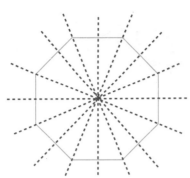

Eje de simetría

- Dividir una figura en el mayor número de partes iguales

Si se quiere trazar una figura que posea uno o más ejes de simetría, se realiza lo siguiente:

a Doblar una hoja de papel a la mitad.

b Hacer trazos diversos sobre una mitad de la hoja, de tal forma que se marquen del otro lado del papel.

c Al final, se tiene una figura simétrica.

Esto se puede realizar también con un poco de pintura de varios colores:

a Colocar unas gotas de pinturas de varios colores sobre la mitad de una hoja de papel.

b Doblar la hoja de papel de tal forma, que la otra mitad de papel se pinte.

c Al final, resultan patrones de pintura totalmente simétricos.

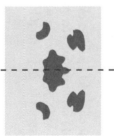

Las fachadas de algunas construcciones antiguas, los arcos de algunos portales, las fuentes, los jarrones, etc., tienen al menos un eje de simetría. Ésta es parte de su belleza; es decir, es parte de lo que los hace agradables a la vista.

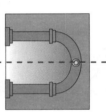

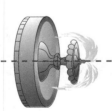

EJERCICIOS

1

Realiza los trazos que se indican y responde.

a) Dibuja una silla. Traza una línea ℓ que no toque la silla y refleja tu dibujo con respecto a ℓ. Traza una línea ℓ′ paralela a ℓ de forma que no toque el reflejo de la silla y que el reflejo de la silla quede entre ℓ y ℓ′. Refleja la imagen de la silla con respecto a ℓ′.

- ¿Cómo son la silla y la última figura que obtuviste?

b) Traza un triángulo escaleno. Encuentra su simétrico con respecto a una línea ℓ que no toque el triángulo. Traza una línea ℓ′ paralela a ℓ, de tal forma que el triángulo que obtuviste quede entre ℓ y ℓ′ y que ℓ′ no lo toque. Vuelve a reflejar el triángulo reflejado.

- ¿Cómo son el triángulo original y el último triángulo que obtuviste?

c) Traza un triángulo equilátero **ABC**. Refléjalo todas las veces que puedas, sin utilizar el lado **AC** ni ninguno de sus simétricos como ejes.

- ¿Qué figura obtuviste?

d) Traza un triángulo isósceles de tal manera que sus lados iguales formen un ángulo de 72°. Refléjalo todas las veces que puedas con respecto a los lados iguales (no utilices el otro lado como eje de simetría).

- ¿Qué figura obtuviste?

e) Traza un triángulo isósceles de tal manera que sus lados iguales formen un ángulo recto. Refléjalo las veces que puedas con respecto a los lados iguales (no utilices el otro lado como eje de simetría).

- ¿Qué figura obtuviste?

f) Traza un hexágono regular. Escoge uno de sus vértices. Refleja el hexágono con respecto a los dos lados del hexágono que se encuentran en el vértice que escogiste.

- ¿Qué notas?
- ¿Puedes seguir utilizando otros vértices de la figura que obtuviste para agrandar tu diseño?
- Repite este proceso para los otros vértices.

g) Dibuja cinco objetos que tengan al menos un eje de simetría. Traza con rojo el eje.

2

Encuentra los ejes de simetría de las siguientes figuras.

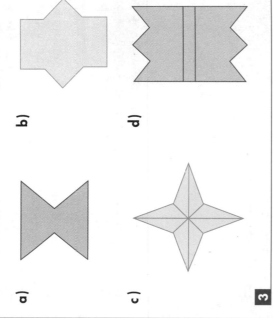

a)

b)

c)

d)

3

Efectúa lo que se pide.

a) Dobla una hoja de papel a la mitad. Vuelve a doblarla a la mitad y repite una vez más. Recorta sobre el papel doblado la figura que quieras **sin** tocar el vértice del doblez. Desdobla tu recorte y traza los ejes de simetría que aparezcan en la figura formada.

b) Construye una figura irregular en la que se puedan trazar seis ejes de simetría.

4

Completa las siguientes figuras de acuerdo con los ejes de simetría señalados.

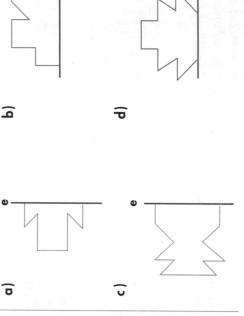

a)

b)

c)

d)

1 Traza las siguientes figuras mediante el método de doblado de papel.

a) Rectángulo   b) Cuadrado
c) Paralelogramo   d) Rombo

2 Traza las mismas figuras del ejercicio anterior con escuadras y compás.

3 Dibuja lo que se indica.

a) Dos circunferencias tangentes.
b) Dos circunferencias de 3 y 4 cm de radio, respectivamente, y una línea tangente a cada una.

4 Traza ángulos de las medidas indicadas.

a) 30°	b) 35°	c) 45°	d) 60°
e) 75°	f) 90°	g) 105°	h) 145°
i) 180°	j) 250°	k) 270°	l) 330°

5 Dibuja lo que se pide y responde.

a) Un triángulo equilátero de 8 cm de lado y otro cuyos vértices se ubiquen en los puntos medios de los lados del primero. ¿Cuánto miden los lados del segundo triángulo? ¿De qué tipo de triángulo se trata?

b) Un triángulo isósceles y otro cuyos vértices se localicen en los puntos medios de los lados del primero. ¿Cuánto miden los lados del segundo triángulo? ¿Qué clase de triángulo es?

c) Un triángulo escaleno y otro cuyos vértices coincidan con los puntos medios de los lados del primero. ¿Cuánto miden los lados del segundo triángulo? ¿De qué tipo de triángulo se trata?

6 Traza un triángulo equilátero de 5 cm de lado y construye un hexágono a partir de éste, con base en el concepto de simetría.

142

7 Realiza el ejercicio anterior con un triángulo isósceles y otro escaleno.

8 Traza un triángulo equilátero de 8 cm de lado. Encuentra las bisectrices de sus ángulos mediante el método de doblado de papel; ubica el punto O donde se cortan éstas. Traza la perpendicular de O a cada lado del triángulo. Mide los segmentos que van de O a los pies de cada perpendicular. Traza la circunferencia que tiene como radio la longitud de estos segmentos y como centro el punto O y que además es tangente a los tres lados del triángulo. Ésta se denomina **circunferencia inscrita**.

9 Efectúa el ejercicio anterior con un triángulo isósceles y otro escaleno.

10 Traza un triángulo equilátero de 6 cm de lado; encuentra las mediatrices de sus lados con el método de doblado de papel. Traza la circunferencia circunscrita, cuyo centro O se localiza en el punto de intersección de las tres mediatrices.

11 Reproduce las siguientes figuras.

a)   b)

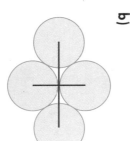

c)   d)

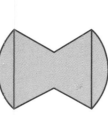

Ideas principales

Uso de instrumentos geométricos en el trazo de paralelas y perpendiculares

Las **construcciones geométricas** más simples están formadas por líneas y **círculos**. Dos líneas son **paralelas** si nunca se cortan. Las líneas **perpendiculares** se cortan en un ángulo de 90°. Las líneas perpendiculares y las paralelas se relacionan de esta manera: dos perpendiculares a una tercera son paralelas entre ellas.

Transportador y ángulos

La figura formada por dos rayos no paralelos se llama **ángulo**; el punto donde se tocan los rayos se denomina **vértice** y los rayos reciben el nombre de **lados del ángulo**. La medida de un ángulo es la magnitud del giro que representa un lado de éste para coincidir con el otro. La medida de un ángulo **no** depende del tamaño de los lados, sino de la posición de éstos. Un **ángulo recto** mide 90°; uno **agudo**, menos de 90°; uno **obtuso**, más de 90°. El ángulo que mide 180°, o sea, dos ángulos rectos, se llama **ángulo llano**.

Triángulos y polígonos regulares

Un **triángulo** es la parte del plano delimitada por tres segmentos rectos (**lados**) que se cortan en tres puntos (**vértices**). Los triángulos se **clasifican** por sus lados: **equilátero**, tres lados iguales; **isósceles**, dos lados iguales, tres lados desiguales; y **escaleno**, tres lados desiguales; por sus ángulos: **acutángulo**, tres ángulos agudos; **rectángulo**, un ángulo es recto y **obtusángulo**, un ángulo es obtuso. Los **polígonos** son figuras cerradas constituidas por segmentos; se consideran **regulares** si sus lados y ángulos son iguales. En todos existe una circunferencia que toca los vértices (**circunferencia circunscrita**). **Cuadrado:** figura geométrica de lados opuestos paralelos, lados adyacentes perpendiculares e iguales. **Rectángulo:** figura geométrica que cumple las dos primeras propiedades del cuadrado, pero sólo sus lados opuestos son iguales. **Paralelogramos:** sus lados opuestos son paralelos. **Rombo:** paralelogramo con cuatro lados iguales no perpendiculares.

Simetría

Un objeto y su imagen en un espejo son **simétricos**. La línea que representa al espejo se llama **eje de simetría** (e), y la imagen de cualquier objeto plano (M) en relación con e se denomina **reflexión de M con respecto a e**, es decir, M y su reflejo son **simétricos respecto a e**. La simetría en relación con un eje, se designa **axial** (término que significa relativo al eje).

Mediatrices y bisectrices

Un rayo **p** que es eje de simetría entre dos rayos **ℓ y m** no paralelos se denomina **bisectriz** de **ℓ y m**, o **bisectriz del ángulo formado por ℓ y m**. El eje de simetría de un segmento $\overline{AB}$ se llama **mediatriz del segmento $\overline{AB}$**.

Introducción a la Geometría

Recreación Matemática

Simetría y espejos

Forma polígonos con los reflejos

Necesitas tres espejos rectangulares iguales con las siguientes dimensiones: 15 cm de largo y 5 cm de ancho, y un pliego de cartulina blanca.

Divide la cartulina en seis partes y traza ángulos de las siguientes dimensiones: 120°, 90°, 72°, 60°, 45° y 30°. Coloca dos espejos, perpendicularmente a la cartulina, de manera que un lado de 15 cm descanse en un lado del ángulo y se reúnan en el vértice. Coloca un palillo, un lápiz o una crayola de manera que toque los dos espejos. ¿Qué se forma en cada caso?

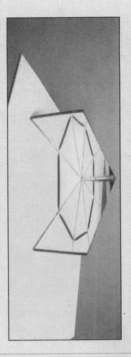

Trata de que los polígonos sean regulares.

Traza las bisectrices de los ángulos y, con dos palillos (o cualquiera de los materiales mencionados), forma polígonos que posean el doble de la cantidad de lados que aparecieron en los anteriores. Ubica los palillos de manera que se formen polígonos regulares.

Construye un caleidoscopio

Pega con cinta adhesiva los tres espejos empleados en la actividad anterior, formando un prisma triangular, de manera que la cara oscura quede hacia afuera.

Forma con cartulina el arreglo obtenido; tapa uno de los extremos con un pedazo de mica transparente y cúbrela con cinta adhesiva, salvo un pequeño espacio que será empleado para ver hacia adentro del arreglo.

Forma tres o más "cajas" con mica, como aparece en la fotografía, y coloca en ellas los siguientes materiales: en una, pedacitos de papel (envolturas de dulces) de distintos tamaños y colores; en otra, viruta de la punta de lápices de colores; en la tercera, pedazos pequeños de vidrio de colores. Es importante que los objetos se muevan libremente dentro de las "cajas".

Toma una de las "cajas" y fíjala en el prisma de espejos con un trozo grande de plástico opaco y una liga.

Cambia el fondo del caleidoscopio (cajitas) cuantas veces lo desees.

Observa por el orificio las imágenes que se forman con cada giro y los ejes de simetría que poseen. ¿Cuáles son esos ejes?

Todas las figuras que se forman en tu caleidoscopio son ejemplos de imágenes con ejes de simetría. Reprodúcelas en una hoja de papel.

Unidad 6

Medición

Sumar dos figuras geométricas, como un triángulo y un cuadrado, no tiene sentido; pero sí lo tiene sumar las dimensiones de sus áreas.

En esta Unidad se presenta la relación de la Geometría con la Aritmética mediante la medición de la longitud, el área y el volumen de diferentes figuras y cuerpos geométricos y las operaciones correspondientes con las cantidades resultantes.

Perímetro y unidades de longitud

¿Cómo se miden los siguientes segmentos?

Para medir estos segmentos se requiere una **unidad** (en este caso 1 cm) y una regla graduada con la unidad respectiva, es decir, un instrumento que garantice la medición sobre una línea y tenga marcados los múltiplos y submúltiplos de la unidad, como ésta:

Metro patrón

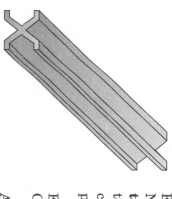

¿Qué pasaría si no existiera una unidad de medida? ¿Qué patrón se emplearía para medir los segmentos? ¿Cómo se compararían los resultados obtenidos con los de otra persona?

El **Sistema Métrico Decimal** se estableció en Francia durante la Convención Nacional, según la ley del 7 de abril de 1795. La unidad fundamental de **longitud**, el **metro**, se definió entonces como la diezmillonésima parte del cuadrante del meridiano terrestre, y en diciembre de 1799 se construyó el metro patrón con una barra de platino-iridio. Se convino en formar los submúltiplos con los prefijos *deci*, *centi* y *mili*, y los múltiplos con los prefijos *deca*, *hecto* y *kilo*.

El metro patrón se conserva en Francia, y una copia de éste se encuentra en la Ciudad de México.

Antes de esto, las unidades cambiaban de un lugar o época a otro; por ejemplo, la pulgada era inicialmente la longitud de una parte del dedo pulgar de un rey.

En la actualidad, el metro se define como la distancia que recorre la luz en el vacío en un intervalo de $\dfrac{1}{299\ 792\ 458}$ de segundo.

Los múltiplos y submúltiplos del metro más usados son éstos:

1 metro (m) = 10 decímetros (dm) = 100 centímetros (cm) = 1 000 milímetros (mm)
1 kilómetro (km) = 10 hectómetros (hm) = 100 decámetros (dam) = 1 000 metros (m)

El procedimiento para medir un segmento $\overline{AB}$ es el siguiente:

a Se ubica el cero de la regla graduada sobre un extremo del segmento.

b Se lee la longitud del segmento en el punto de la regla que coincide con el otro extremo del segmento, es decir, se cuentan las unidades o partes de la unidad que corresponden a la longitud del segmento **AB**.

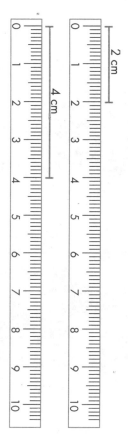

Si se quieren medir los lados de cualquier figura delimitada por segmentos rectos, se emplea también el procedimiento anterior.

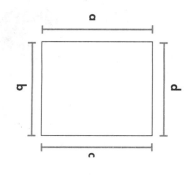

Perímetro = **a** + **b** + **c** + **d**

Un concepto importante en Geometría es el **perímetro**, o sea, el resultado de sumar las longitudes de los lados de una figura. Por ejemplo:

3 cm
2 cm
1 cm
4 cm
2 cm

Perímetro = 3 cm + 2 cm + 1 cm + 4 cm + 2 cm
Perímetro = 12 cm

Cabe mencionar que los polígonos regulares tienen todos sus lados iguales, razón por la cual la fórmula para calcular el perímetro de estas figuras es como sigue:

Perímetro de un polígono = número de lados × longitud del lado

2 cm

Perímetro = 5 × 2 cm
Perímetro = 10 cm

EJERCICIOS

1

Mide con la regla los siguientes segmentos. Compara los resultados que obtuviste con los de tus compañeros.

a)

b)

c)

d)

e)

f)

2

Dibuja un cuadrado de 5 cm de lado; mide su perímetro y verifícalo con la fórmula para los polígonos regulares.

3

Traza cuadrados que tengan los siguientes perímetros.

a) 16 cm   **b)** 36 cm   **c)** 18 cm   **d)** 30 cm
e) 14.8 cm   **f)** 21.2 cm   **g)** 30.8 cm   **h)** 40.4 cm

• Explica por qué los cuadrados que trazaste poseen los perímetros indicados.

4

Dibuja un rectángulo que mida 4 cm de base y 3 cm de altura; obtén su perímetro.

• Escribe una fórmula para obtener el perímetro de un rectángulo y compara tu propuesta con las del resto del grupo.

5

Traza rectángulos con los siguientes perímetros.

a) 5 cm   **b)** 7 cm   **c)** 10 cm   **d)** 12 cm
e) 7.5 cm   **f)** 9.5 cm   **g)** 11.4 cm   **h)** 21.6 cm

• Explica por qué los rectángulos que construiste poseen los perímetros establecidos.

6

Dibuja un pentágono regular con una circunferencia circunscrita de 5 cm de radio y mide cada lado. Obtén el perímetro de la figura y verifícalo con la fórmula.

7

Traza triángulos de los tipos señalados con perímetro igual que 15 cm.

a) Equilátero   **b)** Isósceles   **c)** Escaleno

8

Dibuja las siguientes figuras y responde.

a) Un hexágono regular cuya circunferencia circunscrita mide 6 cm de radio.

b) Un decágono regular cuya circunferencia circunscrita es 8 cm de radio.

• ¿Cuál es el perímetro de cada figura?

147

Áreas y unidades de superficie

El procedimiento empleado para medir la longitud de un segmento es importante en la obtención del área de una figura.

Al leer esta afirmación surge la siguiente pregunta: ¿Cómo se mide el área de una figura? Dicho de otro modo: ¿Cómo se mide la porción del plano (o superficie) que ocupa una figura determinada?

Para la medición de un área o una longitud, se requiere una **unidad**, por ejemplo, el metro cuadrado (**m²**), y una forma de saber la cantidad de unidades que tiene la superficie a medir.

Es importante aclarar cómo son las unidades para medir superficies: las unidades empleadas en la medición de superficies **son cuadrados** con lados iguales que 1 m o 1 cm o 1 pulgada, etc.

El instrumento adecuado para la medición de **unidades de superficie** es una cuadrícula cuyos cuadrados midan, la unidad utilizada. El procedimiento para realizar dicha medición es el siguiente:

a Se coloca sobre la cuadrícula la superficie que se desea medir.

b Se cuenta la cantidad de cuadrados completos y partes de éstos que ocupa la figura.

A la medida de una superficie se le denomina **área.**

En el **Sistema Métrico Decimal,** los múltiplos y submúltiplos del **metro cuadrado** (unidad principal para medir el área) más empleados son éstos:

1 metro cuadrado (m²) = 100 decímetros cuadrados (dm²) = 10 000 centímetros cuadrados (cm²) = 1 000 000 milímetros cuadrados (mm²).
1 kilómetro cuadrado (km²) = 100 hectómetros cuadrados (hm²) = 10 000 decámetros cuadrados (dam²) = 1 000 000 metros cuadrados (m²).

En seguida se plantean algunos ejemplos para el cálculo de áreas.

El área más sencilla de calcular es la del cuadrado. Si el lado de un cuadrado mide 5 cm, se traza una cuadrícula cuyos cuadrados midan 1 cm por lado y se coloca el cuadrado de manera que sus lados coincidan con los de las figuras de la cuadrícula.

Si se desea calcular el área de un cuadrado cuyos lados miden 3.5 cm (35 mm), se puede trazar una cuadrícula con cuadrados de 1 mm de lado (o emplear una hoja de papel milimétrico), y se coloca sobre ella el cuadrado, de manera que los lados de éste coincidan con los de las figuras de la cuadrícula.

Los dos ejemplos anteriores se pueden resolver también de la siguiente forma:

Se cuadricula el cuadrado y se cuentan las figuras que caben en él.

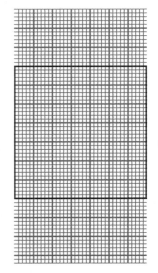

Área = lado × lado = ℓ^2

Área = a × b

El número de cuadrados que caben en un cuadrado de lado ℓ es, precisamente, el cuadrado de ℓ, por tanto, el área de un cuadrado de lado ℓ es la siguiente:

$$A = \text{lado} \times \text{lado} = \ell^2$$

Considérese ahora el siguiente caso: se dibujan dos rectángulos, uno cuyos lados midan 3 y 5 cm respectivamente, y otro con lados de 3.5 y 4.5 cm; el primero se divide en cuadrados de 1 cm de lado, y el segundo en cuadrados de 1 mm de lado. El resultado es:

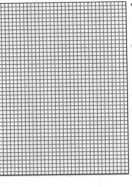

Si se observan las figuras anteriores, se concluye que el número de cuadrados trazados dentro de un rectángulo de lados **a** y **b** es precisamente **a** × **b**, es decir, el área de un rectángulo de lados **a** y **b** es ésta: **A = a × b**

Si se denomina **base** al lado **b** y **altura** al lado **a**, se tiene:

Área del rectángulo = base × altura

EJERCICIOS

1

Traza, en una hoja de papel cuadriculado, cuadrados que tengan las siguientes áreas. Emplea las figuras del papel como unidades cuadradas.

a) 4 u^2 b) 9 u^2 c) 16 u^2 d) 25 u^2
e) 36 u^2 f) 49 u^2 g) 64 u^2 h) 81 u^2

- Indica la medida de los lados de cada cuadrado y verifica las áreas con la fórmula respectiva.

2

Dibuja dos rectángulos con las áreas indicadas en una hoja de papel cuadriculado. Usa los cuadros como unidades cuadradas.

a) 6 u^2 b) 8 u^2 c) 12 u^2 d) 15 u^2
e) 10 u^2 f) 18 u^2 g) 20 u^2 h) 24 u^2

3

Traza, en una hoja de papel cuadriculado, una figura formada por cuadrados y rectángulo. Contesta.

- ¿Cuánto mide el área de la figura que dibujaste?

4

Dibuja un cuadrado que mida 8 unidades por lado y encuentra su área. Traza una diagonal, colorea una de las partes que se forman y responde las siguientes preguntas.

- ¿Qué figura se obtiene?
- ¿Qué parte del cuadrado representa?
- ¿Cuál es el área de la figura que obtuviste? Explica.

5

Resuelve los siguientes problemas.

a) Una pared de la casa de Armando será cubierta con mosaico. Las dimensiones de la pared son 2 m de altura y 3 m de largo. Si los mosaicos miden 20 cm de lado, ¿cuántos mosaicos se necesitan?

b) El piso de la habitación de María es un cuadrado cuyos lados miden 3.6 m, y será renovado con mosaico. Si María quiere que todas las piezas queden enteras y los mosaicos son cuadrados de 3, 4, 6 y 12 cm por lado, ¿cuál opción cumple con la condición de que sean piezas enteras? ¿Cuántos mosaicos se necesitarán?

Área de triángulos

En uno de los ejercicios planteados respecto al cálculo del área de un cuadrado, se solicita trazar una diagonal dentro de un cuadrado (o rectángulo) y observar la figura obtenida al colorear una de las partes en que se dividió la original.

Con la solución de ese ejercicio se puede responder la siguiente pregunta: ¿Cómo se calcula el área de un triángulo rectángulo?

Un triángulo rectángulo se define como la mitad de un rectángulo. Es decir, si se corta un rectángulo con una diagonal, los lados que forman el ángulo recto de éste son también los del ángulo recto del triángulo; por tanto, con la diagonal planteada se obtienen dos triángulos rectángulos que cubren la misma área:

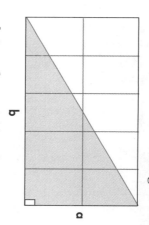

Entonces el área de un triángulo rectángulo, cuyos lados perpendiculares miden **a** y **b**, es igual que la mitad del área del rectángulo de lados **a** y **b**.

$$\text{Área} = \frac{\text{base} \times \text{altura}}{2}$$

Si se coloca el triángulo de forma que su **base** sea precisamente **b**, el lado **a** es la **altura** del vértice opuesto a **b** sobre ésta. En estos términos, el área del triángulo rectángulo se calcula mediante la siguiente fórmula:

Si se considera un triángulo acutángulo, entonces la fórmula para conocer su área se obtiene como sigue:

Lo primero es trazar la **altura** sobre la **base**; el triángulo queda dividido en dos triángulos rectángulos, como se ejemplifica a continuación.

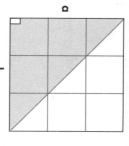

Luego se completan las figuras para formar un rectángulo mayor.

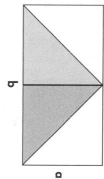

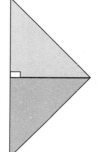

Al final, el área del triángulo es precisamente la mitad del área total del rectángulo cuyos lados son la **base** y la **altura** del triángulo; es decir, la fórmula para calcular el área de un triángulo acutángulo también es ésta:

$$\text{Área} = \frac{\text{base} \times \text{altura}}{2}$$

a = altura

b = base

$$\text{Área} = \frac{b \times a}{2}$$

También se requiere determinar la fórmula con la que se calcula el área de un triángulo obtusángulo; el procedimiento es el siguiente: se toma como base el lado opuesto al vértice del ángulo obtuso y se procede de la misma manera que con el triángulo acutángulo:

Por consiguiente, para este caso el área también es la siguiente:

$$\text{Área} = \frac{\text{base} \times \text{altura}}{2}$$

Los tres ejemplos anteriores permiten concluir que la fórmula para la obtención del área de **cualquier triángulo** es el siguiente:

$$\text{Área del triángulo} = \frac{\text{base} \times \text{altura}}{2}$$

EJERCICIOS

1

Traza, en una hoja de papel cuadriculado, triángulos rectángulos isósceles cuyos lados iguales tengan las siguientes dimensiones. Emplea un lado de los cuadritos como unidad (u).

a) 4 u   b) 7 u   c) 9 u   d) 12 u
e) 14 u   f) 15 u   g) 18 u   h) 20 u

• Calcula el área de cada triángulo, completa los rectángulos correspondientes y comprueba que tus resultados sean correctos.

2

Dibuja, en una hoja de papel cuadriculado, triángulos rectángulos cuyos lados perpendiculares poseen las dimensiones que se indican.

a) 2 u y 3 u   b) 4 u y 5 u
c) 8 u y 12 u   d) 15 u y 17 u

• Calcula el área de cada triángulo, completa los rectángulos correspondientes y comprueba que tus resultados sean correctos.

3

Traza un triángulo isósceles con base de 5 u y altura de 7 u.

• Calcula el área de la figura, completa el rectángulo correspondiente y comprueba tu resultado.

4

Dibuja, en una hoja de papel cuadriculado, tres triángulos distintos con base igual que 4 u y altura de 5 u. Responde.

• ¿Cómo se puede constatar que los tres triángulos tienen la misma altura?
• ¿Cuál es el área de cada triángulo?
• Completa los rectángulos correspondientes y comprueba tus resultados.

5

Construye un triángulo obtusángulo escaleno en una hoja de papel cuadriculado. Calcula el área del triángulo, completa el rectángulo correspondiente y comprueba tu resultado.

6

Calcula el área de los siguientes triángulos cuyas bases y alturas son:

a) 3 cm y 6 cm   b) 5 cm y 8 cm
c) 6 cm y 3 cm   d) 4 cm y 4 cm
e) 4 cm y 7 cm   f) 4 cm y 12 cm

7

Construye una figura con triángulos, cuadrados y rectángulos sobre el papel cuadriculado y calcula su área.

Área de paralelogramos y trapecios

Los paralelogramos son cuadriláteros cuyos lados opuestos son paralelos.

De la misma manera que para el triángulo, se puede derivar la fórmula para calcular el área de los paralelogramos. El procedimiento es como sigue:

a Se traza un paralelogramo.

b Se traza la altura de éste.

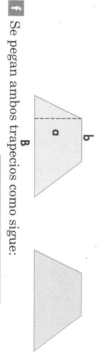

Área = **b** × **a**

c Se recorta el paralelogramo.

d Se hace lo mismo con uno de los triángulos formado por un lado y la altura del paralelogramo.

e Se pega este triángulo sobre el lado paralelo a aquel que se cortó.

Se obtiene un rectángulo. Como el área de un rectángulo es igual que la base por la altura, la de un paralelogramo es de la siguiente manera:

Área de un paralelogramo = base × altura

Una vez obtenida la fórmula, el cálculo del área de cualquier paralelogramo se encuentra mediante dicha expresión.

Un **trapecio** es una figura geométrica que posee dos lados paralelos.

El procedimiento para la obtención de la fórmula que permite calcular el área de un trapecio es el siguiente:

a Se dibuja el trapecio.

b Se designa **B** al lado paralelo mayor (base mayor).

c Se denomina **b** al lado paralelo menor (base menor).

d Se designa con la letra **a** la altura sobre el lado mayor.

e Se traza otro trapecio igual que el anterior.

f Se pegan ambos trapecios como sigue:

Se obtiene un paralelogramo.

Área = $\dfrac{(B + b) \times a}{2}$

El trapecio tiene la mitad del área de un paralelogramo.

Este paralelogramo tiene las siguientes dimensiones:

La base del paralelogramo es igual que **B + b**, o sea, es la suma de las longitudes de los lados paralelos (base mayor y base menor) y la altura es la misma que la del trapecio, en este caso, **a**.

Entonces, la fórmula del área del trapecio es:

$$\text{Área del trapecio} = \frac{(B + b) \times a}{2}$$

Por último se usa la fórmula obtenida.

EJERCICIOS

1

Traza dos paralelogramos distintos con 5 cm de base y altura de 4 cm; realiza los cortes necesarios para convertir cada uno en rectángulo. Calcula el área en cada caso.

- ¿Cómo son los rectángulos obtenidos?
- ¿Cómo son sus áreas?

2

Dibuja dos rectángulos de 7 cm de base y 5 cm de altura, recórtalos de manera que puedas construir dos paralelogramos distintos y calcula el área de éstos.

- ¿Cómo son sus áreas?

3

Traza cinco paralelogramos distintos con bases y alturas iguales, e indica cómo son sus áreas.

4

Calcula el área de los siguientes paralelogramos.

a)
3.5 cm
4 cm

b)
3.5 cm
4.5 cm

c)
3.5 cm
3.5 cm

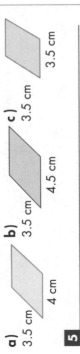

5

Traza dos paralelogramos con las siguientes dimensiones y calcula sus respectivas áreas.

a) base = 3 cm
altura = 6 cm

b) base = 5.5 cm
altura = 5 cm

c) base = 7.6 cm
altura = 3.5 cm

6

Dibuja dos parejas de trapecios distintos que tengan las mismas bases mayores, bases menores y alturas. Recórtalos, pégalos para formar dos paralelogramos y calcula las áreas de éstos.

- ¿Cómo son los paralelogramos?
- ¿Cómo son sus áreas?

7

Traza dos paralelogramos iguales; recórtalos de manera que se obtengan dos trapecios iguales de cada uno, pero distintos de los formados con el otro. Calcula las áreas respectivas.

- ¿Tienen la misma área? ¿Por qué?

8

Calcula el área de los siguientes trapecios.

a)
5 cm
3.2 cm
9 cm

b)
0.5 cm
4 cm
2.5 cm

c)
2.5 cm
3.5 cm
2 cm

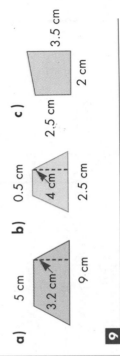

9

Traza trapecios de las medidas indicadas y calcula sus áreas.

a) base mayor = 5 cm
base menor = 3 cm
altura = 4 cm

b) base mayor = 8 cm
base menor = 5.5 cm
altura = 4 cm

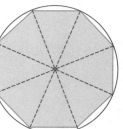
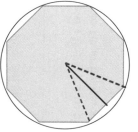
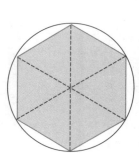
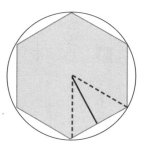

Área de polígonos regulares

Todos los polígonos regulares poseen una **circunferencia circunscrita**. Si se unen los vértices del polígono con el centro de su circunferencia circunscrita, entonces se obtienen triángulos isósceles iguales.

¿Cómo se calcula el área de un polígono regular? Se procede como en las otras figuras, es decir, se busca la fórmula pero en este caso se parte de la fórmula del triángulo. Para ello el polígono se secciona en triángulos y luego se ejecutan los siguientes pasos:

El procedimiento empleado es el siguiente:

a Se calcula el área de un triángulo.

b Se multiplica el área obtenida por el número de triángulos que forman el polígono.

c Se obtiene el área del polígono.

El área de alguno de los triángulos que forman el polígono se calcula como sigue:

a Se determina la **altura** del triángulo. Ésta queda determinada por la perpendicular trazada desde el centro de la circunferencia circunscrita a cada lado del polígono. La altura de los triángulos, dentro del polígono, se llama **apotema** del polígono.

b La base del triángulo es un lado del polígono.

c Se aplica la fórmula para el cálculo del área.

Procedimiento	
Condición	$a = b = c = d = e = f$ g = apotema
Área del triángulo	$\dfrac{c \times g}{2}$
Área del polígono	$\dfrac{6\,(c \times g)}{2}$ ó $\dfrac{(g \times c)\,n}{2}$ donde n = número de lados

Entonces el área de un polígono regular de **n** lados, con apotema **a** y lado ℓ, es el producto del área del triángulo por el número de triángulos entre dos:

$$\text{Área del triángulo} = a \times \ell \qquad n = \text{número de triángulos}$$

$$\textbf{Área de un polígono regular} = \frac{(a \times \ell)\,n}{2} = \frac{a\,(\ell \times n)}{2}$$

Al considerar el producto $\ell \times n$, se obtiene el perímetro del polígono. Por tanto, la fórmula se simplifica como: **Área de un polígono regular** = $\dfrac{(p \times a)}{2}$

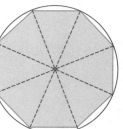
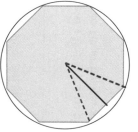

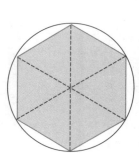
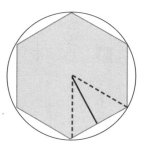

Si se toma como centro el de la circunferencia circunscrita y como radio el apotema del polígono regular, se obtiene una **circunferencia inscrita** que es tangente a todos los lados del polígono.

EJERCICIOS

1 Traza, en una hoja de papel cuadriculado, un hexágono regular con una circunferencia circunscrita de 7 unidades de radio. Mide los lados y el apotema de la figura y calcula su área. Verifica tu respuesta.

2 Dibuja un cuadrado cuya circunferencia circunscrita mida 5 cm de radio. Mide los lados y el apotema del paralelogramo; calcula su área mediante las fórmulas establecidas para el cuadrado y el polígono inscrito. Verifica tu respuesta.

3 Traza los siguientes polígonos regulares en una circunferencia circunscrita de 9 cm de radio y remárcalos con los colores indicados.

a) Cuadrado, con rojo.
b) Pentágono, con azul.
c) Hexágono, con verde.
d) Heptágono, con amarillo.
e) Octágono, con anaranjado.

• Mide los lados y apotemas de las figuras, calcula sus áreas y ordénalas de menor a mayor.

4 Responde de acuerdo con los resultados obtenidos en el ejercicio anterior.

• Cuando se trazan, en la misma circunferencia circunscrita, polígonos regulares que cada vez tengan más lados, ¿cómo son sus áreas? ¿A qué figura se parecen cada vez más?

5 Dibuja, en una hoja de papel cuadriculado, un octágono regular con una circunferencia circunscrita que mida 8 unidades de radio y marca su apotema. Con radio igual que la apotema y el mismo centro que la circunferencia circunscrita, traza una circunferencia inscrita; considérala como circunferencia circunscrita de un cuadrado y construye éste. Mide los lados de los polígonos regulares y calcula sus áreas. Verifica tus resultados.

6 Traza, en una hoja de papel cuadriculado, un polígono regular de 12 lados con una circunferencia circunscrita de 12 unidades de radio; calcula su área.

7 Calcula el área de los siguientes polígonos regulares.

⌐ Este símbolo indica que forman ángulo recto el lado y la línea señalada.

a) 3 cm   2 cm

b) 5.2 cm   4.5 cm

c) 4.7 cm   3.4 cm

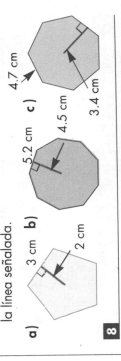

8 Encuentra el área de los siguientes polígonos irregulares. ¿Qué procedimiento se debe emplear en vez de la fórmula estudiada?

a) 1.5 cm   2 cm   2 cm

b) 4 cm   2 cm   2 cm

c) 2 cm   1 cm   1.5 cm   1 cm   3.5 cm

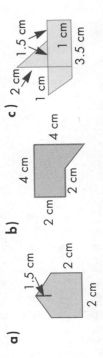

Área de figuras compuestas

El área de las figuras irregulares no se obtiene mediante una fórmula, se pueden efectuar algunos arreglos en las figuras y varios cálculos para determinarla.

¿Cómo se calcula el área de la siguiente figura?

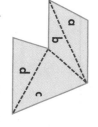

Esta figura está formada por paralelogramos, trapecios, etc., es decir, puede descomponerse en polígonos cuyas áreas se sabe calcular.

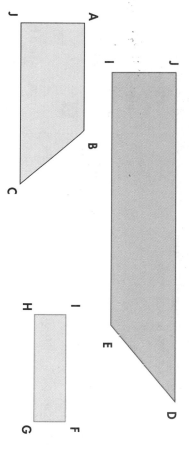

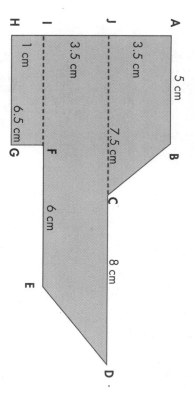

En el primero de los ejemplos anteriores, el área se calcula así:

Figura **ABCJ** (trapecio)

$$\text{Área} = \frac{(7.5 + 5) \times 3.5}{2} = \frac{12.5 \times 3.5}{2} = \frac{43.75}{2} = 21.875 \text{ cm}^2$$

Figura **JDEI** (trapecio)

Base mayor = 7.5 + 8 = 15.5

Base menor = 6.5 + 6 = 12.5

$$\text{Área} = \frac{(15.5 + 12.5) \times 3.5}{2} = \frac{28 \times 3.5}{2} = \frac{98}{2} = 49 \text{ cm}^2$$

Figura **FGHI** (rectángulo)

Área = 6.5 × 1 = 6.5 cm²

Área total de la figura **ABCDEFGH**

Área figura **ABCJ** + Área figura **JDEI** + Área figura **FGHI**

21.875 cm² + 49 cm² + 6.5 cm² = 77.375 cm²

EJERCICIOS

1 Copia las figuras en tu cuaderno y descompónlas en polígonos regulares.

a)

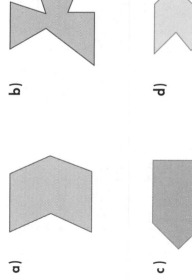

b)

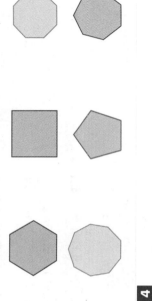

c)

d)

2 Calcula el área de las siguientes figuras.

a)

3 cm
4.5 cm
1.5 cm
6.5 cm
2 cm
2.5 cm

b)

2.5 cm
1.5 cm
1 cm
2 cm
3 cm

c)

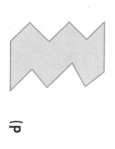

3.5 cm
2.5 cm
2 cm
2 cm
2.5 cm

d)

1.5 cm
1.5 cm
1.5 cm
2.5 cm
3.5 cm
1.5 cm
2 cm
3 cm

---

3 Construye cinco figuras con los polígonos que aparecen en seguida y calcula sus respectivas áreas.

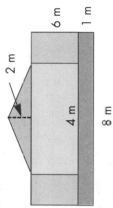

4 Resuelve los siguientes problemas.

a) ¿Qué cantidad de pintura se requiere para remozar la fachada de un edificio como el de la figura, si se sabe que se emplean 0.3 ℓ de pintura por metro cuadrado?

2 m
6 m
1 m
4 m
8 m

b) En una escuela se realizó un concurso de creación de figuras abstractas con la siguiente base: emplear la menor cantidad posible de papel. Los finalistas fueron Javier, Alfredo, Ismael y Jorge, cuyas composiciones son las siguientes:

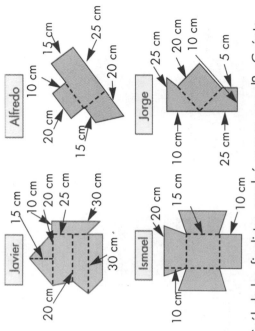

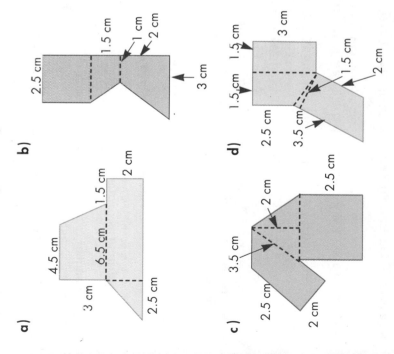

¿Cuál de los finalistas empleó menos papel? ¿Cuánto gastó cada uno si el metro cuadrado de papel cuesta $ 3.50?

157

Perímetro y área del círculo

Anteriormente se estudiaron los procedimientos para calcular el perímetro y el área de las figuras planas con lados rectos.

Ahora se estudiará esto para el círculo. El perímetro de un círculo es la longitud de su circunferencia.

Un procedimiento para determinar la dimensión de las circunferencias es:

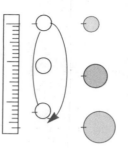

a Se trazan y recortan círculos de 1, 2 y 3 cm de radio; se marca un punto en las circunferencias correspondientes.

b Se coloca la marca en el 0 de la regla.

c Se hace rodar con cuidado cada círculo sobre la regla, se señala el sitio donde de la marca vuelve a tocar a la regla y se mide esa distancia.

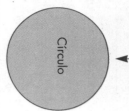

Las mediciones anteriores no son exactas; es decir, el círculo de 1 cm de radio posee una circunferencia mayor que 6.2 cm; el de 2 cm de radio posee una que mide más de 12.5 cm, y el de 3 cm de radio, una cuya medida supera 18.8 cm. Aunque se hicieran subdivisiones de la unidad cada vez más pequeñas, las circunferencias no podrían medirse exactamente.

Existe, sin embargo, una relación entre las medidas obtenidas y el diámetro de los círculos; si se considera la razón entre la circunferencia y su diámetro, resulta siempre un número mayor que 3.1. Este número se representa con la letra griega π cuyo nombre es **pi**.

$$\frac{\text{circunferencia}}{\text{diámetro}} = \pi$$

Como $\dfrac{\text{circunferencia}}{\text{diámetro}} = \pi$; si ambos lados de la igualdad se multiplican por el **diámetro** y se simplifica la expresión, resulta lo siguiente:

$$\textbf{circunferencia} = \textbf{diámetro} \times \pi = \textbf{2} \times \textbf{radio} \times \pi$$

Las aproximaciones más empleadas para π son 3.14 y 3.1416, que es más precisa. No obstante ambos números son sólo aproximaciones; ninguno es realmente π.

π no es una fracción; por consiguiente, tampoco es un número decimal periódico; y π es igual que 3.141592653... (los puntos suspensivos indican que sigue un número infinito de dígitos y no hay período).

El procedimiento se detalla en seguida:

a Se trazan tres círculos de 3 cm de radio sobre cartulina y se colorean.

b Se dividen los círculos con el transportador en 16, 18 y 20 partes iguales, respectivamente y se recortan las piezas.

c Se juntan las piezas de cada círculo para formar figuras muy parecidas a los paralelogramos.

Es claro que el círculo no se puede cuadricular; entonces, ¿cómo se calcula su área? El cálculo respectivo se realiza mediante cortes, como en el caso del paralelogramo o el trapecio, y el área del círculo en la de una figura conocida.

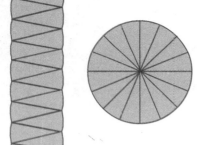

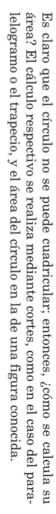

Circunferencia

Círculo

Perímetro = Circunferencia

Área = Círculo

El parecido con el paralelogramo es mayor a medida que aumenta el número de piezas; por tanto, las del tercer círculo forman una figura más parecida a la de un paralelogramo que las del primero. Cuanto menor sea el tamaño de las piezas, más parecida será la figura armada a un **paralelogramo con un área igual que la del círculo.**

El paralelogramo construido tiene como base la mitad de la circunferencia del círculo original, y como altura al radio de éste. Entonces el área de la figura es ésta:

Área del paralelogramo = área del círculo = $(\dfrac{circunferencia}{2}) \times radio$

Como circunferencia = diámetro $\times \pi = 2 \times$ radio $\times \pi$, entonces:

$$\dfrac{circunferencia}{2} = radio \times \pi$$

Así se obtiene la fórmula para determinar el área del círculo:

Área del círculo = radio $\times \pi \times$ radio = radio$^2 \times \pi$

EJERCICIOS

1

Resuelve los siguientes problemas.

a) Si un círculo posee un diámetro tres veces mayor que otro, ¿cuál es la razón que existe entre sus circunferencias (perímetros)?

b) Los antiguos egipcios usaron la fracción $\dfrac{22}{7}$ como π. ¿Es ésta una buena aproximación? ¿Cuál es la mejor aproximación a π: $\dfrac{25}{8}$, $\dfrac{22}{7}$ ó $\dfrac{19}{6}$?

2

Traza los círculos con los radios indicados y calcula su respectiva circunferencia.

a) radio = 3 cm
b) radio = 5.5 cm
c) radio = 7.8 cm
d) radio = 12.3 cm

3

Traza en tu cuaderno un círculo con radio de 5 cm, divídelo en 16 partes iguales, recorta éstas y arma una figura parecida a un paralelogramo.

• ¿Cuál es el área aproximada de esta figura?
• ¿Cuál es, entonces, el área aproximada del círculo?
• Verifica tus resultados. Emplea la fórmula que corresponde en cada caso.

4

Realiza lo mismo que en el ejercicio anterior, pero ahora con un círculo de 7 cm de radio, dividido en 36 partes iguales.

• ¿Cuál de las áreas aproximadas se acercó más al resultado obtenido con la fórmula?

5

Traza dos círculos concéntricos, uno de radio 4 cm y otro de radio 7 cm.

• ¿Cuál es el área del anillo que queda entre los dos?

6

Dibuja, en una hoja de papel cuadriculado, un círculo de 10 u de radio y nombra O a su centro. Traza un cuadrado de 20 u por lado, cuyos lados sean tangentes a la circunferencia. Nombra A, B, C, D los vértices del cuadrado y R, S, T, U los puntos donde éste toca la circunferencia. ¿Cuál es el área del cuadrado ABCD? ¿Cuál es el área del cuadrado RBSO?

El área del círculo es π veces la del cuadrado RBSO, y el área del cuadrado **ABCD** es 4 veces la de **RSTO**.

Entonces el área del círculo es mayor que $\dfrac{3}{4}$ partes de la del cuadrado **ABCD** y mayor que 3 veces la del cuadrado **RBSO**.

Tema 2

Sólidos

Poliedros

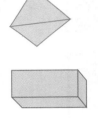

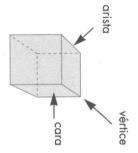
arista

vértice

cara

Regulares

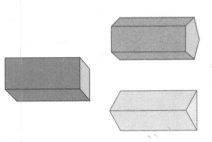

Irregulares

Elementos básicos

En el salón de clase se aprecia una gran variedad de objetos como el borrador, la caja de gises, las sillas, el escritorio del profesor, el bote de basura, las monedas, etc; estos objetos se denominan **cuerpos** o **sólidos**.

Todos los cuerpos tienen características particulares, pero si se comparan entre sí, se observa que varios de ellos poseen caras planas o curvas.

Los cuerpos anteriormente mencionados se llaman **sólidos geométricos**. Éstos tienen tres dimensiones: **largo, ancho y alto**.

Todos los sólidos geométricos, formados por **caras planas**, se llaman **poliedros**.

Los poliedros están formados por:

Caras. Son las superficies que lo limitan, las cuales simpre son polígonos. En una caja cualquiera las caras quedan representadas por las partes planas de ésta.

Aristas. Son las líneas de intersección de dos planos, es decir, el lugar donde se juntan dos caras. En una caja las aristas son las orillas.

Vértices. Son los puntos donde se juntan tres o más aristas. En la caja éstos quedan determinados por las puntas.

Una caraterística notable de los poliedros es la siguiente:

Número de caras – Número de aristas + Número de vértices = 2

Existen dos tipos de poliedros, los **regulares** y los **irregulares**.

Los poliedros regulares tienen las siguientes características: todas sus caras son polígonos regulares y en cada vértice se une la misma cantidad de aristas; los poliedros regulares son el tetraedro, el hexaedro, el octaedro, el dodecaedro y el icosaedro. Un ejemplo de hexaedro es un dado.

Los poliedros irregulares que destacan por su forma son los siguientes: los prismas y las pirámides.

Los prismas son poliedros irregulares limitados por dos polígonos iguales y paralelos llamados bases y por un número de caras laterales (paralelogramos) igual que el número de lados de sus bases.

De acuerdo con los aspectos de los poliedros, surge la siguiente pregunta: ¿Qué se puede medir en los poliedros?

Se puede medir el **área**; ésta se considera como la superficie de las caras que delimitan al poliedro. Por ejemplo, en un cubo el área queda delimitada por los cuadrados que constituyen sus caras.

También se cuantifica el **volumen**, es decir, el espacio que ocupa dicho poliedro. Por ejemplo, el volumen de una caja de cartón es el espacio que ocupa ésta y la medida de ese espacio.

Además, se mide la **capacidad**, que es la propiedad de los cuerpos de poder contener otros. Por ejemplo, en un envase de jugos aparece una leyenda relacionada con la cantidad de líquido que éste contiene.

El volumen y la capacidad están relacionados, pero se diferencian en que el volumen es la dimensión de un espacio determinado y la capacidad es la cantidad de algún fluido que se puede contener en ese espacio.

EJERCICIOS

1

Identifica y señala los poliedros regulares.

a)

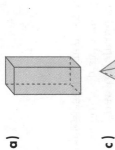

b)

c)

d)

e)

f)

2

Copia en tu cuaderno los siguientes poliedros y marca con c la cara, con v el vértice y con a la arista.

a)

b)

c)

d)

e)

f)

3

Obtén las dimensiones de los siguientes poliedros, reprodúcelos con escala 2:1 y coloréalos.

a) Cubo

b) Tetraedro

c) Dodecaedro

d) Octaedro

e) Icosaedro

f) Prisma cuadrangular

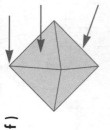

g) Prisma rectangular

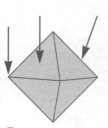

h) Prisma triangular

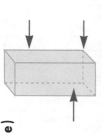

4

Calcula lo que se indica en cada caso.

a) El número de caras de un poliedro si éste posee 15 aristas y 10 vértices.

b) El número de vértices de un poliedro que tiene 12 aristas y 6 caras.

c) El número de aristas de un poliedro si está formado por 8 caras y 12 vértices.

• Escribe el nombre de los prismas referidos en los incisos **a** y **c**.

Cubos, paralelepípedos y prismas

En algunos juegos de azar se emplean dados; a los niños pequeños se les dan dados de madera o plástico para que se inicien en la manipulación de objetos; también tienen forma de dados algunas cajas y ciertos trozos de hielo. Todos los cuerpos mencionados son **hexaedros** o **cubos.**

Cubo

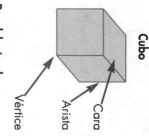

- Cara
- Arista
- Vértice

Un hexaedro o cubo es un poliedro regular con seis caras; éste posee las siguientes características:

- Sus caras son cuadrados.
- En cada vértice se reúnen tres aristas.

Paralelepípedo

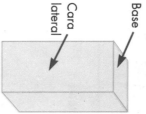

- Base
- Cara lateral

Si se observa una caja de galletas y se determinan las figuras geométricas de sus caras y sus bases, se observa que todas ellas son paralelogramos, es decir, tienen sus lados paralelos dos a dos. Esto indica que se trata de un **paralelepípedo.**

Los paralelepípedos son poliedros formados por dos **paralelogramos** iguales y paralelos entre sí, llamados **bases**, y por otros **paralelogramos** denominados **caras laterales.** El número de caras laterales siempre es igual que cuatro.

Con frecuencia se encuentran cajas de chocolates o de otros productos, por ejemplo galletas, que tienen las bases con forma diferente a la de un paralelogramo, es decir, tienen forma de triángulos o polígonos; entonces se dice que son **prismas.**

Los prismas, a diferencia de los paralelepípedos y cubos, son poliedros formados por dos **polígonos** iguales y paralelos entre sí, llamados **bases**, y por varios **paralelogramos** denominados **caras laterales.** El número de caras laterales es igual que el número de lados de las bases. Sus nombres dependen de la forma de sus **bases.** Por ejemplo, si éstas tienen forma de triángulo, el prisma se llama triangular. Otros prismas son cuadrangulares, rectangulares, pentagonales, hexagonales, etc.

Cuando en un prisma todas las aristas laterales son perpendiculares a sus bases, se llama **prisma recto.** Los que no cumplen con esta característica, se conocen como **prismas oblicuos.**

Prisma recto pentagonal

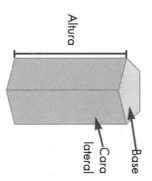

- Altura
- Base
- Cara lateral

Otro aspecto por considerar en los prismas es la **altura**; es decir, la distancia que hay entre las bases. En los prismas rectos la altura queda determinada por las aristas laterales.

La construcción de prismas rectos se puede realizar así:

a Se traza sobre papel o cartulina el desarrollo del prisma, que consiste en dibujar las caras laterales y las bases. En algunas aristas de las caras laterales se trazan unos pequeños trapecios, denominados pestañas.

b Se recorta el contorno del desarrollo anterior.

c Se pegan las pestañas con las partes correspondientes y se completa la construcción del prisma.

Prisma oblicuo

recortar y pegar

EJERCICIOS

1

Copia los siguientes poliedros y señala una base, una cara lateral, una arista y un vértice.

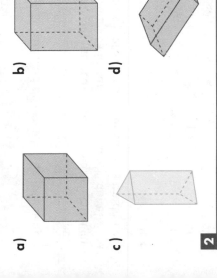

a)

b)

c)

d)

2

Escribe en tu cuaderno el nombre de la base de los siguientes prismas.

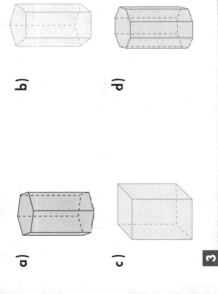

a)

b)

c)

d)

3

Anota los nombres de los siguientes prismas; identifica primero la forma de las bases.

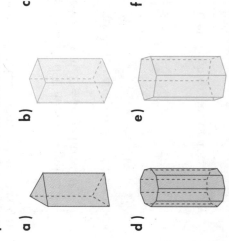

a)

b)

c)

d)

e)

f)

4

Copia en una cartulina los siguientes desarrollos de prismas y constrúyelos.

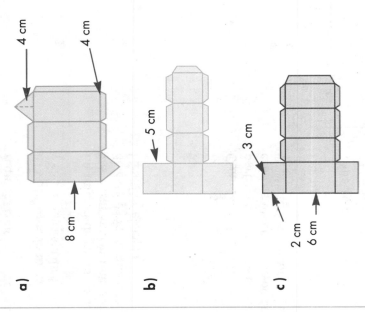

a)

8 cm

4 cm

4 cm

b)

5 cm

c)

3 cm

2 cm

6 cm

- Escribe el nombre de cada uno.

5

Construye con plastilina los cuerpos geométricos que se indican.

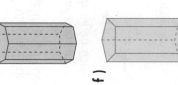

- Indica cuáles son paralelepípedos.

a) Prisma oblicuo hexagonal.

b) Prisma recto hexagonal.

c) Prisma oblicuo rectangular.

d) Prisma recto rectangular.

e) Prisma oblicuo cuadrangular.

f) Prisma recto cuadrangular.

g) Cubo.

h) Prisma recto pentagonal.

i) Prisma oblicuo pentagonal.

Unidades de volumen y capacidad I

Cuando se va al mercado, es importante elaborar una lista de lo que se debe comprar, considerando los artículos necesarios en la casa; pero en lo que casi nunca se piensa, es en el espacio que ocuparán los productos, ya sea en el carrito o en el medio que se transportarán.

Por ejemplo, si se compra una caja de galletas, una caja de pasta dental, una caja de cereal, etc., ¿qué espacio ocuparán ellas? Para resolver el problema se requiere conocer el **volumen** de cada caja.

El **volumen** de un cuerpo geométrico es la cantidad de espacio que éste ocupa, y se puede cuantificar mediante una unidad.

La unidad de volumen se basa en el espacio que ocupa un hexaedro o cubo cuyas caras miden una unidad de lado. Como cada cara es un cuadrado, el área de ésta es igual que una unidad cuadrada y el volumen del cubo es unidad cúbica. Por ejemplo:

1 cm³

1 mm³

Cuando se determinó el área de una figura, se trazó una cuadrícula sobre la superficie de ésta y se obtuvo la cantidad de unidades cuadradas que poseía. En el caso de un cuerpo geométrico, se realiza algo parecido para conocer el volumen: se cuantifica la cantidad de unidades cúbicas que se pueden incluir en él.

Las **unidades cúbicas del Sistema Métrico Decimal** son:

1 metro cúbico (m³) = 1 000 decímetros cúbicos (dm³) = 1 000 000 centímetros cúbicos (cm³) = 1 000 000 000 milímetros cúbicos (mm³)
1 kilómetro cúbico (km³) = 1 000 hectómetros cúbicos (hm³) = 1 000 000 decámetros cúbicos (dam³) = 1 000 000 000 metros cúbicos (m³)

Ahora, si se quiere determinar la cantidad de agua que contiene un recipiente de forma cúbica, se tendrá que calcular su **capacidad**. La unidad principal de capacidad es el litro.

Las **unidades de capacidad** en el **Sistema Métrico Decimal** son las que enseguida se muestran:

1 litro (ℓ) = 10 decilitros (dl) = 100 centilitros (cl) = 1 000 mililitros (ml)
1 kilolitro (kl) = 10 hectolitros (hl) = 100 decalitros (dal) = 1 000 litros (ℓ)

El litro es una unidad de capacidad que equivale al volumen de 1 kg de masa de agua a una temperatura y presión estándar.

1ℓ

El volumen de 1 litro de agua cabe en 1 decímetro cúbico; por tanto:

1 litro = 1 decímetro cúbico

1 litro

1 dm³

Unidades principales	
Volumen	m³ (metro cúbico)
Capacidad	ℓ (litro)

De acuerdo con la relación anterior, se puede decir que calcular el volumen y la capacidad resultan equivalentes, pero se deben cuidar las unidades empleadas y sus respectivas conversiones.

EJERCICIOS

1 **Copia en tu cuaderno las igualdades y completa.**

a) $1\ 000\ cm^3 =$ _____ dm^3

b) $1\ 000\ 000\ cm^3 =$ _____ m^3

c) $1\ 000\ 000\ dm^3 =$ _____ m^3

d) $1\ 000\ hm^3 =$ _____ km^3

e) $1\ 000\ km^3 =$ _____ dam^3

2 **Copia en tu cuaderno las expresiones y relaciónalas.**

1 m³ equivale a	metro cúbico
Unidad principal para medir capacidad	1 000 000 dam³
1 hectolitro equivale a	litro
1 km³ equivale a	10 dal
Unidad principal para medir volumen	10 ml
1 centilitro equivale a	1 000 000 cm³

3 **Copia la siguiente tabla y complétala. Considera lo que se muestra en el ejemplo.**

Metros cúbicos	Decímetros cúbicos	Centímetros cúbicos
1	1 000	1 000 000
	1	1 000
	0.01	10
0.01		10 000
	0.001	1
50	1 500	50 000 000
	70	

4 **Construye con cartulina un cubo de 10 cm de lado y traza decímetros cuadrados en una hoja de papel milimétrico. Forra el cubo con el papel milimétrico, marca la mitad de la altura del cubo y responde.**

• ¿Cuántos centímetros cúbicos caben sólo en la parte señalada?

5 **Realiza lo que se indica.**

a) Consigue una caja de zapatos y mide su volumen con cualquier unidad, por ejemplo: la unidad empleada puede ser un dado.

b) Busca dos cajas de cerillas una grande y otra chica. ¿Qué unidades emplearías para medir los volúmenes de esas cajas?

c) Observa una caja de cereal y determina qué unidad emplearías para medir su volumen.

6 **Escribe tres ejemplos de objetos cuyos volúmenes sean los siguientes.**

a) Menor que 1 dm³.

b) Mayor que 1 dm³ y menor que 100 dm³.

c) Mayor que 100 dm³ y menor que 1 m³.

d) Mayor que 1 m³ y menor que 100 m³.

e) Mayor que 100 m³.

7 **Realiza las estimaciones de volumen de los cuerpos.**

a) Caja de *tráiler*.

b) El salón de clases.

c) Caja de pasta de dientes.

d) Caja de gises.

e) Caja de galletas.

Unidades de volumen y capacidad II

Un contratista debe construir una alberca con las siguientes dimensiones: 50 m de largo, 20 m de ancho y 10 m de profundidad. ¿Qué volumen de tierra deberá desplazar para construirla? Y cuando esté concluida, ¿qué capacidad tendrá? Es decir, ¿con cuántos litros de agua se llenará?

El dato que se obtendrá para el volumen se referirá a metros cúbicos, y el de la capacidad, a los litros que caben en ella.

Una forma de calcular el volumen consiste en dibujar un paralelepípedo, que representa la alberca, con las dimensiones a escala. En él se determinará la cantidad de cubos de 1 m³, también a escala, que ocupan el espacio determinado por las medidas de la alberca.

La capacidad se obtiene realizando las conversiones necesarias:

$$1 \text{ m}^3 = 1\,000 \text{ dm}^3 \text{ y } 1 \text{ dm}^3 = 1\,\ell$$

Si se retoman los cálculos anteriores, se observa que entre el volumen y la capacidad se presentan algunas equivalencias como las siguientes:

Se sabe que 1 decímetro cúbico es igual que 1 000 centímetros cúbicos; por tanto, 1 centímetro cúbico es la milésima parte de 1 decímetro cúbico. A su vez, 1 decímetro cúbico es igual que 1 litro y, de acuerdo con las equivalencias del litro, la milésima parte de un litro es el **mililitro**; por tanto, se tiene la siguiente igualdad:

$$1 \text{ centímetro cúbico} = 1 \text{ mililitro}$$

Las jeringas constituyen un ejemplo de aplicación de esta equivalencia, pues aparecen graduadas en centímetros cúbicos, es decir, en mililitros.

Si se considera que 1 metro cúbico es igual que 1 000 decímetros cúbicos y cada decímetro cúbico tiene capacidad de 1 litro; entonces, 1 metro cúbico tiene capacidad de 1 000 litros. En el sistema métrico decimal 1 000 litros es 1 kilolitro y su equivalencia se representa así:

$$1 \text{ metro cúbico} = 1\,000 \text{ litros} = 1 \text{ kilolitro}$$

Para medir la capacidad de un cuerpo geométrico en litros se realiza lo siguiente:

a Se transforma la medida del volumen en decímetros cúbicos.

b Se realiza la conversión de decímetros cúbicos en litros (1 dm³ = 1 litro) y así se obtiene la capacidad buscada.

Si lo que se desea conocer es el volumen de un cuerpo geométrico, a partir de su capacidad expresada en litros, se realiza lo siguiente:

• Se convierten los litros en decímetros cúbicos y posteriormente se realizan las conversiones necesarias y el problema queda resuelto.

Como se puede observar, la medida del volumen de un cuerpo geométrico es equivalente a la medida de la capacidad.

1 dm³ = 1 000 cm³

1 dm³ = 1 ℓ

1 ℓ = 1 000 ml

1 cm³ = 1 ml

1 m³ = 1 000 dm³

1 dm³ = 1 ℓ

1 m³ = 1 000 ℓ

1 000 ℓ = 1 kl

EJERCICIOS

1

Copia en tu cuaderno la siguiente tabla y complétala.

Kilolitros	Litros	Mililitros
1	1 000	
0.1		100 000
	10	10 000
0.001		1 000
	0.250	250
0.5		500 000
100	100 000	
250		250 000 000
0.024		24 000
	0.050	50

2

Expresa las cantidades en las unidades que se indican.

- En litros.

a) 250 cm³
b) 35 dm³
c) 4 825 dm³
d) 1 250 cm³
e) 358 460 mm³
f) 0.82 m³

- En decímetros cúbicos.

g) 1.6 ℓ
h) 84.5 dl
i) 3 dal
j) 179.307 cl
k) 0.47 hl
l) 2.05 kl

3

Copia en tu cuaderno las expresiones y completa.

a) 41 m³ = _____ kl
b) 120 cm³ = _____ ℓ
c) 558 cm³ + 3 820 mm³ = _____ ℓ
d) 32 hm³ + 0.8 dam³ = _____ dl
e) 0.08 m³ + 1.7 dm³ = _____ cl
f) 76 dm³ + 450 cm³ = _____ dal
g) 450.8 m³ + 7.03 dam³ = _____ hl
h) 12 m³ + 8 294 dam³ = _____ kl
i) 1 m³ + 324 dam³ + 700 mm³ = _____ ml
j) 23 dm³ + 4 cm³ + 5.6 mm³ = _____ dl
k) 32 m³ + 14 dm³ + 2.5 cm³ = _____ cl
l) 25 dm³ + 5 cm³ + 10 mm³ = _____ ml
m) 43 dam³ + 15 m³ + 13 dm³ = _____ ℓ

4

Escribe el nombre de cinco objetos que presenten las siguientes capacidades.

a) 1 litro
b) 250 mililitros
c) 1 mililitro
d) 750 mililitros
e) 50 centilitros
f) 1.5 litros

5

Indica la capacidad aproximada de los siguientes objetos. Justifica tu respuesta.

a) Vaso
b) Taza
c) Jarra para agua
d) El tinaco de tu casa
e) Cubeta
f) Cuchara sopera
g) Garrafón para agua
h) Dedal
i) Biberón grande
i) Cazuela

6

Resuelve los siguientes problemas.

a) La leche ultrapasteurizada se empaca en cajas de 20 litros. Investiga cuánto mide de largo, ancho y alto una caja de éstas y cuánto mide de largo, ancho y alto cada uno de los envases de leche de 1 litro. ¿Con qué unidad medirías la capacidad de una caja con estas dimensiones?

b) Si se tuviera un envase de 1 litro y una jeringa de 5 centímetros cúbicos, ¿cuántas veces deberías vaciar agua con la jeringa para llenar el envase?

c) En una lechería se emplea un recipiente de 2 litros y otro de 3. ¿Cómo se despacharán las siguientes cantidades de leche: 1 litro, 4 litros, 5 litros, 8 litros y 11 litros?

d) Si 1 litro de agua pesa 1 kg, ¿cuánto pesa un metro cúbico de agua?

e) Un tanque contiene 90 000 litros de petróleo. ¿Cuántos botes de 4 500 cm³ de capacidad se pueden llenar con esa cantidad de petróleo?

f) Un tinaco contiene 28 m³ de agua. ¿Para cuántos días alcanzará el agua si diariamente se consumen 420 litros?

g) Si al producir 5 845 litros de perfume, se gastan $ 2 549 000, ¿cuánto se gastará en una botellita de perfume de 15 cl?

Volumen de cubos y paralelepípedos

El cálculo del volumen en el problema de la alberca se mencionó de manera muy general; ahora se analizarán dos procedimientos sencillos de resolución.

Por ejemplo, si se desea conocer el volumen de un cubo de 5 cm de lado, éste se puede llenar con cubos, de 1 centímetro cúbico cada uno, de la siguiente forma:

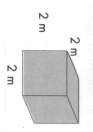

Cubo

Volumen = 2 m × 2 m × 2 m

Volumen = 8 m³

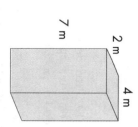

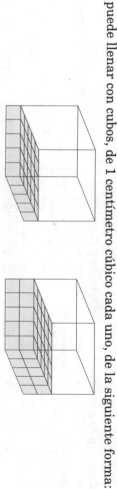

En cada nivel de 1 cm de altura hay 25 cubos de 1 centímetro cúbico, pero como existen 5 niveles, en total habrá 125 cubos; es decir, 25 cubos × 5 niveles = 125 cubos de 1 centímetro cúbico cada uno.

Si el cubo midiera 8 cm de lado y se realizara un proceso análogo, se obtendría un volumen igual que 512 centímetros cúbicos.

En general, para cualquier cubo se dice que:

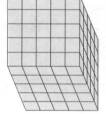

Volumen de cubo = lado × lado × lado

Esto también puede escribirse, utilizando la fórmula del área de un cuadrado, como:

Volumen del cubo = área de la base × altura

Si se requiere conocer el volumen de un paralelepípedo que mide 4 cm de largo, 3 cm de ancho y 3 cm de altura, se tiene que en cada nivel de 1 cm de altura hay 12 cubos de 1 centímetro cúbico cada uno; pero hay 3 niveles, el volumen del paralelepípedo es 36 centímetros cúbicos.

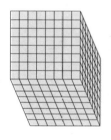

Paralelepípedo

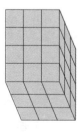

Volumen = 4 m × 2 m × 7 m

Volumen = 56 m³

De acuerdo con el análisis anterior, el cálculo del volumen de un paralelepípedo es:

Volumen de un paralelepípedo = largo × ancho × altura

Si se generaliza lo anterior para cualquier paralelepípedo, y recordando la fórmula del área de un paralelogramo, se tiene que:

Volumen de un paralelepípedo = área de la base × altura

En resumen, la fórmula para calcular el volumen de un cubo o de un paralelepípedo es la siguiente:

Volumen = área de la base × altura

Ahora, resuelve el problema de la alberca con las unidades cúbicas necesarias y con la aplicación de la fórmula.

EJERCICIOS

1

Escribe la longitud de los lados de un cubo para que su volumen o su capacidad sean las siguientes.

a) 8 cm³   b) 27 dm³
c) 1 000 m³   d) 125 litros

2

Calcula la altura de los paralelepípedos si su volumen es 120 cm³ y las áreas de sus bases son las siguientes.

a) 10 cm²   b) 20 cm²   c) 30 cm²
d) 40 cm²   e) 60 cm²   f) 80 cm²

3

Calcula el volumen de los siguientes cubos.

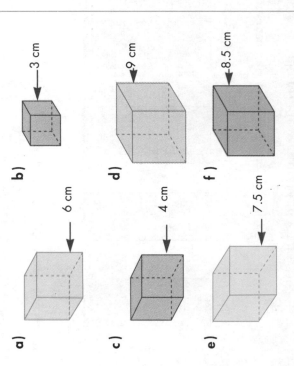

a)

b) 3 cm

6 cm

c) 4 cm

d) 9 cm

e) 7.5 cm

f) 8.5 cm

4

Calcula el volumen de los siguientes paralelepípedos.

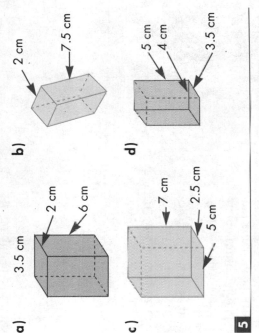

a) 3.5 cm   2 cm   6 cm

b) 2 cm   7.5 cm

c) 7 cm   2.5 cm   5 cm

d) 5 cm   4 cm   3.5 cm

5

Resuelve los siguientes problemas.

a) Se desea construir una habitación que contenga 49.4 m³ de aire. ¿De qué altura deben ser las paredes si el piso es un rectángulo que mide 5.2 m de largo y 3.8 m de ancho?

b) Calcula el volumen de una caja con dimensiones: 20 cm de largo, 10 cm de ancho y 10 cm de altura en dm³. Existen dos formas de resolución: convertir los cm en dm y calcular el volumen o calcular el volumen en cm³ y después convertirlos en dm³. ¿Cuál es la capacidad de la caja en litros?

c) Encuentra el volumen del agua de una alberca que mide lo siguiente: 25.3 m de largo, 14.7 m de ancho y 2 m de profundidad. ¿Cuál es la capacidad de la alberca en litros y en kilolitros?

Área lateral de cubos y paralelepípedos

Laura tiene dos cajas de cartón y quiere forrarlas con papel decorado. La primera caja es un cubo y la segunda, un paralelepípedo. ¿Cuánto papel necesita? ¿Qué dimensiones necesita conocer?

Estas preguntas se responden si se conoce el **área lateral** de cada una de las cajas que Laura desea forrar.

El **área lateral** de un cubo o de un paralelepípedo es igual que la suma de las áreas de sus caras laterales.

El cálculo del área lateral de un cubo se obtiene de la siguiente manera:

- Se calcula el área de una de las caras laterales y luego, el resultado se multiplica por cuatro. Se procede de esta forma porque las cuatro caras laterales de un cubo son iguales.

Si se considera ℓ como una de las aristas, se obtienen las siguientes expresiones:

$$\text{Área lateral} = 4 \times \ell^2 \quad \text{ó} \quad \text{Área lateral} = (4 \times \ell) \times \ell$$

La segunda expresión se lee de la siguiente forma: el área lateral de un cubo es igual que el perímetro de la base ($4 \times \ell$) multiplicado por la altura (ℓ).

¿Cómo se obtiene el área lateral de un paralelepípedo?

Se debe recordar que las caras laterales de un paralelepípedo son paralelogramos.

Primero se calcula el área de una de estas caras con el procedimiento ya estudiado (multiplicar la base por la altura). Considérese la altura del paralelogramo como la altura del cuerpo y la base como un lado del paralelogramo que sirve de base al cuerpo.

Entonces para encontrar el área lateral de este paralelepípedo, hay que sumar las siguientes áreas:

a		b		c		d
	+		+		+	

Lo anterior se representa mediante la expresión:

$$(a \times \text{altura}) + (b \times \text{altura}) + (c \times \text{altura}) + (d \times \text{altura})$$

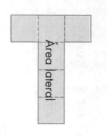

Área de una cara = ℓ^2

Área lateral = 4 ℓ^2

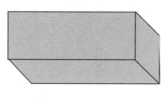

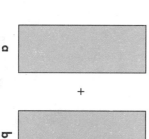

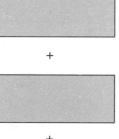

Área de una cara

base × altura

Área lateral = (base × altura)4

Y se simplifica así:

$$(a + b + c + d) \times \text{altura}$$

La expresión se lee así: el perímetro de la base del paralelepípedo multiplicado por la altura.

Entonces, la obtención del área lateral de un cubo o un paralelepípedo se generaliza de la siguiente manera:

Área lateral = perímetro de la base × altura

EJERCICIOS

3

Calcula el área lateral de los siguientes cuerpos geométricos. Realiza las operaciones en tu cuaderno.

a) Paralelepípedo con altura igual que 5 cm y base el siguiente paralelogramo.

3 cm

5 cm

b) Cubo de 6 cm de lado.

c) Paralelepípedo con altura igual que 9 cm y con base un rectángulo de 3 cm de base y altura igual que 2 cm.

d) Paralelepípedo cuadrangular de 5 cm de lado en la base y 8 cm de altura.

e) Cubo de 7 cm de lado.

f) Paralelepípedo rectangular cuya base mide 4.3 cm de ancho y 2.2 cm de largo y de altura 10 cm.

4

Resuelve los siguientes problemas.

a) Calcula la altura de un paralelepípedo que tiene como base un rectángulo con las siguientes dimensiones: 4 cm de base y 5 cm de altura y su área lateral es de 337.50 cm².

b) El **área** total de un prisma se calcula así: **área total = área de las bases + área lateral.** Encuentra el área total de los cuerpos geométricos de los incisos **a** y **b** del ejercicio anterior.

1

Copia en tu cuaderno los siguientes cuerpos geométricos y colorea las caras laterales.

a)

b)

c)

d)

2

Calcula el área lateral de los siguientes cuerpos geométricos. Usa tu calculadora.

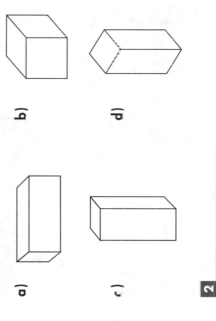

a) 3.5 cm

b) 3.5 cm, 2.5 cm, 6.5 cm

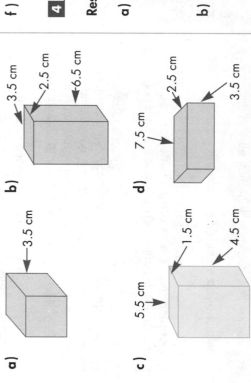

c) 5.5 cm, 1.5 cm, 4.5 cm

d) 7.5 cm, 2.5 cm, 3.5 cm

1 Investiga las dimensiones de una cancha de basquetbol y calcula.

a) El perímetro total.

b) El área total.

2 Investiga las dimensiones de un campo de futbol y de cada una de las partes que lo constituyen (círculo central, área chica, área de corner, etc.) y calcula el perímetro de las que se indican.

a) La cancha   b) Área chica   c) Círculo central

3 Considera el mismo campo de futbol y calcula las siguientes áreas.

a) La cancha   b) El área chica   c) El círculo central

d) El círculo formado por las cuatro áreas de corner

4 Observa los siguientes desarrollos de cuerpos geométricos y realiza lo que se indica.

a)
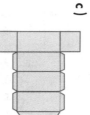

b)
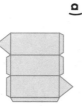

c)
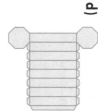

d)
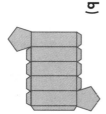

• Nombra los polígonos distintos que forman a cada uno de ellos.

• Señala los polígonos que corresponden a las bases y las caras laterales de los prismas.

• Denota en cada uno de ellos una arista y un vértice.

• Indica el nombre de cada prisma representado.

5 Efectúa lo que se indica.

a) Mide los lados y la altura de tu salón y calcula el área lateral, área total y volumen.

b) Investiga las dimensiones de una caja de cereal y calcula el área lateral, área total y volumen.

c) Mide las dimensiones de una caja de pasta dental y calcula el área lateral, área total y volumen.

6 Calcula el volumen de las siguientes figuras.

a) 4.5 cm

b) 2.5 cm   6 cm

c) 3.5 cm   2.5 cm   5.5 cm

d) 0.5 cm   3.5 cm   6.5 cm

e) 2.5 cm   3 cm   4.5 cm

f) 4.5 cm   5 cm   5.5 cm   5.5 cm

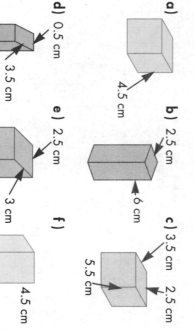

7 Resuelve los siguientes problemas.

a) Si se construyera un tanque con base igual que la cancha de futbol y altura de 5 metros, ¿cuántos litros de agua cabrían en ese tanque?

b) Una señora dispone de tres recipientes para comprar parafina. Si las capacidades respectivas de los recipientes son 3 450 cm³, 93.6 cl y 1 195 ml respectivamente, ¿cuántos litros de parafina puede comprar en total?

c) Calcula las dimensiones de un tanque con forma de prisma rectangular para que su capacidad sea 350 litros. Existen varias soluciones.

• Calcula el área lateral y total de dicho tanque.

d) Calcula el área lateral, el área total y el volumen de una caja de gises.

172

Ideas principales

Medición

Perímetro y área. Unidades de longitud y de superficie

El **perímetro** representa la suma de longitudes de los lados de una figura. La unidad principal de longitud en el **Sistema Internacional** es el **metro**. A la medida de un segmento se le llama **longitud**. El perímetro de un polígono regular se obtiene así:

Perímetro = número de lados × longitud del lado

El área es la medida de una superficie. La principal unidad de área es el **m²**.

Área de triángulos, trapecios, paralelogramos y polígonos regulares

Fórmulas de área

Cuadrado	Rectángulo	Triángulo
Lado × lado	Base × altura	$\dfrac{\text{Base} \times \text{altura}}{2}$
Paralelogramo	Trapecio	Polígono regular
Base × altura	$\dfrac{(B + b) \times a}{2}$	$\dfrac{(P \times a)}{2}$

Perímetro y área del círculo

La razón entre circunferencia y diámetro se denomina "pi"; es un dato constante, y se escribe con la letra griega π; sus aproximaciones más usuales son 3.14 y 3.1416.

Fórmulas: Círculo = radio × π × radio = radio² × π

Circunferencia = diámetro × π = 2 × radio × π

Elementos básicos, cubos, paralelepípedos y prismas

Un **poliedro** está constituido por **caras, aristas y vértices**. Un prisma es un poliedro cuyas bases son polígonos regulares paralelos, y sus caras son paralelogramos. La **altura** de un prisma representa la distancia que hay entre sus bases. Si las bases son paralelogramos, se llama **paralelepípedo**. Cuando las aristas laterales de un prisma son perpendiculares a las bases, es un **prisma recto**; los que no cumplen esta condición se denominan **oblicuos**. El nombre de los prismas se determina por la forma de la base. Un poliedro que posee seis caras cuadradas es un **cubo**.

Unidades de volumen y capacidad

La **capacidad** de un sólido se puede medir; para esto, se requiere una unidad de capacidad: el **litro**. Si se quiere medir el volumen, es necesario contar con una unidad de volumen, es decir, un cubo con caras cuadradas de 1 unidad por lado; el volumen de éste es igual que 1 **unidad cúbica**.

La principal unidad de volumen es el **m³**. Existe una relación entre volumen y capacidad:

1 litro = 1 decímetro cúbico

Volumen y área lateral de cubos y paralelepípedos

V = lado × lado × lado, que se puede escribir como:

V = área de la base × altura

El área lateral se obtiene mediante la suma del área de las caras laterales.

Área lateral = perímetro de la base × altura

Recreación Matemática

La familia de la circunferencia

La circunferencia tiene tres hermanas: la elipse, la parábola y la hipérbola. ¿Quieres conocerlas?

Requieres el siguiente material: una linterna, un pliego de cartulina blanca y papel encerado.

Proyecta un haz de luz sobre una hoja blanca. Si realizas esto con cuidado, obtendrás la imagen del **círculo**. Inclina un poco la hoja de papel. Ya no se ve un círculo. La curva ahora es una **elipse**.

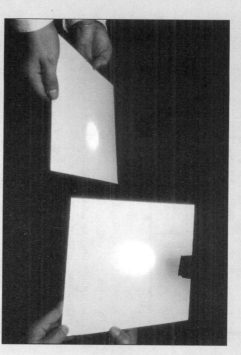

Si inclinas poco a poco la hoja de papel, observarás distintas elipses: unas muy parecidas al círculo y otras más achatadas. Mientras las curvas permanezcan cerradas, seguirán siendo elipses. Si inclinas más la hoja de papel, se abre la elipse; en el momento en que esto sucede, se observa una parte de la **parábola**.

Si continúas inclinando la hoja de papel, aparece la tercera hermana: la **hipérbola**; realmente sólo estás viendo una parte de ésta.

Forma un cono con la cartulina. Al hacer cortes en el cono se obtienen el círculo, la elipse, la parábola y la hipérbola (el haz de luz proyectado sobre el papel forma un cono, que es cortado por la hoja de papel).

Traza en el papel encerado las curvas según se indica.

La parábola. Realiza un doblez en el papel encerado, para obtener una línea ℓ y marca, con un bolígrafo, un punto **P** que no esté en ℓ. Después dobla el papel de manera que coincidan **P** y un punto cualquiera de ℓ, y marca con un bolígrafo la línea que se obtiene. Repite este procedimiento para varios puntos de ℓ.

La elipse. Dibuja un círculo y un punto **P** dentro de él (que no sea el centro). Ahora, dobla el papel de forma que coincidan **P** y un punto cualquiera del círculo y marca la línea obtenida. Repite estos dobleces para varios puntos del círculo.

La hipérbola. Traza un círculo y ubica un punto **P** fuera de éste. Dobla el papel para que coincidan **P** y un punto cualquiera del círculo. Realiza esto varias veces y observa.

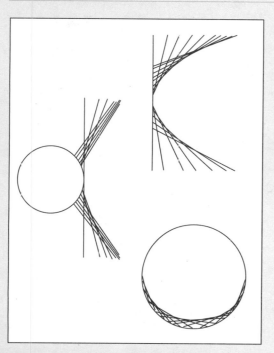

Unidad 7

Estadística y probabilidad

Existen hechos físicos, económicos, demográficos y de otros tipos que se pueden exponer de manera gráfica para facilitar su análisis; asimismo, hay situaciones que plantean problemas cuyos resultados varían entre una serie de posibilidades. La estadística y la probabilidad proporcionan recursos para presentar e interpretar información y para calcular resultados probables de manera confiable, como se muestra en esta Unidad.

Tema 1

Presentación y tratamiento de la información

Un profesor de Matemáticas debe presentar las calificaciones obtenidas por sus alumnos en el último examen; puede realizar esto de dos maneras: registrar la información dispersa o desordenada, según aparecen los datos, o formar una lista con los nombres de los alumnos e incluirla con cierto orden en una **tabla**.

Las tablas son listas de datos que siguen un determinado orden o clasificación y, generalmente, proporcionan información de un fenómeno o hecho. Las tablas sirven para organizar la información.

Las dos formas en que el profesor puede presentar las calificaciones son éstas:

Desordenada: Pablo, 6.2; Víctor, 7.6; Nidia, 6.3; Sergio, 7.7; Álvaro, 7.8.

Ordenada en una tabla, de acuerdo con las calificaciones obtenidas, de la menor a la mayor.

Pablo	6.2
Nidia	6.3
Víctor	7.6
Sergio	7.7
Álvaro	7.8

En este ejemplo se aprecia la importancia que tiene el orden en la presentación de la información, ya que la tabla facilita la lectura y agiliza la localización de algún dato para tomar decisiones u obtener conclusiones.

La información de una tabla se clasifica generalmente por situaciones o aspectos particulares, los cuales aparecen en **columnas y renglones.**

En una tabla, la información es presentada de la manera como se describe en el siguiente ejemplo:

Velocidad (km/h)	Tiempo (h)
30	2
40	$1\frac{1}{2}$
60	1
80	$\frac{3}{4}$
90	$\frac{2}{3}$

Si se desea organizar las calificaciones mensuales de un alumno por materia, se colocan en la primera **columna** las materias y los meses que comprende el ciclo escolar en el primer **renglón**; en los cuadros donde se unen los renglones con las columnas se anotan las calificaciones correspondientes.

Las tablas permiten además analizar la variación de una cantidad respecto a otra. Por ejemplo, si una persona recorre en su automóvil un trayecto de 60 kilómetros y quiere registrar el tiempo empleado y las variaciones de velocidad que efectuó en el recorrido, forma una tabla con esos datos.

El análisis de la tabla permite concluir que si aumenta la velocidad del automóvil, disminuye el tiempo necesario para recorrer la distancia.

Otro ejemplo del uso de tablas es el siguiente:

Una persona pesa 80 kg y quiere reducir su peso. Por recomendación médica, inicia una dieta con la que disminuirá medio kilogramo por semana.

Semana	Peso (kg)
0	80
1	79.5
2	79
3	78.5
4	78
5	77.5

La tabla respectiva se construye con el peso registrado por la persona al final de cada semana y el número de la semana correspondiente.

EJERCICIOS

1

Construye tablas con los siguientes datos.

a) Nombres y edades de tus compañeros.
b) Nombres de tus maestros y materias que imparten.
c) Productos de una tienda y sus precios.
d) Nombres y número de habitantes de varias ciudades.
e) Nombres y estaturas de miembros de tu familia.
f) Ríos del continente americano y su longitud.
g) Grupos de primero y número de alumnos.
h) Nombres y calificaciones de 10 compañeros.
i) Nombres y alturas de las 14 montañas más altas.

2

Realiza una encuesta con tus compañeros de grupo y organiza los resultados en una tabla. Emplea como base las siguientes preguntas y atiende las indicaciones.

a) ¿Cuántas ciudades de México conoces?
Organiza los datos de la siguiente manera: número de ciudades mencionado y número de compañeros que conoce esa cantidad de ciudades.

b) ¿Cuántos hermanos tienes?
Incluye el número de hermanos y el de estudiantes con esa cantidad de hermanos.

c) ¿A cuántas escuelas has asistido?
Escribe el número de escuelas y cuántos estudiantes han asistido a esa cantidad de escuelas.

d) ¿A qué hora te acuestas a dormir?
Anota las horas en una columna, y en la otra el número de estudiantes que se acuestan a dormir a cada hora.

e) ¿Cuántos minutos tardas en llegar a la escuela?
Ordena los datos en dos columnas: una con el número de estudiantes que corresponde y otra con los minutos requeridos para llegar a la escuela.

3

Investiga en un centro de salud la altura promedio de los niños y niñas según su edad, y construye dos tablas con esos valores.

4

Solicita a un profesor que organice una competencia de salto de longitud. Ordena los resultados en una tabla, empezando con el salto más largo.

5

En el grupo de 1° A, se organizó una votación para elegir representante de grupo. Los resultados fueron los siguientes: **Carolina obtuvo 3 votos; Ricardo, 4; Arturo, 5; Imelda, 4; Saúl, 3; Georgina, 2 y Rubén, 3.**

● Organiza los datos en dos tablas.

a) **Tabla 1.** Escribe en la primera columna los nombres de los candidatos en orden alfabético, y en la segunda, los votos correspondientes.

b) **Tabla 2.** Anota en la primera columna los nombres de los candidatos, de acuerdo con la cantidad de votos obtenidos; empieza con la mayor. La cantidad de votos se anotará en la segunda columna.

● ¿Qué ventajas ofrece cada tabla?
● ¿Cuál es más fácil de construir?

6

Haz las siguientes tablas.

a) Con dos columnas: en la primera escribe los nombres de los estados de la República y en la segunda, las capitales correspondientes.

b) Con tres columnas: anota en la primera los nombres de los países de América Latina; en la segunda, las respectivas capitales, y en la tercera, el nombre del jefe de gobierno de cada Estado.

7

Construye tablas de restar y dividir para los números naturales 1 a 9 (los resultados pueden ser números negativos o decimales).

8

Elabora la tabla de valores para cada expresión.

a) $3x - 10$, donde x toma los valores 0, 1, 2, 3, 4, 5.

b) $x^2 + 5$, donde x asume los valores 0, $\frac{1}{2}$, 1, $\frac{3}{2}$, 2, $\frac{5}{2}$, 3.

c) $(a+1)|(a-1)|$, donde a es igual que 10, 20, 30, 40, 50.

d) $9B - 3$, donde B es 0, $\frac{1}{3}$, $\frac{2}{3}$, 1, $\frac{4}{3}$, $\frac{5}{3}$, 2.

e) $z^2 + 2z + 1$, donde z vale 0, 0.1, 0.2, 0.3.

Gráficas

Existen otras formas de presentación de datos; éstas se elaboran a partir de dibujos (imágenes), cuyo análisis y comparación permiten advertir con claridad las semejanzas y diferencias que existen entre los datos.

Estos dibujos se conocen como **gráficas** y, por su forma y aplicación, pueden ser **de barras, de pastel o de sectores e histogramas**. La aplicación de las gráficas se ejemplifica en el siguiente caso:

En un poblado se realiza el recuento de las reses que posee un determinado número de familias; con los datos obtenidos, se elabora una tabla como la que aparece en la columna de la izquierda.

La información en la tabla se puede representar en una **gráfica de barras** como sigue:

Familia	Número de reses
Álvarez	5
Benítez	4
Córdoba	6
Dueñas	4
Estévez	2
Fernández	3

Se trazan dos ejes perpendiculares; en el horizontal se registran los datos de la primera columna de la tabla (en el ejemplo, el apellido de cada familia) y en el vertical, los datos de la segunda columna (el número de reses).

La información se representa por medio de una **barra**, un rectángulo sobre cada dato de la recta horizontal, cuya altura es igual que la del dato correspondiente de la segunda columna. La gráfica de barras del ejemplo es la siguiente:

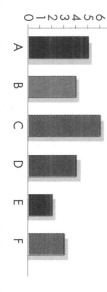

En este caso, los datos de la recta horizontal, los apellidos, se denotan únicamente con la letra inicial respectiva.

La gráfica de barras permite apreciar fácilmente la diferencia entre la cantidad de reses que poseen las familias Córdoba y Estévez.

Cuando se trata de los porcentajes relacionados con un total, se emplea otro tipo de gráfica, como se muestra en el siguiente ejemplo:

Una encuesta sobre el número de días a la semana que varias familias comen carne arroja los resultados que, en términos de porcentaje, aparecen en la tabla de la izquierda.

Número de días	% del total de familias
0	25
1	25
2	20
3	10
4	8
5	5
6	4
7	3

Para representar los datos contenidos en la tabla, se recurre a una gráfica **de pastel** o **de sectores**. En ésta, se divide un círculo en "rebanadas", de manera que cada una corresponde a un dato de la tabla y representa el porcentaje indicado, equivalente a la parte proporcional del área total de la figura; por ejemplo, el 25% corresponde a la cuarta parte del círculo, el 50% a un semicírculo, etc.

La gráfica de pastel o sectores del ejemplo es la que sigue:

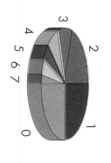

Las rebanadas o sectores se numeran según los días que las familias encuestadas consumen carne.

Este tipo de gráficas se utiliza con frecuencia para presentar los resultados de una encuesta.

Existe otro tipo de gráfica, similar a la de barras, pero en ella no se traza un rectángulo con la altura correspondiente a un dato de la recta horizontal, sino que se localiza un punto en el plano a esa altura y se unen los puntos consecutivos con segmentos de recta.

Este tipo de gráfica se denomina **polígono de frecuencias**. Los histogramas de los ejemplos anteriores son éstos:

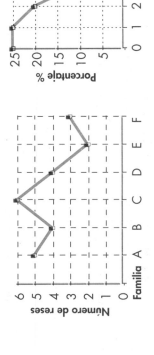

1

Indica el tipo o tipos de gráfica (de barras, de pastel o polígono de frecuencias) adecuados para presentar la siguiente información. Justifica tu respuesta.

a) Porcentaje de alfabetismo y analfabetismo del país.
b) Resultados de una votación.
c) Variación de la temperatura durante un día.
d) Crecimiento demográfico del país.
e) Producción de hierro en varias entidades del país.

2

Construye tablas y gráficas de pastel o de sectores con la siguiente información.

a) Estudiantes de tu grupo que obtuvieron las calificaciones 0, 1, 2, 3, 4, 5, 6, 7, 8, 9, 10 en el último examen de Matemáticas (redondea las calificaciones a enteros).

b) Compañeros del grupo que llegan a la escuela de las siguientes formas:

i) A pie.
ii) En transporte particular.
iii) En un solo transporte público.
iv) En dos o más transportes públicos.

3

Elabora las tablas y gráficas de barras correspondientes a las siguientes informaciones.

a) Tus calificaciones del mes pasado.

b) Número de compañeros que asistieron a la escuela cada día de la semana pasada.

4

Realiza las tablas y polígonos de frecuencia correspondientes a la siguiente información.

a) Población de la República Mexicana según los últimos cinco censos.

b) Tipo de cambio del dólar en relación con el peso durante cinco días.

5

Inventa cuatro preguntas cuya respuesta sea sí o no; por ejemplo: ¿Te gusta la clase de Matemáticas?

• Elabora una gráfica de pastel con las respuestas de cada pregunta.

179

Variación proporcional

El precio de 5 kg de frijol está relacionado con el de 1 kg; esto significa que si el precio de 1 kg se duplica, el de 5 kg también se duplica, y si el de 1 kg se triplica, lo mismo sucede con el de 5 kg.

En muchas situaciones cotidianas se manejan cantidades que cambian en la misma proporción que otra; es decir, varían de manera proporcional.

En la columna de la izquierda se presenta una tabla con los diversos precios de 1 kg de frijol y 5 kg de ese producto.

Otro ejemplo de variación proporcional es el siguiente:

Precio por kg ($)	Precio de 5 kg ($)
1	5
2	10
3	15
4	20
5	25
6	30

La distancia recorrida por un automóvil se modifica en relación con la velocidad durante un intervalo de tiempo fijo. Si el vehículo viaja a una velocidad de 60 km/h, recorre 30 km en media hora; si aumenta su velocidad a 70 km/h, avanza 35 km en media hora.

La tabla con las diferentes velocidades del automóvil y las distancias que recorre en media hora aparece en la columna de la izquierda.

¿Qué se aprecia si se comparan las columnas de ambas tablas de valores?

En el primer ejemplo, cada dato de la primera columna es cinco veces el de la primera. En el segundo, cada número de la segunda columna es igual que la mitad del que le corresponde en la primera.

En general, cuando una cantidad varía proporcionalmente respecto a otra, la segunda se obtiene mediante la multiplicación de la primera por cierto número; este último se llama **constante de proporcionalidad.**

En los ejemplos mencionados antes, las constantes de proporcionalidad son 5 y $\frac{1}{2}$, respectivamente.

Velocidad (km/h)	Distancia recorrida en media hora (km)
40	20
50	25
60	30
70	35
80	40
90	45
100	50

La variación proporcional de dos cantidades se aprecia de manera gráfica al analizar el polígono de frecuencias correspondiente.

Los polígonos de frecuencias de los dos ejemplos anteriores aparecen en la columna de la izquierda.

En ambos casos se obtiene una línea recta. Esto ocurre, en general, si una cantidad varía de manera proporcional a otra.

Existen situaciones o fenómenos que presentan otro tipo de variación que no es proporcional, es decir, el comportamiento no es constante en cada periodo del análisis. Ejemplo:

En una población se detectaron algunos brotes de cólera, durante el año, registrándose los siguientes datos:

Mes	E	F	M	A	M	J	J	A	S	O	N	D
Número de personas con cólera	5	7	10	15	23	24	22	20	13	11	8	3

En este ejemplo es claro que los casos de cólera no aumentan ni disminuyen de manera proporcional, como sucede en los ejemplos anteriores.

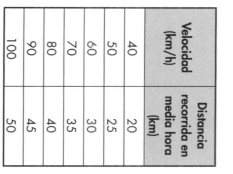

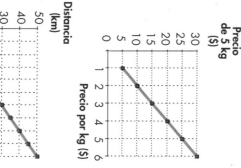

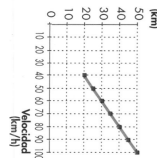

1

Analiza las siguientes tablas, indica si las cantidades varían de manera proporcional; si es así, escribe la constante de proporcionalidad. Justifica tus respuestas.

a)

1	2
2	4
3	8
4	16
5	32

b)

0.1	0.01
0.2	0.02
0.3	0.03
0.4	0.04
0.5	0.05

c)

2	0
4	2
6	4
8	6
10	8

d)

0	0
$\frac{1}{2}$	$\frac{1}{4}$
1	$\frac{1}{2}$
$\frac{3}{2}$	$\frac{3}{4}$
2	1

2

Indica si las siguientes frases representan variaciones proporcionales. Justifica tus respuestas.

• Con la tabla correspondiente.

a) Siempre tendré el doble de canicas que tú.

b) El pedido de colchones se redujo a la mitad.

c) Luis siempre estuvo un metro adelante de José.

d) Las rentas se triplicaron en los últimos dos años.

• Sin elaborar la tabla.

e) El costo de un boleto para el cine y el de ocho.

f) La edad de una persona y su estatura.

g) Una cantidad de pesos y su equivalencia en dólares.

h) El número de peces en una pecera y el total de ojos de estos peces.

i) La cantidad de metros y su equivalencia en pies.

3

Indica si los siguientes polígonos de frecuencia representan variaciones proporcionales.

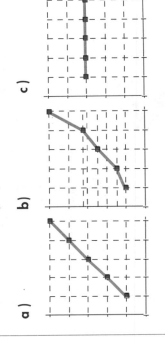

a)

b)

c)

4

Identifica las cantidades que presentan variación proporcional y resuelve los problemas.

• Elabora las gráficas correspondientes.

a) En la escuela se organiza un torneo de futbol con equipos de siete jugadores. ¿Cuántos jugadores se necesitan para formar cuatro, seis y ocho equipos?

b) Si en una población hay dos mujeres por cada hombre, ¿cuántas mujeres habrá por 108, 215 y 154 hombres?

c) En un examen de 20 preguntas, cada una vale medio punto de la calificación total. ¿Cuál es la calificación de los alumnos que tuvieron una, dos, tres y siete respuestas correctas?

d) En una tienda aparece la siguiente promoción: compra 2 y llévate 3". Si el precio de dos artículos de la promoción es 100 pesos, ¿cuánto se debe pagar para llevarse 3, 6, 9 y 12 artículos?

5

Indica cuál es la constante de proporcionalidad en cada caso.

a) El precio de cinco sillas depende del precio de cada una de ellas.

b) El perímetro de un cuadrado está relacionado con la longitud de su lado.

c) Si en una tienda hay un descuento del 15%, el precio de cada mercancía varía según el original.

Uso de razones y porcentajes

Un ejemplo claro de organización de datos mediante tablas de valores o gráficas es la **cantidad** y **distribución** de la población en edad de trabajar, en países con diferentes ingresos.

Si se quiere representar en una gráfica los datos mencionados, se emplea la de pastel o de sectores. En ella se relacionan los dos de referencia. La representación aparece en la columna izquierda.

Como se observa, las gráficas **no** son del mismo tamaño, pues están construidas de acuerdo con el número total de habitantes.

Aunque a simple vista es evidente la variación de cada aspecto en los tres países, se debe considerar el sector servicios y la agricultura como las actividades más representativas.

En cada país existen cantidades de personas dedicadas a dichas actividades; si esas cantidades son comparadas, se establece una **razón**. Por ejemplo:

$$\frac{\text{Número de personas dedicadas a los servicios}}{\text{Número de personas dedicadas a la agricultura}}$$

En los países de alto nivel de ingresos, esta razón es $\frac{14}{1}$; esto significa que, por cada 14 personas dedicadas a los servicios hay 1 que se dedica a la agricultura.

En los países de nivel de ingresos medio, la razón cambia a $\frac{13}{9}$; por tanto, por cada 13 personas que laboran en el área de servicios, 9 trabajan en la agricultura.

Y en los países de bajo nivel de ingresos, la relación es $\frac{4}{11}$; esto quiere decir que por cada 4 personas empleadas en los servicios hay 11 en la agricultura.

Un ejemplo del uso de porcentajes es el siguiente:

Si en los países de ingreso medio el 4% de las personas está desocupado, se trata de 41 240 000 personas.

En las gráficas, las dimensiones de los sectores deben ser proporcionales a los porcentajes respectivos.

Los sectores en los países de ingreso medio son del 16%, 26%, 4%, 36% y 18% por cada rubro respectivamente, éstos se observan en la gráfica.

Por tanto, el ángulo del círculo (360°) debe dividirse de manera que a cada sector le corresponda la parte equivalente de éste.

El ángulo indicado para cada sector aparece en la columna izquierda.

Este tipo de gráficas permite dar una interpretación a los datos como razones o como porcentajes.

Países de ingreso alto (547 millones)

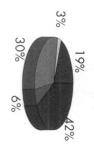

3%
19%
30%
6%
42%

Países de ingreso mediano (1 031 millones)

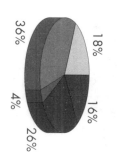

18%
36%
4%
16%
26%

Países de ingreso bajo (1 963 millones)

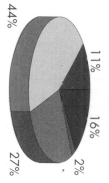

11%
44%
16%
2%
27%

- Servicios
- Industria
- Agricultura
- No forman parte de la población activa
- Desocupados

Fuente: Banco Mundial (1995).

Porcentaje	Ángulo
16	57° 36'
26	93° 36'
4	14° 24'
36	129° 36'
18	64° 48'

El porcentaje es una forma de expresar una razón mediante una fracción con denominador 100; es decir, la razón $\dfrac{2}{5}$ se puede escribir como $\dfrac{40}{100}$ o como 40%.

En estadística, la interpretación de los datos de ambas formas permite comprender mejor el comportamiento de la población o del fenómeno que se analiza.

EJERCICIOS

1

Calcula las siguientes razones para los tres tipos de países mencionados en el ejemplo de la lección.

a) Número de personas que trabajan en la industria y número de desempleados.

b) Número de personas que laboran en la industria y de aquellas que lo hacen en la agricultura.

c) Número de personas que trabajan en la industria y de las que lo hacen en los servicios.

d) Número de personas que laboran en cualquier sector y de las que no trabajan (desempleados + personas que no forman parte de la población activa).

2

Realiza una encuesta en tu salón respecto a la cantidad de hermanos de cada alumno y elabora una tabla y una gráfica de sectores con los siguientes datos.

a) Hijos únicos.

b) Con 1 ó 2 hermanos.

c) Con 3 ó 4 hermanos.

d) Con 5 hermanos.

e) Con 6 o más hermanos.

• Calcula lo siguiente.

i) Porcentaje representado por cada sector.

ii) Porcentaje correspondiente a la suma de los incisos **a** y **b**.

iii) Razón entre los incisos **b** y **c**.

iv) Razón entre los incisos **a** y **d**.

v) Razón entre los incisos **a** y **e**.

vi) Razón entre la suma de los incisos **a** y **b**, y la suma de los demás incisos.

3

Lee el planteamiento y responde.

Manuel y Cecilia tratan de distribuir el presupuesto familiar. Según ellos, ésta es la mejor manera de hacerlo.

Deudas 20%
Renta 20%
Comida 30%
Otros 20%
Transporte 10%

a) ¿Cuánto dinero destinarían a cada necesidad si su ingreso fuera como sigue?

i) $ 3 400.00   ii) $ 5 600.00   iii) $ 7 200.00

b) ¿Cuál es la razón entre el dinero destinado a la comida y el asignado al pago de deudas?

c) ¿Cuál es la razón entre el dinero designado al pago de renta y el reservado para la comida?

4

Según el censo realizado en 1990, existen en el mundo 5 300 000 000 de personas; de ellas, 2 630 000 000 son mujeres y están distribuidas así:

D 24%
A 12%
B 9%
C 55%

A – África
B – América latina y el Caribe
C – Asia y Pacífico
D – Países desarrollados

a) ¿Cuál es la razón entre el número de mujeres de la región **D** y la suma de las otras regiones?

b) ¿Cuál es la razón entre el número de mujeres de la región **C** y la suma de **A** y **B**?

• Elabora una gráfica con la distribución de la población de hombres considerando lo siguiente.

$\dfrac{\text{mujer}}{\text{hombre}}$: zonas **A** y **D** = $\dfrac{106}{100}$; zona **B** = $\dfrac{100}{100}$.

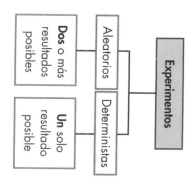

Tema 2

Probabilidad

Experimentos aleatorios

Al lanzar varias veces una moneda con caras de colores: una azul y una roja, ¿qué cara caerá hacia arriba?

El resultado no siempre es el mismo; a veces caerá del lado azul y a veces del rojo. Si se repite el procedimiento una y otra vez, nunca se sabrá con certeza el resultado del siguiente lanzamiento.

Esto es muy distinto de lo que ocurre cuando se observan otros fenómenos; incluso en el mismo caso del lanzamiento de la moneda, pues se sabe que al lanzarla hacia arriba, ésta llegará a una altura máxima y de ahí caerá al suelo si no existe algo que la detenga.

Por ejemplo, si se observa lo que sucede cuando la moneda se lanza hacia arriba, sucederá que ésta regresará y caerá; por tanto, el resultado es sólo uno.

A este tipo de experiencias se les denomina experimentos **deterministas**. Ahora, si se desea saber el color de la cara que caerá hacia arriba, los posibles resultados son dos; en este caso, se habla de experimentos **aleatorios**.

En conclusión, los experimentos serán aleatorios o deterministas dependiendo de los resultados de cada caso.

Otro ejemplo de experimento aleatorio consiste en el lanzamiento de un dado. Se observará que el dado puede caer en cualquiera de estos números: 1, 2, 3, 4, 5 ó 6. Se dice entonces que para este experimento existen seis resultados posibles.

¿Cuál es la razón para analizar los experimentos aleatorios?

Hay pocos fenómenos que no presentan este comportamiento, por ejemplo:

- La caída de los cuerpos.
- La atracción de los planetas.
- Los movimientos de rotación y traslación.

Algunos fenómenos que se enmarcan dentro de este comportamiento son éstos:

En los experimentos aleatorios no se puede manifestar claramente lo que ocurrirá. Por ejemplo, si una gran parte de los procesos biológicos son aún desconocidos, no se puede precisar qué sucede en ellos.

- No se puede determinar cuántas crías de un animal mamífero serán machos y cuántas hembras.
- No se puede saber con certeza dónde brotará cada una de las ramas cuando crece un árbol.
- No se conoce la razón por la cual el hombre evolucionó como hasta la fecha.

Las situaciones aleatorias no sólo se presentan en fenómenos biológicos, también aparecen en cuestiones económicas, sociales, culturales, geológicas, etc.

El estudio de los fenómenos aleatorios surgió con el análisis de los juegos de cartas y otros juegos de azar; pero en la actualidad muchas personas dedicadas a ese estudio descubren nuevas y cautivadoras aplicaciones: la formación de los continentes, la distribución de las poblaciones y muchos otros fenómenos.

Además, este estudio nos muestra otros aspectos importantes en el ámbito de la investigación.

Experimentos

Aleatorios | Deterministas

Dos o más resultados posibles | **Un** solo resultado posible

---

Experimentos aleatorios

Lanzar una moneda

Lanzar un dado

Experimentos deterministas

Dejar caer un objeto

Sumergir un objeto en el agua

Las Matemáticas están ligadas con aplicaciones concretas, es decir, cuando el hombre requirió ordenar y presentar los datos, de alguna manera, surgió la necesidad de contar con una ciencia como ésta.

El análisis de los experimentos y procesos aleatorios juega, sin duda, un papel central y preponderante.

EJERCICIOS

1

Lee las siguientes expresiones y enuncia el posible resultado. Justifica tu respuesta.

a) Si durante dos semanas los días han sido nublados, ¿estará nublado mañana?

b) Un equipo de futbol del grupo ha ganado tres juegos, ha empatado diez y ha perdido uno. ¿Cuál será el resultado del próximo encuentro?

c) En esta quincena han llegado tarde al trabajo 12 personas y en la quincena pasada también llegaron 12. ¿Cuántas llegarán tarde la próxima quincena?

d) Si en una urna hay 200 canicas blancas, 20 azules y 10 rojas, ¿de qué color será más factible extraer una canica?

e) Al lanzar un dado, ¿qué es más fácil obtener un número par o uno impar?

2

Indica si los siguientes experimentos son aleatorios o deterministas, es decir, si tienen varios resultados posibles o sólo uno.

a) Lanzar dos monedas al aire y observar si caen.

b) Lanzar dos dados y esperar que en ambos caiga tres o cualquier número impar.

c) Lanzar una pelota y ver si ésta cae al suelo.

d) Girar una ruleta y determinar el número que saldrá.

e) Jugar a la lotería.

f) Lanzar una canica al agua y observar si ésta se moja.

g) Acercar al fuego una hoja de papel y ver que ésta se quema.

3

Realiza varias veces los siguientes experimentos y observa si se obtiene siempre el mismo resultado.

a) Mide el tiempo que tardan cinco personas en contar hasta diez.

b) Realiza un minitorneo de atletismo con cinco competidores y anota el tiempo que tardan en recorrer 50 metros caminando.

c) Pide a 10 compañeros que escriban en el pizarrón la palabra "quince". Mide con una regla la longitud de las palabras escritas.

d) Realiza un concurso con cinco compañeros. Dibuja una línea en el piso a tres metros de distancia de donde están colocados. Pídeles que lancen una moneda lo más cerca posible de la línea.

e) Indica a tus compañeros que pregunten en sus casas cuántas horas ven televisión.

4

Menciona 10 ejemplos de experimentos aleatorios con sus posibles resultados. Todos los juegos son experimentos aleatorios, pues al menos existen dos resultados posibles: ganar o perder.

5

Explica por qué los siguientes experimentos no son aleatorios, es decir, son deterministas.

a) Calcular el perímetro de un triángulo equilátero, conociendo la medida de su lado.

b) Medir la temperatura de una persona sana y que la lectura del termómetro sea 37 grados centígrados.

c) Determinar la altura de un edificio, redondeado el resultado a metros.

Casos favorables de un experimento aleatorio

En la casa de Sonia se reúnen ella y sus compañeros para jugar con dos dados; las reglas del juego son éstas:

- Si al tirar los dos dados, la suma de los puntos obtenidos no es igual que un número múltiplo de 3 o de 4, los jugadores se eliminarán.
- Ganará el juego aquel que quede sólo al final.

Los resultados posibles de cada tirada son: (1, 1), (1, 2), (1, 3), (1, 4), (1, 5), (1, 6), (2, 1), (2, 2), (2, 3), (2, 4), (2, 5), (2, 6), (3, 1), (3, 2), (3, 3), (3, 4), (3, 5), (3, 6), (4, 1), (4, 2), (4, 3), (4, 4), (4, 5), (4, 6), (5, 1), (5, 2), (5, 3), (5, 4), (5, 5), (5, 6), (6, 1), (6, 2), (6, 3), (6, 4), (6, 5), (6, 6).

La totalidad de resultados posibles se denomina **espacio muestral**, y cada uno de esos resultados se llama **muestra** o **valor muestral**.

Si ahora se considera la condición: la suma de los puntos es igual que un número múltiplo de 3 o de 4, éste es el **evento** o **suceso** (evento: resultado que se espera obtener).

En este ejemplo, los resultados son (1, 2), (1, 3), (1, 5), (2, 1), (2, 2), (2, 4), (2, 6), (3, 1), (3, 3), (3, 5), (3, 6), (4, 2), (4, 4), (4, 5), (5, 1), (5, 3), (5, 4), (6, 2), (6, 3), (6, 6).

Cada resultado se denomina **relativo** y todos se consideran como **resultados favorables**, es decir, los que cumplen con la condición establecida.

De manera general, si se lanza un dado, los resultados posibles son 1, 2, 3, 4, 5, 6, y algunos eventos que se pueden plantear en este experimento aleatorio son:

- Obtener el número 2. (Único resultado favorable: 2.)
- Obtener un número par. En este caso, los resultados relativos al evento son 2, 4 y 6. (Varios resultados favorables: 2, 4 y 6.)
- Obtener un número menor que 1. Como todos los resultados son mayores o iguales que 1, este evento no tiene resultados. (No tiene resultados favorables.)

Como se muestra en el último ejemplo, un evento podría no tener resultados favorables; pero también puede ocurrir el caso contrario: **todos** los resultados posibles son los resultados favorables; por ejemplo:

Los casos favorables de obtener un número menor que 7 son 1, 2, 3, 4, 5 y 6.

Otro evento similar es obtener un número divisor de 60, también tiene como casos favorables 1, 2, 3, 4, 5 y 6. Se observa que aunque 12 es divisor de 60, no es un resultado posible, por lo que no es un caso favorable.

Otro experimento aleatorio consiste en jugar con una rueda giratoria de varios colores como la siguiente.

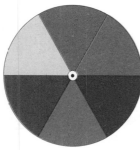

Experimento:

Sacar una ficha de la bolsa.

Evento:

Extraer una ficha blanca.

Resultados posibles:

25 fichas (5 blancas, 7 rojas y 13 azules).

Casos favorables:

5 (número de fichas blancas).

Si se lanza un dardo hacia la rueda, los colores donde puede caer el dardo son los resultados posibles; es decir, amarillo, blanco, anaranjado, rojo, azul y verde. Algunos eventos para este experimento serían:

- El dardo cae en el área de color rojo.
- El dardo cae en el área de un color cuyo nombre empieza con la letra A.
- El dardo cae en el área de uno de los colores de la bandera.
- El dardo cae en el área de color café.

Estos eventos tienen los siguientes casos favorables:

- Área de color rojo.
- Áreas de colores amarillo, azul y anaranjado.
- Áreas de colores verde, blanco y rojo.
- No tiene casos favorables.

EJERCICIOS

1

Escribe en tu cuaderno todos los resultados posibles de los siguientes experimentos aleatorios.

a) Elegir un número natural entre 10, 11, 12, 13, 14, 15, 16, 17, 18, 19 y 20.

b) Elegir un compañero o compañera de tu grupo.

c) Lanzar dos monedas.

2

Encuentra el número de eventos que se piden en cada caso y coméntalos con el grupo.

a) Tres eventos relacionados con este experimento: elegir una persona entre Abel, Bernabé, Cristina, Daniel y Esther.

b) Dos eventos relacionados con el siguiente experimento: lanzar al aire dos monedas.

c) Cinco eventos relacionados con el experimento lanzar un dado (diferentes a los tratados en el recorrido del texto).

d) Tres eventos relacionados con el experimento que consiste en lanzar un dardo a una rueda como la del texto, pero con los siguientes colores: amarillo, anaranjado, rojo, morado, azul y verde.

e) Tres eventos relacionados con el experimento de elegir un profesor de Matemáticas entre Martínez, Osuna, Mejía o Méndez.

3

Indica los casos favorables de los siguientes eventos, relacionados con el inciso a del ejercicio 1.

a) Elegir un número mayor que 19.

b) Elegir un número menor o igual que 10.

c) Elegir un número par.

d) Elegir un número terminado en cero.

- Con el inciso b del mismo ejercicio.

e) Elegir una compañera.

f) Elegir al compañero de menor edad.

g) Elegir al compañero más alto.

h) Elegir un compañero o compañera cuyo apellido paterno inicie con la letra A.

4

Resuelve el siguiente problema.

Los papás de Juan le indican a éste que debe practicar un deporte y puede elegir entre beisbol, basquetbol, futbol, natación, karate y tenis.

a) Escribe tres eventos posibles de acuerdo con características comunes de los deportes.

b) Encuentra los casos favorables de estos eventos.

Exploración de resultados

En un experimento se plantea lo siguiente:

Lanzar al mismo tiempo un dado y una moneda (con una cara roja y otra azul) y anotar todos los resultados posibles.

Todos los posibles resultados son:

(1, azul), (1, rojo), (2, azul), (2, rojo), (3, azul), (3, rojo), (4, azul), (4, rojo), (5, azul), (5, rojo), (6, azul), (6, rojo).

Existen dos formas gráficas para obtener todos los resultados posibles y favorables; éstos son los **diagramas de árbol** y los **arreglos rectangulares.**

El diagrama de árbol que representa la totalidad de resultados es el siguiente:

Se aprecia que los resultados posibles son 12.

Si un evento consiste en caer azul y número par, se pueden marcar los casos favorables en el diagrama anterior y se obtiene lo siguiente:

Es decir, hay tres casos favorables de doce posibles.

Si se plantea el mismo problema, pero ahora como arreglo rectangular, se tiene:

	1	2	3	4	5	6
azul	(1, azul)	(2, azul)	(3, azul)	(4, azul)	(5, azul)	(6, azul)
rojo	(1, rojo)	(2, rojo)	(3, rojo)	(4, rojo)	(5, rojo)	(6, rojo)

Y los casos favorables quedan representados de la siguiente manera:

	1	2	3	4	5	6
azul	(1, azul)	(2, azul)	(3, azul)	(4, azul)	(5, azul)	(6, azul)
rojo	(1, rojo)	(2, rojo)	(3, rojo)	(4, rojo)	(5, rojo)	(6, rojo)

Aquí también se muestran los tres casos favorables de los doce posibles.

Otro ejemplo es el siguiente:

En una fiesta se forman dos grupos, uno con Gustavo, Héctor, Ismael y Jesús, y otro con Alicia, Claudia y Laura; se pretende formar parejas para bailar; éstas quedan representadas mediante un diagrama de árbol como el siguiente (las letras que se incluyen son las iniciales de los nombres de cada persona):

Es decir, se pueden formar 12 parejas.

Resultados: 1, 2, 3, 4, 5, 6.

Al lanzar un dado y una moneda

Existen **12 resultados posibles.**

Resultados: rojo, azul.

Si se considera el siguiente evento: elegir una pareja en la que no estén Héctor ni Claudia, los casos favorables se obtienen en el propio diagrama de árbol así:

```
        G ─┬─ A ✓
           ├─ C
           └─ L ✓
      ┌─ H ─┬─ A ✓
G ────┤     ├─ C
      │     └─ L ✓
      ├─ I ─┬─ A ✓
      │     ├─ C
      │     └─ L ✓
      └─ J ─┬─ A ✓
            ├─ C
            └─ L ✓
```

Existen seis casos favorables para este evento.

EJERCICIOS

1

Encuentra los datos que se piden.

a) Si se tira un dado, ¿cuántos son los resultados posibles? ¿Cuántos son los casos favorables de los siguientes eventos?

  i)   Obtener un 6.
  ii)   Obtener 3 ó 6.
  iii)   Obtener un número impar.
  iv)   Obtener un número mayor que 3.
  v)   Obtener un número mayor o igual que 3.

b) Si se lanzan dos dados, ¿cuántos son los resultados posibles? Puedes utilizar un diagrama de árbol o un arreglo rectangular para contarlos.

c) Cuando se lanzan dos dados, ¿cuántos y cuáles son los casos favorables de los siguientes eventos?

  i)   Obtener un par de unos, es decir, obtener uno en ambos dados.
  ii)   Obtener un par, es decir, obtener el mismo número en ambos dados.
  iii)   Obtener dos números cuya suma sea mayor que 10. Por ejemplo, obtener 6 en el primer dado y 5 en el segundo, pues 6 + 5 > 10.

2

Resuelve los siguientes problemas.

a) En un restaurante se presentan las siguientes opciones para escoger en el menú. Entradas: arroz, pasta y consomé; plato fuerte: carne, pollo y ensalada vegetariana; bebidas: agua de frutas, refresco y café. ¿Cuántas combinaciones se pueden formar?

b) Angélica tiene 3 blusas, una de color verde, otra azul y una más blanca, y 3 faldas de los mismos colores. ¿Cuántas combinaciones puede formar? ¿En cuántas combinaciones se incluye el color verde?

c) Los hijos del señor Martínez son Abel, Bernardo y Ernesto. El señor Martínez y sus hijos trabajan juntos; siempre salen por parejas. ¿Cuántas parejas pueden formar? ¿Y cuántas si se enferma alguno?

d) A una fiesta asisten Gonzalo, Humberto, Inés, Margarita y Paula. ¿Cuántas parejas para bailar pueden formar en total? ¿Cuántas si Inés está enojada con Gonzalo y Margarita no quiere bailar con Humberto?

e) Calcula todos los divisores del número 36. Si se eligen al azar dos de estos divisores, ¿cuántas parejas se pueden formar? ¿En cuántas de estas parejas se tiene que el producto de los números es igual que 36?

f) Se organiza una rifa en una escuela, para la cual se imprimen mil boletos con los números 000 a 999. Calcula los casos favorables de que el número ganador cumpla con lo siguiente:

  i)   Sea mayor que 200.
  ii)   Sea menor o igual que 300.
  iii)   Sea par.
  iv)   Sea alguno de los números del 400 al 499.
  v)   Termine en 1.

g) En otra rifa, se decide utilizar todas las letras del alfabeto. Cada boleto tiene impresas tres letras. ¿Cuál es el número de casos totales, o sea, de boletos que participan en la rifa?

h) Calcula, de acuerdo con el problema anterior, los casos favorables de que el boleto ganador cumpla con lo siguiente:

  i)   Comience con la letra A.
  ii)   Termine con las letras W, X, Y ó Z.
  iii)   Sea el que tiene impresa la palabra SOL.
  iv)   Sólo tenga vocales.
  v)   Sólo tenga consonantes.

Cálculo de probabilidades en forma teórica

Jaime invita a varios de sus compañeros a jugar con un dado; el juego consta de dos etapas:

- Etapa número 1: obtener un 1.
- Etapa número 2: obtener un número par.

Los resultados favorables de cada etapa son:

- En la primera, el único resultado favorable es 1.
- En la segunda, existen tres: 2, 4, 6.

Entre los participantes del juego surge la siguiente pregunta: ¿Cuál de los eventos será más probable?

La respuesta se obtiene mediante la siguiente explicación: un evento es más probable que otro si la relación de resultados favorables y el total de resultados posibles es mayor que la del otro evento.

En otras palabras, el cálculo de la **probabilidad teórica** de un evento se expresa con la razón existente entre el número de resultados favorables y el total de resultados posibles.

Probabilidad de un evento

$$\text{Probabilidad de un evento} = \frac{\text{Número de casos favorables}}{\text{Número total de resultados}}$$

En los casos del juego anterior, ¿qué representa este cociente? Para analizar completamente la expresión, se agregan otras dos situaciones:

- Obtener un número mayor que 0.
- Obtener un número mayor que 7.

El cálculo de la probabilidad del primer evento, se realiza así:

Se determinan los casos favorables (sólo existe uno) y se cuenta la totalidad de resultados posibles (son seis: 1, 2, 3, 4, 5 y 6); por tanto:

$$\text{Probabilidad de obtener } 1 = \frac{1}{6}.$$

La probabilidad del segundo evento se calcula de igual forma y se tiene esto:

$$\text{Probabilidad de obtener un número par} = \frac{3}{6} = \frac{1}{2}.$$

En el tercer evento, primero se analizan los casos favorables, éstos son 1, 2, 3, 4, 5 y 6, por lo cual se concluye que son los mismos que los resultados posibles; esto indica que se trata de un **evento seguro** y se denota como:

$$\text{Probabilidad de obtener un número mayor que } 0 = \frac{6}{6} = 1.$$

Antes de analizar el último evento, y considerando el anterior, se observa que la probabilidad debe ser un número menor o igual que 1, pues el número de casos favorables siempre es menor o igual que el número de resultados posibles.

En el último evento no hay casos favorables, entonces se habla de un **evento imposible**, y su expresión es la siguiente:

$$\text{Probabilidad de obtener un número mayor que } 7 = \frac{0}{6} = 0.$$

Eventos:

Sacar bola amarilla.

Sacar bola azul.

Probabilidades:

Bola amarilla: $\frac{4}{7}$

Bola azul: $\frac{3}{7}$

El resultado de este evento muestra que 0 es el menor número que puede asignarse a una probabilidad.

Cuando se analizan los resultados de las probabilidades de los dos primeros eventos, se dice que $\frac{1}{6} < \frac{1}{2}$, entonces **el primer evento es menos probable que el segundo**.

También se pueden determinar que dos eventos tienen la misma probabilidad o que son igualmente probables; por ejemplo:

Evento: obtener un 1; evento: obtener un 2.

la probabilidad de ambos es igual que $\frac{1}{6}$.

En resumen:

- La probabilidad de un evento tiene valores entre los números 0 y 1, además más puede asumir los valores 0 ó 1.
- Si el valor de la probabilidad es igual que un número muy **cercano a 0**, entonces el evento es **poco probable**, pero si es el valor de la probabilidad es igual que un número **muy cercano a 1**, entonces el evento es **muy probable**.

EJERCICIOS

1

Calcula la probabilidad de obtener los siguientes eventos al lanzar dos dados.

a) Un tres en ambos dados.
b) Un número par en cada dado.
c) Un número par en alguno de los dados.
d) Números cuya suma sea mayor que ocho.
e) Números cuya suma sea múltiplo de 2.
f) Un siete en alguno de los dados.

2

Encuentra la probabilidad de los eventos relacionados con una urna que contiene lo siguiente: 25 bolas negras y 20 blancas.

a) Sacar, sin ver, una bola negra.
b) Sacar, sin ver, una bola blanca.
c) Sacar, sin ver, una bola azul.

- Resuelve los incisos anteriores si se agregan 10 bolas negras y 4 blancas.

- Resuelve los incisos anteriores si se eliminan 15 bolas negras y 12 blancas.

3

Resuelve los siguientes problemas.

a) En dos urnas se introducen bolas negras y blancas de la siguiente manera: la primera urna cuenta con 20 bolas negras y 5 blancas; la segunda tiene 5 bolas negras y 20 blancas. El experimento consiste en sacar una bola de la primera urna y después sacar una bola de la segunda.

i) Calcula el número de resultados posibles con un arreglo rectangular.

ii) Calcula la probabilidad de sacar, sin ver, una bola blanca de la primera urna y una bola negra de la segunda urna.

iii) Calcula la probabilidad de sacar una bola negra de la primera y una blanca de la segunda.

b) Alicia puede elegir entre comer con Claudia, Angélica, Laura, Miguel o Ramón. Encuentra las probabilidades de que coma con las siguientes personas.

i) Con una mujer.
ii) Con un hombre.
iii) Con Laura o con Miguel.
iv) Con Ramón.

Cálculo de probabilidades en forma empírica

En la mayoría de las fábricas se sigue un proceso llamado **control de calidad**; con éste se verifica que las piezas, los automóviles, los alimentos o cualquier artículo producido no posean algún defecto. Estas pruebas se realizan con frecuencia para asegurar que los artículos satisfagan los requerimientos del público consumidor.

Si se calcula la probabilidad de que aparezca un artículo defectuoso, como se realizó antes, mediante el cociente de los casos favorables entre el total de resultados de este experimento, el resultado sólo reflejará si es **poco** o **muy** probable que se localice un artículo con esas características.

La probabilidad también se puede calcular de manera **empírica**; esto es, el resultado estará relacionado con la práctica, es decir, con la repetición del experimento una y otra vez.

En general, la probabilidad empírica es diferente de la probabilidad teórica. Esto se debe a que la segunda presupone condiciones ideales, mientras que la primera utiliza condiciones reales; sin embargo, después de **muchos** experimentos, ocurre que la probabilidad empírica de un evento se parece cada vez más a la probabilidad teórica.

Por ejemplo, si en una fábrica se descubre que hay ocho artículos defectuosos en un lote de 2 000, la probabilidad empírica es igual que:

$$\frac{8}{2\,000} = \frac{1}{250}$$

Este resultado será muy cercano a la probabilidad teórica de encontrar artículos defectuosos en **cualquier** lote.

Si se retoma el experimento de lanzar un dado, el evento: obtener un dos, tiene probabilidad igual que $\frac{1}{6}$. ¿Cuál es la relación del valor $\frac{1}{6}$ con obtener realmente un dos? Es decir, ¿qué ocurre si se lanza un dado?

En este caso, se lanza el dado y se anotan los resultados obtenidos; que pueden ser los siguientes: 1, 2, 1, 3, 4, 6, 2, 5, 4, 1, 4, 3, 2, 6, 5,... (los puntos suspensivos indican que el experimento se efectúa infinidad de veces).

La probabilidad empírica de un evento, después de que el experimento se realizó un cierto número de veces, se expresa de la siguiente manera:

Probabilidad empírica = $\dfrac{\text{Número de veces que ocurre el evento}}{\text{Número de veces que se realizó el experimento}}$

En el caso del evento, obtener un dos, las probabilidades empíricas, después de cada lanzamiento y según los datos obtenidos, son las siguientes:

En el primer lanzamiento, $\dfrac{0}{1} = 0$.

En el segundo, $\dfrac{1}{2}$.

Y en el tercero, $\dfrac{1}{3}$.

Lanzamientos	24	30	50
Número de veces que cae el 5	8	6	10
Probabilidad	$\frac{8}{24}$	$\frac{6}{30}$	$\frac{10}{50}$

Algunas probabilidades resultantes en el experimento, de acuerdo con los datos registrados, son $\dfrac{1}{3}$, $\dfrac{1}{4}$, $\dfrac{1}{5}$, $\dfrac{1}{6}$, $\dfrac{1}{7}$, $\dfrac{2}{8}$, $\dfrac{2}{9}$, $\dfrac{2}{10}$, $\dfrac{2}{11}$, $\dfrac{2}{12}$, $\dfrac{2}{13}$, $\dfrac{3}{14}$, $\dfrac{3}{15}$, $\dfrac{3}{16}$, ...

Lo cual muestra el número de veces que cayó dos al efectuar el número del experimento correspondiente, por ejemplo, en el lanzamiento número 7, el número 2 ha caído dos veces, en el 13 ha caído 3 veces, lo cual muestra que la probabilidad empírica tiende a igualarse con la probabilidad teórica.

EJERCICIOS

1

Realiza los siguientes experimentos.

a) Lanza varias veces un dado y anota en tu cuaderno los resultados obtenidos. Calcula la probabilidad empírica de cada 10 lanzamientos.

b) Lanza dos dados y calcula lo siguiente.

  i) Todos los resultados posibles mediante un diagrama de árbol.

  ii) La probabilidad teórica del evento: caer un número par en al menos uno de los dados.

  iii) La probabilidad empírica cada 10 lanzamientos.

c) Coloca trozos de papel con los números de 1 a 10 en una caja y realiza lo que se indica.

  i) Calcula la probabilidad teórica del evento que consiste en extraer un número par.

  ii) Extrae un papel de la caja, con los ojos cerrados. Anota en tu cuaderno el número obtenido y regrésalo.

  iii) Calcula la probabilidad empírica cada 10 veces que se efectúa la extracción.

d) Construye una rueda giratoria como se muestra:

  i) Gira la rueda, detenla con tu dedo y anota el color donde apuntó el dedo. Realiza lo mismo por lo menos 50 veces y calcula las probabilidades empíricas de los siguientes eventos:

- Obtener color rojo.
- Obtener color verde o azul.
- No obtener color blanco.

2

Efectúa los experimentos y contesta.

a) Coloca en una urna 10 canicas negras y 15 rojas. Realiza 50 extracciones y determina lo siguiente: ¿cuál es la probabilidad empírica de sacar una canica negra? ¿Cuál la de sacar un canica roja?

b) Introduce en una caja siete lápices de varios colores y del mismo tamaño. Pide a un compañero que saque un lápiz, anota el color y regresa el lápiz a la caja. Realiza el experimento por lo menos 50 veces. ¿Cuál es la probabilidad empírica de obtener cada uno de los siete colores?

c) Lanza tres monedas con caras de color, una roja y otra azul, o pide a tres compañeros que cada uno lance una moneda y anota el número de monedas que cayeron del lado azul (pueden ser 0, 1, 2 ó 3). ¿Cuál es la probabilidad empírica del evento: obtener dos caras azules, después de que se realizaron 50 lanzamientos?

d) Abre un directorio telefónico en cualquier página, señala con un dedo un renglón y anota la última cifra del número telefónico que señalaste. Vuelve a cerrar el directorio. Realiza la misma acción por lo menos 30 veces. ¿Cuál es la probabilidad empírica de obtener los siguientes números: 0, 1, 2, 3, 4, 5, 6, 7, 8 y 9?

3

Indica si se trata de probabilidad teórica o empírica.

a) Una bolsa contiene 35 fichas rojas y 45 azules. La probabilidad de sacar una ficha roja es $\dfrac{35}{80}$.

b) Se hace una encuesta a 700 personas para saber qué bebida prefieren; se sabe que 550 prefieren refresco. Se determina que la probabilidad del evento es $\dfrac{550}{700}$.

Expresión de la probabilidad como fracción, decimal o porcentaje

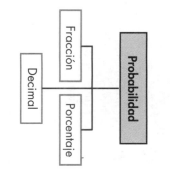

Probabilidad		
Fracción	$\dfrac{1}{10}$	$\dfrac{3}{4}$
Decimal	0.1	0.75
Porcentaje	10%	75%

El mecanismo de resolución es el siguiente; se calcula la probabilidad teórica.

Probabilidad teórica $= \dfrac{\text{Número de casos favorables}}{\text{Número total de resultados}} = \dfrac{1}{4}$

La relación $\dfrac{1}{4}$ representa una fracción en la que el total de juegos es 4 y 1 es la cantidad de partidos perdidos; se sabe que cualquier fracción se transforma en número decimal, esto es: $\dfrac{1}{4} = 1 \div 4 = 0.25$.

Además, un número decimal se puede representar como una fracción decimal con denominador 100, entonces $0.25 = \dfrac{25}{100}$, o sea, 25 partes de 100. Por tanto, 0.25 es igual que 25%. Por tanto, la probabilidad que representan los partidos perdidos es $\dfrac{1}{4}$; el número decimal que muestra la relación es 0.25 y el porcentaje de juegos que perdió ese equipo es 25%.

Otro ejemplo de representación de probabilidades como fracciones, números decimales y porcentajes es el siguiente:

Si se lanza un dado y el evento es obtener 1 ó 3, la probabilidad se expresa como $\dfrac{2}{6} = \dfrac{1}{3}$ y, de acuerdo con el ejemplo anterior, se tiene que la fracción es igual que el decimal periódico $0.\overline{3}$, o sea, $33.\overline{3}\%$. De manera similar, se obtienen los datos para la probabilidad empírica. Se parte de la expresión:

Probabilidad empírica $= \dfrac{\text{Número de veces que ocurre el evento}}{\text{Número de veces que se realizó el experimento}}$

En el ejemplo del dado, si en 100 experimentos, 20 veces ocurre el evento de obtener 1 ó 3, la probabilidad empírica es $\dfrac{20}{100} = \dfrac{1}{5}$ o bien 0.2.

Sin embargo, como la probabilidad empírica indica la frecuencia con la que ocurre un evento, ésta es la razón por la cual se puede expresar el resultado como porcentaje, esto es, si el evento ocurrió 20 veces de 100 posibles, el porcentaje es 20%.

De manera general, si los resultados en los cálculos de probabilidad son números entre 0 y 1; en términos de porcentajes, estarán entre 0% y 100%.

Un porcentaje muy **cercano al 0%** indica, para la probabilidad teórica, un evento **poco probable**; o bien, para la probabilidad empírica, un evento que ha ocurrido pocas veces durante la realización del experimento.

La expresión de una probabilidad como porcentaje también está relacionada con las encuestas y los censos.

En el torneo de futbol, realizado el año pasado en la escuela, el equipo de 1° A perdió uno de cada cuatro partidos jugados. ¿Qué partidos perdió? ¿Qué probabilidad representan los partidos perdidos? ¿Qué número decimal muestra esta relación? ¿Qué porcentaje de juegos perdió ese equipo?

Por ejemplo, si se dice que en una escuela el 40% de los estudiantes es del sexo femenino, esta cifra pudo haberse obtenido mediante un censo, entonces esa información permite estimar la siguiente probabilidad: si se elige al azar uno de los estudiantes de dicha escuela (hombre o mujer), la probabilidad de elegir una mujer es del 40%. Ésta es la probabilidad teórica.

Si se desea verificar tal probabilidad empírica del evento que consiste en elegir una mujer, habría que escoger un estudiante al azar, anotar el resultado (hombre o mujer) y repetir el procedimiento (la persona escogida podría ser la misma), anotar nuevamente el resultado y así sucesivamente; continuar con el experimento el número de veces necesario hasta que la probabilidad empírica se acerque al 40%.

EJERCICIOS

1

Expresa las siguientes probabilidades como porcentajes.

a) Lanzar un dado y obtener un número par.

b) Elegir el número 10 entre los números 1, 2, 3, 4, 5, 6, 7, 8, 9 y 10.

c) Elegir el color rojo en una rueda giratoria dividida en partes iguales, en la que aparecen los colores rojo, verde, anaranjado y amarillo.

2

Expresa los siguientes porcentajes como fracción y como número decimal.

a) 36%   **b)** 19%   **c)** 0%   **d)** 29%   **e)** 99%

3

Contesta.

¿Es posible obtener una probabilidad de 200%?

• Explica tu respuesta.

4

Realiza una encuesta entre tus compañeros, basada en una pregunta que pueda contestarse con un sí o un no. A continuación se presentan algunas sugerencias.

¿Te gusta nadar? ¿Has visitado otro estado de la República? ¿Te gustan las Matemáticas? ¿Conoces algún zoológico? ¿Naciste en la localidad donde está tu escuela?

• Calcula la probabilidad teórica de que un compañero, elegido al azar, haya contestado no y exprésala como fracción, como decimal y como porcentaje.

5

Realiza una encuesta en tu grupo con una pregunta de tres respuestas posibles; por ejemplo: ¿Te acompaña a la escuela tu mamá, tu papá o ninguno de los dos? ¿Te gusta la música en español, en inglés o ninguna de las anteriores?

• Calcula la probabilidad teórica de que un compañero haya respondido con la primera opción.

6

Realiza el siguiente experimento.

Introduce en una urna 10 canicas rojas y 5 azules, o bien 10 canicas de un color y 5 de otro; revuélvelas, saca una de ellas, anota el color obtenido y regresa la canica a la urna. Realiza el experimento por lo menos 30 veces.

• Calcula las probabilidades empírica y teórica del evento que consiste en sacar una canica roja y exprésalas como fracciones, como números decimales y como porcentajes.

7

Realiza el siguiente experimento y calcula.

Elige un libro en español, por ejemplo: una novela, un cuento o algo similar. Cierra los ojos y ábrelos en una página cualquiera; señala con tu dedo o con la punta de un lápiz alguna parte de la página. Ahora abre los ojos y anota en una tabla la letra que señalaste. Realiza este experimento por lo menos 50 veces.

a) ¿Cuál fue la letra más señalada?

b) Calcula la probabilidad empírica de elegir una letra H y exprésala como fracción y número decimal.

1 Organiza una tabla con tres columnas, en las que aparezcan los nombres de tus compañeros, el día y el mes de su nacimiento.

2 Dibuja una gráfica de pastel o de sectores dividida en tres partes: la primera, formada por los compañeros de tu grupo que nacieron en el período que abarca los días 1 a 10; la segunda, integrada por los que nacieron entre los días 11 a 20 y la tercera, compuesta por los que nacieron en los días 21 a 31.

3 Traza un histograma donde la recta horizontal indique los días del mes (de 1 a 31) y en la recta vertical el número de estudiantes, de la manera siguiente:

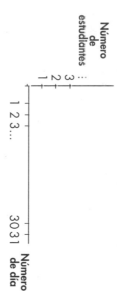

Número de estudiantes

1 2 3... 30 31

Número de día

Los puntos suspensivos indican los demás datos, correspondientes a los días y los estudiantes. Asocia el número de estudiantes que nacieron ese día. Por ejemplo, el día 8 se asocia con el número de estudiantes que nacieron ese día.

4 Elige a un compañero del grupo, anota el día y el mes de su nacimiento y contesta.

• ¿Es un experimento aleatorio, es decir, tiene varios resultados posibles?

5 Menciona tres eventos relacionados con el experimento del ejercicio anterior; por ejemplo, elegir a un estudiante que nació el 28 de octubre, elegir a uno que nació un día 8 o elegir a uno que nació en diciembre.

6 Elabora un arreglo rectangular que muestre todos los eventos relacionados con el experimento.

196

7 Escribe en tu cuaderno la cantidad de resultados posibles y de casos favorables del experimento anterior.

8 Calcula la probabilidad teórica de cada uno de los eventos del ejercicio 5 y exprésala como fracción, como número decimal y como porcentaje.

9 Resuelve los siguientes problemas.

a) En una urna para sorteos se introducen 12 bolas blancas y 8 rojas. ¿Cuál es la probabilidad teórica de sacar una bola blanca? ¿Cuál la de que ésta sea roja?

b) De un grupo de siete hombres y cuatro mujeres se quiere formar una comisión de tres personas. Encuentra todos los casos posibles mediante un diagrama de árbol o un arreglo rectangular y calcula las siguientes probabilidades.

i) Que la comisión esté formada por tres hombres.
ii) Que esté formada por dos hombres y una mujer.
iii) Que esté formada por al menos un hombre.

c) En una bolsa hay 36 fichas numeradas de 1 a 36, respectivamente. Si se extrae una ficha, calcula las siguientes probabilidades.

i) Número múltiplo de 5.
ii) Número divisible por 6.

10 Realiza el siguiente experimento con tus compañeros.

a) Escribe el nombre de cada uno en papeles pequeños del mismo tamaño.

b) Dobla los papeles e introdúcelos en una caja.

c) Revuelve los papeles, pide a un compañero que saque un papel y anota en tu cuaderno el día y mes de su nacimiento.

d) Realiza el experimento por lo menos 50 veces.

• Calcula la probabilidad empírica del evento: elegir una persona que nació en octubre.

Ideas principales

Estadística y probabilidad

Tablas y gráficas

La información puede presentarse de diversas formas, mediante **tablas** y con el uso de diversos tipos de gráficas. Algunas de éstas son las **de pastel (sectores)**, **de barras e histogramas.**

Variación proporcional

Las formas en que se representa la información son muy útiles en diversos problemas, como los que implican **variación proporcional**, es decir, cuando una cantidad cambia con respecto a otra, de manera tal que se ve afectada por un factor llamado **constante de proporcionalidad.**

Uso de razones y porcentajes

Una **razón** es una fracción en la que se comparan datos. Al saber que cualquier fracción se puede representar con denominador 100, ésta se transforma en porcentaje, es decir, número de partes de cada 100.

Experimentos aleatorios

Un experimento es **aleatorio** si su ocurrencia presenta varios resultados posibles, y es **determinista** si sólo tiene uno. Los resultados de un experimento aleatorio se agrupan en **eventos.**

Casos favorables y exploración de resultados

Todo evento posee una serie de resultados **relativos**; los que cumplen con la condición planteada se denominan **casos favorables.** En un evento puede ocurrir que los casos favorables sean **todos** los resultados posibles, mientras que otro evento **no** tenga casos favorables. En el análisis y conteo de resultados, en un experimento aleatorio, es conveniente emplear los **diagramas de árbol** y los **arreglos rectangulares.**

Probabilidades teórica y empírica

La **probabilidad teórica** de un evento se define como el número de casos favorables de éste, dividido entre el número de casos totales. La **probabilidad empírica** de un evento se obtiene con la realización del experimento aleatorio un cierto número de veces y calculando el cociente del número de casos en que ocurrió el evento entre el número total de experimentos realizados.

Probabilidad como fracción, decimal o porcentaje

Cualquiera de los dos tipos de probabilidad se puede expresar como una fracción, un número decimal o un porcentaje.

Recreación Matemática

Breve análisis de una situación azarosa

El origen de la probabilidad está totalmente ligado a los juegos de azar (dados, cartas, etc.).

Los primeros estudios relacionados con los fenómenos aleatorios y los juegos de azar fueron realizados por el matemático renacentista Cardan, quien estaba interesado en mejorar sus ganancias en los juegos.

El primer libro de probabilidad fue escrito por Cardan, éste se llamó *Liber de Ludo Aleae* (El libro de los juegos de azar).

¿Es posible que puedas utilizar la probabilidad para decidir lo que debes hacer en un juego?

Por ejemplo, considera una lotería, para cuyo sorteo se imprimen boletos con todos los números de cinco cifras, desde el 00000 hasta el 99 999.

Si compras un boleto para el sorteo, ¿cuál es la probabilidad de que hayas comprado el boleto ganador?

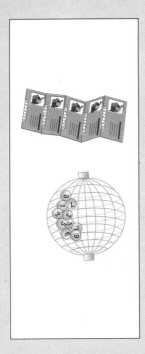

Como existen 100 000 resultados posibles, la probabilidad es $\dfrac{1}{100\,000} = 0.00001$, que representa un número muy pequeño. Lo más probable es que ocurra lo contrario, es decir, que tu boleto no sea el ganador.

En otro sorteo, con las mismas características, decides comprar de nuevo el mismo número que en el anterior. ¿Cuál es la probabilidad de que ganes?

La observación importante aquí es que el resultado del segundo sorteo **no depende** del resultado del primero. Eso quiere decir que la probabilidad de ganar es, de nuevo, de $\dfrac{1}{100\,000}$; además, esto ocurre con cualquier boleto, o sea, todos los boletos tienen la misma probabilidad de ser elegidos.

¿Qué podrías hacer para mejorar tus posibilidades de ganar el sorteo?

Una opción sería que compraras más boletos; por ejemplo, si compras 10 boletos, tus posibilidades de ganar aumentan a $\dfrac{10}{100\,000} = \dfrac{1}{10\,000} = 0.0001$, resultado que también representa un número muy pequeño, dentro del ámbito de la probabilidad.

Para tener una probabilidad aceptable, por ejemplo, $\dfrac{1}{2}$, tendrías que comprar la mitad de los boletos, lo cual puede ser difícil o hasta imposible.

Ahora bien, si siempre compras el mismo boleto y se realizan varios sorteos, ¿qué probabilidad tendrás de ganar?

En este caso se trata de probabilidad empírica con la siguiente razón:

$$\frac{\text{Número de veces que sale sorteado}}{\text{Número total de boletos en esa cantidad de sorteos}}$$
el boleto en cierta cantidad de sorteos

La probabilidad empírica será cada vez más cercana a la probabilidad teórica, es decir, $\dfrac{1}{100\,000}$.

En particular, si se realizan 100 000 sorteos, es bastante probable que el número elegido gane en alguno de ellos. Ésa es la buena noticia.

La mala noticia es que si se realizara un sorteo diariamente, para completar 100 000 sorteos se requerirían más de 273 años. Es decir, necesitarías participar con el mismo número en 100 000 sorteos durante 273 años y sólo para aumentar tus posibilidades de ganar, y esto ni siquiera te garantiza que ganes el sorteo.

Programa de Matemáticas I
Primer grado

Contenidos

Contenidos

Tema	
La construcción y manipulación de modelos de sólidos.	2
La observación de las semejanzas y diferencias existentes entre los diferentes tipos de sólidos.	2
La comprensión y uso adecuado de los términos y el lenguaje utilizado para describir los sólidos comunes.	2
La observación y enunciado de las características de los poliedros (forma de las caras; número de caras, vértices y aristas).	2
• Desarrollo, armado y representación plana de cubos, paralelepípedos rectos y sólidos formados por la combinación de los anteriores.	2
• Revisión y enriquecimiento de las nociones de volumen y capacidad y sus propiedades. Unidades para medir volúmenes y capacidades.	2
• Cálculo de volúmenes y superficies laterales de cubos y paralelepípedos rectos.	2

Unidad 7

Tema	
• Lectura y elaboración de tablas y gráficas:	1
Construidas a partir de un enunciado, de situaciones extraídas de la geometría (por ejemplo, variación del área de un cuadrado al cambiar las longitudes de sus lados), de la física, datos recolectados por los alumnos.	1
De uso común en la estadística, la economía, las diversas ciencias y en la vida cotidiana.	1
Uso del papel milimétrico en la elaboración de tablas y gráficas.	1

Tema	
• Utilización de una tabla o de una gráfica para explorar si dos cantidades varían proporcionalmente o no.	1
• Ejemplos para ilustrar el uso de razones y porcentajes en la presentación de la información.	1
• Situaciones y problemas que favorezcan:	
El registro y tratamiento, en situaciones sencillas, de los resultados de un mismo experimento aleatorio que se repite varias veces.	2
La exploración y enumeración de los posibles resultados de una experiencia aleatoria.	2
La estimación y comparación de probabilidades en situaciones diversas, en forma empírica o teórica.	2
La familiarización con algunas de las situaciones ideales de la probabilidad: volados, lanzamientos de dados, rifas, ruletas, extracciones de una urna, etcétera.	2
La apropiación gradual del vocabulario empleado en la probabilidad: resultados posibles, casos favorables, etcétera.	2
• Uso de diagramas de árbol y arreglos rectangulares en la enumeración de resultados de una experiencia aleatoria (resultados de dos o tres volados consecutivos, lanzamiento de dos dados, etcétera).	2
• Expresión de la probabilidad de un evento como una fracción, un decimal y un porcentaje.	2

Bibliografía

Para el maestro

Enciclopedia Técnica de la Educación, Santillana, Madrid, 1975.

FLETCHER. *Didáctica de la Matemática Moderna en la enseñanza media*, Teide, Barcelona, 1970.

MORRIS, Kline. *El fracaso de la matemática moderna*, Siglo XXI, México, 1990.

PERELMAN, Ya. *Álgebra recreativa*, Mir, Moscú, 1986.

POLYA, G. *Cómo plantear y resolver problemas*, Trillas, México, 1974.

SANTALÓ, Marcelo y Vicente Carbonel. *Matemáticas. Cuarto curso*, Textos universitarios, México, 1970.

TONDA, Juan y Francisco Noreña. *Los señores del cero*, Consejo Nacional para la Cultura y las Artes y Pangea Editores, México, 1991 (Col. Los señores...).

Para el alumno

BALDOR, Aurelio. *Aritmética*, Cultural Centroamericana, Madrid, 1978.

Biblioteca Santillana de Consulta. *Módulo de Matemáticas e Informática*, Asurí/Santillana, Tomos 1, 4 y 8, Madrid.

NEWMAN, J. *El mundo de las Matemáticas*, Grijalvo, Barcelona, 1968.

KASNER, E. y J. Newman. *Matemáticas e imaginación*, CECSA, México, 1982.

TAHAM, Melba. *El hombre que calculaba*, Limusa, México, 1986.

SESTIER, Andrés. *Historia de las matemáticas*, Limusa, México, 1983.